U0113733

家书新 · 爱藏

殷铬与周冕

王国维 · 著

图书在版编目（CIP）数据

殷铢与周冕 / 王国维著 . -- 北京：中国文史出版
社，2018.6
（文史存典系列丛书 . 史学卷）
ISBN 978-7-5205-0184-2

Ⅰ . ①殷… Ⅱ . ①王… Ⅲ . ①政治制度史—中国—商
周时代—文集 Ⅳ . ① D691.2-53

中国版本图书馆 CIP 数据核字（2018）第 053679 号

出 品 人：刘未鸣　　　　　责任编辑：窦忠如　　张蕊燕
策 划 人：窦忠如　　　　　责任校对：程铁柱
装帧设计：润一文化　　　　实习编辑：孟凡龙　　王　丰

出版发行　**中国文史出版社**
社　　址：北京市西城区太平桥大街 23 号　　邮编：100811
电　　话：010—66173572　66168268　66192736（发行部）
传　　真：010—66192703
印　　装：廊坊市海涛印刷有限公司
经　　销：全国新华书店
开　　本：720 毫米 ×889 毫米　1/16
印　　张：15.5
字　　数：200 千字
版　　次：2018 年 10 月北京第 1 版
印　　次：2018 年 10 月第 1 次印刷
定　　价：69.00 元

《文史存典系列丛书》学术顾问委员会

（按照姓氏笔画排序）

出版说明

　　中华民族历史悠久，文化源远流长，各个领域都熠熠闪光，文史著述灿若星辰。遗憾的是，"五四"以降，中华传统文化被弃之如敝屣，西风一度压倒东风。"求木之长者，必固其根本；欲流之远者，必浚其泉源。"中华优秀传统文化是中华民族的精神命脉，也是我们在激荡的世界文化中站稳脚跟的坚实根基。因此，国人需要文化自觉的意识与文化自尊的态度，更需要文化精神的自强与文化自信的彰显。有鉴于此，我社以第五编辑室为班底，在社领导的统筹安排下，在兄弟编辑室的通力合作下，在文化大家与学术巨擘的倾力襄助下，耗时十三个月，在浩如烟海的近代经典文史著述中，将这些文史大家的代表作、经典等遴选结集出版，取名《文史存典系列丛书》（拟10卷），每卷成立编委会，特邀该领域具有标志性、旗帜性的学术文化名家为主编。

　　"横空盘硬语，妥帖力排奡。"经典不是抽象的符号，而是一篇一篇具体的文章，有筋骨、有道德、有温度，更有学术传承的崇高价值。此次推出第一辑五卷，包括文物卷、考古卷、文化卷、建筑卷、史学卷。文物卷特请谢辰生先生为主编，透过王国维、傅增湘、朱家溍等诸位先生的笔端，撷取时光中的吉光片羽，欣赏人类宝贵的历史文化遗产；考古卷特请刘庆柱先生为主编，选取梁思永、董作宾、曾昭燏先生等诸位考古学家的作品，将历史与当下凝在笔端，化作一条纽带，让我们可以触摸时空的温度；文化卷特请冯骥才先生为主编，胡适、陈梦家、林语堂等诸位先生的笔锋所指之处，让内心深处发出自我叩问，于夜阑人静处回响；建筑卷特请吴良镛先生为主编，选取梁思成、林徽因、刘敦桢等诸位哲匠的作品，遍览亭台、楼榭、古城墙，感叹传统建筑工艺的"尺蠖规矩"；史学卷特请李学勤先生为主编，跟随梁启超、陈寅恪、傅斯年等诸位史学大家的笔尖游走在历史的长河中，来一番对悠悠岁月的探源。

　　需要说明的是，限于我们编辑的学识，加之时间紧促等缘故，遴选的文章未必尽如人意，编选体例未必尽符规律，编校质量未必毫无差错，但是谨慎、认真、细致与用心是我们编辑恪守的宗旨，故此敬请方家不吝指谬。

中国文史出版社

2018年4月16日

目 录

商代制度编

殷卜辞中所见先公先王考[①]

甲寅岁莫，上虞罗叔言参事撰殷虚书契考释，始于卜辞中发见"王亥"之名。嗣余读山海经、竹书纪年，乃知王亥为殷之先公，并与世本作篇之"胲"、帝系篇之"核"、楚辞天问之"该"、吕氏春秋之"王冰"、史记殷本纪及三代世表之"振"、汉书古今人表之"垓"，实系一人。尝以此语参事及日本内藤博士。虎次郎。参事复博搜甲骨中之纪王亥事者，得七八条，载之殷虚书契后编。博士亦采余说，旁加考证，作王亥一篇，载诸艺文杂志，并谓"自契以降诸先公之名，苟后此尚得于卜辞中发见之，则有裨于古史学者当尤巨"。余感博士言，乃复就卜辞有

① 选自王国维《观堂集林》（卷第九·史林一）。

所攻究。复于王亥之外，得“王恒”一人。案楚辞天问云：“该秉季德，厥父是臧。”又云：“恒秉季德。”王亥即“该”，则王恒即“恒”。而卜辞之“季”之即冥，罗参事说。至是始得其证矣。又观卜辞中数十见之田字，从甲，在□中。十，古“甲”字。及通观诸卜辞，而知田即上甲微。于是参事前疑卜辞之匚乙、匚丙匚丁即“乙”、“丙”、“丁”三字之在〔或〕中者，与田字“甲”在□中同意。即报乙、报丙、报丁者，至是亦得其证矣。又卜辞自上甲以降皆称曰“示”，则参事谓卜辞之“示壬”、“示癸”即主壬、主癸，亦信而有征。又观卜辞，王恒之祀与王亥同，太丁之祀与太乙、太甲同，孝己之祀与祖庚同，知商人兄弟，无论长幼与已立、未立，其名号、典礼盖无差别。于是卜辞中人物，其名与礼皆类先王而史无其人者，与夫“父甲”、“兄乙”等名称之浩繁、求诸帝系而不可通者，至是亦理顺冰释。而世本、史记之为实录，且得于今日证之。又卜辞人名中有夋字，疑即帝喾之名。又有“土”字，或亦“相土”之略。此二事虽未能遽定，然容有可证明之日。由是，有商一代先公、先王之名不见于卜辞者殆鲜。乃为此考，以质诸博士及参事，并使世人知殷虚遗物之有裨于经史二学者，有如斯也。丁巳二月，海宁王国维[一]。

夋

卜辞有夋字。其文曰：“贞，寮古“燎”字。于夋。”殷虚书契前编卷六第十八页。又曰：“寮于夋，□牢。”同上。又曰：“寮于夋，六牛。”同上，卷七第二十页。又曰：“于夋寮，牛六。”又曰：“贞，米[二]年于夋，九牛。”两见，以上皆罗氏拓本。又曰：“上阙。又于夋。”殷虚书契后编卷上第十四页。案：夋、夋二形[三]，象人首手足之形[四]。疑即“夋”字。说文解字夊部：“夋，行夋夋也。一曰倨也。从夊，允声。”考古文“允”字作允，或允，本象人形。夋字复于人形下加

"夋"，盖即"夋"字。夋者，帝喾之名。史记五帝本纪索隐引皇甫谧曰："帝喾名夋。"初学记九引帝王世纪曰："帝喾生而神异，自言其名曰'夋'。"太平御览八十引作"逡"，史记正义引作"岌"。"逡"为异文，"岌"则讹字也。山海经又屡称"帝俊"[五]。大荒东经曰："帝俊生中容。"又曰："帝俊生帝鸿。"又曰："有神，人面、犬耳、兽身，珥两青蛇，名曰'奢比尸'。惟帝俊下友。"大荒南经曰："帝俊妻娥皇，生此三身之国，姚姓。"又曰："帝俊生季釐。"又曰："羲和者，帝俊之妻，生十日。"大荒西经曰："帝俊生后稷。"又曰："帝俊妻常羲，生月十有二。"海内经曰："帝俊生禺号。"又曰："帝俊赐羿彤弓、素矰。"又曰："帝俊生晏龙，晏龙是为琴瑟。"又曰："帝俊有子八人，实始为歌舞。"凡言"帝俊"者十有二。"帝俊"当即帝夋。郭璞注于[六]"帝俊生后稷"下曰："'俊'宜为'喾'。"余皆以为"帝舜"之假借[七]。然大荒经自有"帝舜"，不应用字前后互异。稷为喾子，世本及戴记帝系篇早有此说。又帝俊之子中容、季釐，即左氏传之仲熊、季狸，所谓高辛氏之"才子"也。有子八人，又左氏传所谓"高辛氏有才子八人"也。妃曰"常羲"，又帝王世纪所云"帝喾次妃，诹訾氏女，曰常仪，生帝挚"案：诗大雅生民疏引大戴礼帝系篇曰："帝喾下妃诹訾之女，曰常仪，生挚。"家语、世本其文亦然。然今本大戴礼及艺文类聚十五、太平御览一百三十五所引世本，但云"次妃曰诹訾氏，产帝挚"，无"曰常仪"三字，惟史记正义及类聚十一、御览八十引帝王世纪乃有"曰常仪"三字。故今据世纪，不据戴记、世本。者也。曰"羲和"，曰"娥皇"，皆"常羲"一语之变。三占从二，知郭注以"帝俊"为帝舜，不如皇甫谧以"夋"为喾名之当矣。喾为契父，乃商人所自出之帝，故商人祀之。鲁语曰："殷人禘舜韦注："'舜'当为'喾'字之误也。'而祖契。"祭法亦曰："殷人禘喾而郊冥。"然卜辞所记乃系特祭，与相土、冥、王亥、王恒诸人同。卜辞殷礼，不能以周秦以后之说解之，罗参事已详言之矣。

相土

殷虚卜辞有Ω字。其文曰："贞，袞于Ω，三小牢，卯一牛。"书契前编卷一第二十四页，又重见卷七第二十五页。又曰："贞，求年于Ω，九牛。"铁云藏龟第二百一十六页。又曰："贞，𢀛袞于Ω。"同上，第二百二十八页。又曰："贞，于Ω求。"前编卷五第一页。Ω即"土"字。盂鼎"受民受疆土"之"土"作𡈽。卜辞用刀锲，不能作肥笔，故空其中作Ω，犹𡗥之作𡗓、▇之作□矣。"土"疑即相土。史记殷本纪："契卒，子昭明立。昭明卒，子相土立。""相土"之字，诗商颂、春秋左氏传、世本、帝系篇皆作"土"，而周礼校人注引世本作篇"相土作乘马"作"士"。杨倞荀子注引世本此条作"土"。而荀子解蔽篇曰"乘杜作乘马"，吕览勿躬篇曰"乘雅作驾"，注："雅，一作持。""持"、"杜"声相近，则"土"是"士"非。杨倞注荀子曰："以其作乘马，故谓之'乘杜'。"是"乘"本非名，相土或单名"土"，又假用"杜"也。然则卜辞之Ω，当即相土。曩以卜辞有𡍼Ω前编卷四第十七页。字，即"邦社"，假"土"为"社"，疑诸"土"字皆"社"之假借字。今观卜辞中殷之先公有季、有王亥、有王恒，又自上甲至于主癸，无一不见于卜辞，则此"土"亦当为"相土"而非"社"矣。

季

卜辞人名中又有"季"。其文曰："辛亥卜，□贞，季□求王。"前编卷五第四十页两见。又曰："癸巳卜之于季。"同上，卷七第四十一页。又曰："贞之于季。"后编卷上第九页。"季"亦殷之先公，即冥是也。楚辞天问曰："该秉季德，厥父是臧。"又曰："恒秉季德。"则该与恒皆季之子。该即王亥，恒即王恒，皆见于卜辞。则卜辞之"季"，亦当是王亥之父冥矣。

王亥

卜辞多记祭王亥事。殷虚书契前编有二事，曰"贞，袁于王亥"，卷一第四十九页。曰"贞，之于王亥，卅牛，辛亥用"。卷四第八页。后编又有七事，曰"贞，于王亥求年"，卷上第一页。曰"乙巳卜，□贞，之于王亥，十"，下阙。同上，第十二页。曰"贞，袁于王亥"，同上，第十九页。曰"袁于王亥"，同上，第二十三页。曰"癸卯，□贞□□高祖王亥□□□"，同上，第二十一页。曰"甲辰卜，□贞，来辛亥袁于王亥，卅牛，十二月"，同上，第二十三页。曰"贞，登王亥羊"，同上，第二十六页。曰"贞，之于王亥，□三百牛"。同上，第二十八页。[八]观其祭日用辛亥，其牲用三十牛[九]、四十牛乃至三百牛，乃祭礼之最隆者，必为商之先王、先公无疑。案：史记殷本纪及三代世表商先祖中无"王亥"，惟云："冥卒，子振立。振卒，子微立。"索隐："'振'，系本作'核'。"汉书古今人表作"垓"。然则史记之"振"，当为"核"或为"垓"之讹也。大荒东经曰："有困民国，句姓而食。有人曰'王亥'，两手操鸟，方食其头。王亥托于有易河伯仆牛，有易杀王亥，取仆牛。"郭璞注引竹书曰："殷王子亥，宾于有易而淫焉，有易之君绵臣杀而放之。是故殷主甲微假师于河伯，以伐有易，克之，遂杀其君绵臣也。"此竹书纪年真本，郭氏隐括之如此。今本竹书纪年："帝泄十二年，殷侯子亥宾于有易，有易杀而放之。十六年，殷侯微以河伯之师伐有易，杀其君绵臣。"是山海经之"王亥"，古本纪年作"殷王子亥"，今本作"殷侯子亥"。又前于上甲微者一世，则为殷之先祖冥之子、微之父无疑。卜辞作"王亥"，正与山海经同。又祭王亥皆以亥日，则"亥"乃其正字。世本作"核"，古今人表作"垓"，皆其通假字。史记作"振"，则因与"核"或"垓"二字形近而讹。夫山海经一书，其文不雅驯，其中人物，世亦以子虚乌有视之。纪年一书，亦非可尽信者，而"王亥"之名竟于卜辞见之。其事虽未必尽然，而其人则确非虚构。可知古代传说存于周秦之间者，非绝无根据也。

王亥之名及其事迹，非徒见于山海经、竹书，周秦间人著书多能道之。吕览勿躬篇："王冰作服牛。"案：篆文"冰"作仌，与亥字相似，"王仌"亦"王亥"之讹。世本作篇："胲作服牛。"初学记卷二十九引，又御览八百九十九引世本："鲧作服牛。""鲧"亦"胲"之讹。路史注引世本："胲为黄帝马医，常医龙。"疑引宋衷注。御览引宋注曰："胲，黄帝臣也，能驾牛。"又云："少昊时人，始驾牛。"皆汉人说，不足据。实则作篇之"胲"即帝系篇之"核"也。其证也。"服牛"者，即大荒东经之"仆牛"，古"服"、"仆"同音也。楚辞天问："该秉季德，厥父是臧。胡终弊于有扈，牧夫牛羊？"又曰："恒秉季德，焉得夫朴牛？""该"即"胲"，"有扈"即"有易"，说见下。"朴牛"亦即"服牛"。是山海经、天问、吕览、世本皆以王亥为始作服牛之人。盖夏初奚仲作车，或尚以人挽之。至相土作乘马，王亥作服牛，而车之用益广。管子轻重戊云："殷人之王，立帛牢，服牛马，以为民利，而天下化之。"盖古之有天下者，其先皆有大功德于天下。禹抑鸿水，稷降嘉种，爰启夏、周。商之相土、王亥，盖亦其俦。然则王亥祀典之隆，亦以其为制作之圣人，非徒以其为先祖。周秦间王亥之传说，胥由是起也。

卜辞言"王亥"者九，其二有祭日，皆以辛亥，与祭大乙用乙日、祭大甲用甲日同例。是王亥确为殷人以辰为名之始，犹上甲微之为以日为名之始也。然观殷人之名，即不用日辰者，亦取于时为多。自契以下，若"昭明"、若"昌若"、若"冥"，皆含朝莫、明晦之意，而"王恒"之名，亦取象于月弦。是以时为名或号者，乃殷俗也。夏后氏之以日为名者，有孔甲，有履癸，要在王亥及上甲之后矣。

王恒

卜辞人名，于王亥外，又有王𢘗。其文曰："贞之于王𢘗。"铁云藏龟第一百九十九页及书契后编卷上第九页。又曰："贞，⿰之于王⿱。"后编卷下第七页。又作"王⿰"，曰："贞，王⿰囗。"下阙。前编卷七第十一页。案：⿱即"恒"字。说文解字二部："恒，常也。从心，从舟，在二之间上下。心以舟施，恒也。⿱，古文恒，从月。诗曰：'如月之恒。'"案：许君既云古文"恒"从月，复引诗以释从月之意，而今本古文乃作⿱，从二、从古文"外"，盖传写之讹，字当作⿱。又说文木部："栭，竟也。从木，恒声。亘，古文'栭'。"案：古从月之字，后或变而从舟。殷虚卜辞"朝莫"之"朝"作⿰，后编卷下第三页。从日、月在茻间，与莫字从日在茻间同意；而篆文作"朝"，不从月，而从舟。以此例之，亘本当作⿱。智鼎有⿰字，从心，从⿱，与篆文之"恒"从⿱者同，即"恒"之初字。可知亘、⿱一字。卜辞⿱字从二从☽，卜辞"月"字或作☽，或作☾。其为"⿰"、"亘"二字，或"恒"字之省无疑。其作⿰者，诗小雅："如月之恒。"毛传："恒，弦也。"弦本弓上物，故字又从弓。然则⿱、⿰二字确为"恒"字。王恒之为殷先祖，惟见于楚辞天问。天问自"简狄在台誉何宜"以下二十韵，皆述商事。前夏事，后周事。其问王亥以下数世事曰："该秉季德，厥父是臧。胡终弊于有扈，牧夫牛羊？干协时舞，何以怀之？平胁曼肤，何以肥之？有扈牧竖，云何而逢？击床先出，其命何从？恒秉季德，焉得夫朴牛？何往营班禄，不但还来？昏微遵迹，有狄不宁。何繁鸟萃棘，负子肆情？眩弟并淫，危害厥兄。何变化以作诈，后嗣而逢长？"此十二韵以大荒东经及郭注所引竹书参证之，实纪王亥、王恒及上甲微三世之事。而山海经、竹书之"有易"，天问作"有扈"，乃字之误。盖后人多见"有扈"，少见"有易"，又同是夏时事，故改"易"为"扈"。下文又云："昏微遵迹，有狄不宁。""昏微"即上甲微，"有狄"亦即有易也。古"狄"、"易"二字同音，故互相通假。说文解字辵部"逖"之古文作"逷"。书牧誓"逖矣，西土之人"，尔雅郭注引作"逷矣，西土之人"。书多士

"离逖尔土"，诗大雅"用遏蛮方"，鲁颂"狄彼东南"，毕狄钟"毕狄不龚"，此"逖"、"遏"、"狄"三字异文同义。史记殷本纪之"简狄"，索隐曰："旧本作'易'。"汉书古今人表作"简遏"。白虎通礼乐篇："狄者，易也。"是古"狄"、"易"二字通，"有狄"即"有易"。上甲遵迹，而有易不宁，是王亥弊于有易，非弊于有扈。故曰"扈"当为"易"字之误也。"狄"、"易"二字，不知孰正孰借。其国当在大河之北，或在易水左右。孙氏之骤说。盖商之先，自冥治河，王亥迁殷，今本竹书纪年："帝芒三十三年，商侯迁于殷。"其时商侯即王亥也。山海经注所引真本竹书亦称王亥为"殷王子亥"。称"殷"不称"商"，则今本纪年此条，古本想亦有之。殷在河北，非亳殷。见余前撰三代地理小记。已由商丘越大河而北，故游牧于有易高爽之地，服牛之利，即发见于此。有易之人乃杀王亥，取服牛，所谓"胡终弊于有扈，牧夫牛羊"者也。其云"有扈牧竖，云何而逢？击床先出，其命何从"者，似记王亥被杀之事。其云"恒秉季德，焉得（失）〔夫〕[一〇]朴牛"者，恒盖该弟，与该同秉季德，复得该所失服牛也。所云"昏微遵迹，有狄不宁"者，谓上甲微能率循其先人之迹，有易与之有杀父之仇，故为之"不宁"也。"繁鸟萃棘"以下当亦记上甲事。书阙有间，不敢妄为之说。然非如王逸章句所说解居父及象事，固自显然。要之，天问所说，当与山海经及竹书纪年同出一源。而天问就壁画发问，所记尤详。恒之一人，并为诸书所未载。卜辞之王恒与王亥同以"王"称，其时代自当相接。而天问之"该"与"恒"，适与之相当。前后所陈，又皆商家故事，则中间十二韵，自系述王亥、王恒、上甲微三世之事。然则王亥与上甲微之间，又当有王恒一世。以世本、史记所未载，山经、竹书所不详，而今于卜辞得之；天问之辞，千古不能通其说者，而今由卜辞通之。此治史学与文学者所当同声称快者也。

上甲

　　鲁语："上甲微，能帅契者也，商人报焉。"是商人祭上甲微，而卜辞不见"上甲"。郭璞大荒东经注引竹书作"主甲微"，而卜辞亦不见"主甲"。余由卜辞有 𝌆、冈、可 三人名，其"乙"、"丙"、"丁"三字皆在匚或𠃊中，而悟卜辞中凡数十见之田或作甶、田。即"上甲"也。卜辞中凡田狩之"田"字，其口中横、直二笔皆与其四旁相接。而人名之田，则其中横、直二笔或其直笔必与四旁不接，与"田"字区别较然。田中"十"字即古"甲"字。卜辞与古金文皆同。"甲"在口中，与 𝌆、冈、可 之"乙"、"丙"、"丁"三字在匚或𠃊中同意。亦有口中横、直二笔与四旁接而与"田狩"字无别者，则上加一作甶，以别之。上加一者，古六书中指事之法。一在田上，与二字古文"上"字。之"一"在"一"上同意，去"上甲"之义尤近。细观卜辞中记田或甶者数十条，亦惟上甲微始足当之。卜辞中云"自田或作甶。至于多后衣"者五，<u>书契前编卷二第二十五页三见，又卷三第二十七页、后编卷上第二十页各一见</u>。其断片云"自田至于多后"者三，<u>前编卷第二十五页两见，又卷三第二十八页一见</u>。云"自田至于武乙衣"者一。<u>后编卷上第二十页</u>。"衣"者，古殷祭之名。又卜辞曰："丁卯，贞，来乙亥，告自田。"<u>后编卷上第二十八页</u>。又曰："乙亥卜，宾贞，口大御自田。"<u>同上，卷下第六页</u>。又曰："上阙。贞，翌甲口𐊛自田。"<u>同上，第三十四页</u>。凡祭告皆曰"自田"，是田实居先公、先王之首也。又曰："辛巳卜，大贞，之自田元示三牛，二示一牛。十三月。"<u>前编卷三第二十二页</u>。又云："乙未贞，其米[一]自田十又三示，牛。小示，羊。"<u>后编卷上第二十八页</u>。是田为"元示"及"十有三示"之首。殷之先公称"示"。"主壬"、"主癸"，卜辞称"示壬"、"示癸"。则田又居先公之首也。商之先人，王亥始以辰名。上甲以降，皆以日名。是商人数先公当自上甲始。且田之为上甲，又有可（微）〔征〕[一二]证者。殷之祭先，率以其所名之日祭之。祭名“甲”者用甲日，祭名“乙”者用乙日，此卜辞之通例也。今卜辞中凡专祭田者，皆用甲日。如曰：“在三月甲子，□祭田。”前编卷四第十八页。又曰：“在十月又一，即十有一月。甲申，□酢祭田。”后编卷下第二十页。又曰：“癸卯卜，翌甲辰之田牛，吉。”同上，第二十七页。又曰：“甲辰卜，贞，来甲寅又伐田，羊五，卯牛一。”同上，第二十一页。此四事祭田有日者，皆用甲日。又云：“在正月□□此二字阙。祭大甲，𠭯田。”同上，第二十一页。此条虽无祭日，然与大甲同日祭，则亦用甲日矣。即与诸先王、先公合祭时，其有日可考者，亦用甲日。如曰：“贞，翌甲□𠭯自田。”同上。又曰：“癸巳卜，贞，酢肜日，自田至于多后衣，亡它。自□，在四月，惟王二祀。”前编卷三第二十七页。又曰：“癸卯，王卜贞，酢翌日，自田至多后衣，亡它，在□，在九月，惟王五祀。”后编卷上第二十页。此二条以癸巳及癸卯卜，则其所云之“肜日”、“翌日”，皆甲日也。是故田之名“甲”，可以祭日用甲证之。田字为十古“甲”字。在□中，可以乙、丙、丁三名乙、丙、丁在匚中证之。而此“甲”之即上甲，又可以其居先公、先王之首证之。此说虽若穿凿，然恐殷人复起亦无易之矣。

鲁语称商人“报”上甲微。孔丛子引逸书：“惟高宗报上甲微。”此魏晋间伪书之未采入梅本者。今本竹书纪年：“武丁十二年报祀上甲微。”即本诸此。报者，盖非常祭。今卜辞于上甲有合祭，有专祭，皆常祭也。又商人于先公皆祭，非独上甲。可知周人言殷礼已多失实。此孔子所以有文献不足之叹与？

报丁　报丙　报乙

自上甲至汤，史记殷本纪、三代世表，汉书古今人表有报丁、报丙、报乙、主壬、主癸五世，盖皆出于世本。案：卜辞有𠂤、囚、𠃌三人，其文曰："乙丑卜，囗贞，王宾𠂤祭。"下阙。见书契后编卷上第八页，又断片二。又曰："丙申卜，旅贞，王宾囚囗，亡固。"同上。又曰："丁亥卜，贞，王宾𠃌，彤日，亡囗。"同上。其"乙"、"丙"、"丁"三字皆在匚或匚中，又称之曰"王宾"，与他先王同。罗参事疑即报乙、报丙、报丁，而苦无以证之。余案：参事说是也。卜辞又有一条曰："丁酉，彫𥄕中阙。囚三，𠃌三，示中阙。大丁十，大"下阙。见后编卷上第八页。此文残阙，然"示"字下所阙当为"壬"字。又自报丁经示壬、示癸、大乙而后及大丁、大甲，则其下又当阙"示癸"、"大乙"诸字。又所谓"囚三、𠃌三、大丁十"者，当谓牲牢之数。据此则囚、𠃌在大丁之前，又在示壬、示癸之前，非报丙、报丁奚属矣。囚、𠃌既为报丙、报丁，则𠂤亦当即报乙。惟卜辞囚、𠃌之后即继以"示"字，盖谓示壬，殆以乙、囚、𠃌为次，与史记诸书不合。然何必史记诸书是而卜辞非乎？又报乙、报丙、报丁称"报"者，殆亦取"报上甲微"之"报"以为义，自是后世追号，非殷人本称。当时但称𠂤、囚、𠃌而已。上甲之"甲"字在囗中，报乙、报丙、报丁之"乙"、"丙"、"丁"三字在匚或匚中，自是一例。意坛墠或郊宗石室之制，殷人已有行之者与？

主壬　主癸

卜辞屡见"示壬"、"示癸"，罗参事谓即史记之"主壬"、"主癸"。其说至确，而证之至难。今既知田为上甲，则"示壬"、"示癸"之即主壬、主癸亦可证之。卜辞曰："辛巳卜，大贞，之自田元示三牛，二示一牛。"前编卷三第二十二页。又曰："乙未贞，其米[一三]自田十又三示，牛。小示，羊。"后编卷上第二十八页。是自上甲以降，均谓之"示"，则"主壬"、"主癸"宜称"示壬"、"示癸"。又卜辞有"示丁"，殷虚书契菁华第九页。盖亦即报丁。报丁既作𠃌，又作"示丁"，则自上甲至示癸，皆卜辞所谓"元示"也。又卜辞称"自田十有三示"，而史记诸书自上甲至主癸，历六世而仅得六君。疑其间当有兄弟相及，而史失其名者。如王亥与王恒，疑亦兄弟相及，而史记诸书皆不载。盖商之先公，其世数虽传，而君数已不可考。又商人于先王、先公之未立者，祀之与已立者同，见后。故多至十有三示也。

大乙

汤名"天乙"，见于世本书汤誓释文引。及荀子成相篇，而史记仍之。卜辞有"大乙"无"天乙"，罗参事谓"天乙"为"大乙"之讹。观于"大戊"，卜辞亦作"天戊"。前编卷四第二十六页。卜辞之"大邑商"，周书多士作"天邑商"。盖"天"、"大"二字形近，故互讹也。且商初叶诸帝，如大丁、如大甲、如大庚、如大戊，皆冠以"大"字，则汤自当称"大乙"。又卜辞曰："癸巳，贞，又彐于伊其囗大乙肜日。"后编卷上第二十二页。又曰"癸酉卜，贞，大乙伊其"，下阙。见同上。"伊"即伊尹，以"大乙"与伊尹并言，尤"大乙"即"天乙"之证矣。

唐

卜辞又屡见"唐"字，亦人名。其一条有唐、大丁、大甲三人相连，而下文不具。铁云藏龟第二百十四页。又一骨上有卜辞三，一曰："贞于唐，告吕方。"二曰："贞于大甲，告。"三曰："贞于大丁，告吕。"书契后编卷上第二十九页。三辞在一骨上，自系一时所卜。据此，则"唐"与大丁、大甲连文而又居其首，疑即汤也。说文口部："昜，古文'唐'。从口、易。"与"汤"字形相近。博古图所载齐侯镈钟铭曰："虩虩成唐，有严在帝所，尃受天命。"又曰："奄有九州，处禹之都。"夫"受天命"、"有九州"，非成汤其孰能当之？太平御览八十二及九百一十二引归藏曰："昔者桀筮伐唐，而枚占荧惑曰：'不吉。'"博物志六亦云："案：'唐'亦即汤也。"卜辞之"唐"必"汤"之本字，后转作"喝"，遂通作"汤"。然卜辞于汤之专祭必曰"王宾大乙"，惟告祭等乃称"唐"，未知其故。

羊甲

卜辞有"羊甲"，无"阳甲"。罗参事证以古"乐阳"作"乐羊"、"欧阳"作"欧羊"，谓"羊甲"即"阳甲"。今案：卜辞有"曰南庚，曰羊甲"六字，前编卷上第四十二页。"羊甲"在南庚之次，则其即"阳甲"审矣。

祖某　父某　兄某

有商一代二十九帝，其未见卜辞者，仲壬、沃丁、雍己、河亶甲、沃甲、廪辛、帝乙、帝辛八帝也。而卜辞出于殷虚，乃自盘庚至帝乙时所刻辞，自当无帝乙、帝辛之名。则名不见于卜辞者，于二十七帝中，实六帝耳。又卜辞中人名[一四]，若祖丙、书契前编卷一第二十二页。若小丁、同上。若祖戊、同上，第二十三页。若祖己、同上。若中己、后编卷上第八页。若南壬，前编卷一第四十五页。[一五]其名号与祀之之礼，皆与先王同，而史无其人。又卜辞所见"父甲"、"兄乙"等人名颇众，求之迁殷以后诸帝之父兄，或无其人。曩颇疑世本及史记有商一代帝系不无遗漏。今由种种研究，知卜辞中所未见之诸帝，或名亡而实存。至卜辞所有而史所无者，与夫"父某"、"兄某"等之史无其人以当之者，皆诸帝兄弟之未立而殂者，或诸帝之异名也。试详证之。

一事。商之继统法，以弟及为主，而以子继辅之。无弟，然后传子。自汤至帝辛二十九帝中，以弟继兄者凡十四帝。此据史记殷本纪。若据三代世表及汉书古今人表则得十五帝。其传子者亦多传弟之子，而罕传兄之子。盖周时以嫡庶、长幼为贵贱之制，商无有也。故兄弟之中有未立而死者，其祀之也与已立者同。王亥之弟王恒，其立否不可考，而亦在祀典。且卜辞于王亥、王恒外又有"王矢"，前编卷一第三十五页两见，又卷四第三十三页及后编卷下第四页各一见。亦在祀典，疑亦王亥兄弟也。又自上甲至于示癸，史记仅有六君，而卜辞称"自田十有三示"，又或称"九示"、"十示"，盖亦并诸先公兄弟之立与未立者数之。逮有天下后亦然。孟子称"大丁未立"，今观其祀礼，与大乙、大甲同。卜辞有一节曰："癸酉卜，贞，王宾此字原夺，以他文例之，此处当有"宾"字。父丁牝三牛，羟兄己一牛，兄庚□□，此二字残阙，疑亦是"一牛"二字。亡□。"后编卷上第十九页。又曰："癸亥卜，贞，兄庚□羟兄己□。"同上，第八页。又曰："贞，兄庚□羟兄己其牛。"同上。考商时诸帝中，凡丁之子，无己、庚二人相继在位者，惟武丁之子有孝己、战国秦、燕二策，庄子外物篇，荀子性恶、大略二篇，汉书古今人表均有"孝己"。家语弟子解云："高宗以后妻杀孝己。"则孝己，武丁子也。有祖庚、有祖甲。则此条乃祖甲时所卜。"父丁"即武丁，"兄己"、"兄庚"即孝己及祖庚也。孝己未立，故不见于世本及史记，而其祀典乃与祖庚同。然则上所举"祖丙"、"小丁"诸人名与礼视先王无异者，非诸帝之异名，必诸帝兄弟之未立者矣。周初之制犹与之同。逸周书（克殷）〔世俘〕解[一六]曰："王烈祖太王、太伯、王季、虞公、文王、邑考以列升。"盖周公未制礼以前，殷礼固如斯矣。

　　二事。卜辞于诸先王本名之外，或称"帝某"，或称"祖某"，或称"父某"、"兄某"。罗参事曰："有商一代，帝王以'甲'名者六，以'乙'名者五，以'丁'名者六，以'庚'、'辛'名者四，以'壬'名者二，惟以'丙'及'戊'、'己'名者各一。其称'大甲'、'小甲'、'大乙'、'小乙'、'大丁'、'中丁'者，殆后来加之以示别。然在嗣位之君，则径称其父为'父甲'、其兄为'兄乙'，当时已自了然。故疑所称'父某'、'兄某'者，即大乙以下诸帝矣。"余案：参事说是也。非独"父某"、"兄某"为然，其云"帝"与"祖"者，亦诸帝之通称。卜辞曰："己卯卜，贞，帝甲□中阙二字。其祭祖丁。"后编卷上第四页。案：祖丁之前一帝为沃甲，则"帝甲"即沃甲，非周语"帝甲乱之"之帝甲也。又曰："祖辛一牛，祖甲一牛，祖丁一牛。"同上，第二十六页。案：祖辛、祖丁之间惟有沃甲，则"祖甲"亦即沃甲，非武丁之子祖甲也。又曰："甲辰卜，贞，王宾❋祖乙、祖丁、祖甲、康祖丁、武乙衣，亡□。"同上，第二十页。案：武乙以前四世，为小乙、武丁、祖甲、庚丁，罗参事以"庚丁"为"康丁"之讹，是也。则"祖乙"即小乙，"祖丁"即武丁，非河亶甲之子祖乙，亦非祖辛之子祖丁也。又此五世中名"丁"者有二，故于"庚丁"实"康丁"。云"康祖丁"以别之，否则亦直云"祖"而已。然则商人自大父以上皆称曰"祖"，其不须区别而自明者，不必举其本号，但云"祖某"足矣。即须加区别时，亦有不举其本号而但以数别之者，如云："□□于三祖庚。"前编卷一第十九页。案：商诸帝以"庚"名者，大庚弟一，南庚弟二，盘庚弟三，祖庚弟四，则"三祖庚"即盘庚也。又有称"四祖丁"者，后编卷上第三页，凡三见。案：商诸帝以"丁"名者，大丁弟一，沃丁弟二，中丁弟三，祖丁弟四。则"四祖丁"即史记之"祖丁"也。以名"庚"者皆可称"祖庚"，名"丁"者皆可称"祖丁"，故加"三"、"四"等字以别之，否则赘矣。由是推之，则卜辞之"祖丙"或即外丙，"祖戊"或即大戊，"祖己"或即雍己、孝己。此"祖己"非书高宗肜日之"祖己"。卜辞称"卜贞，王宾祖己"，与先王同。而伊尹、巫咸皆无此称，固宜别是一人。且商时云"祖某"者，皆先王之名，非臣子可袭用，疑尚书误。故"祖"者，大父以上诸先王之通称也。其称"父某"者亦然。"父"者，父与诸父之通称。卜辞曰："父甲一牡，父庚一牡，父辛一牡。后编卷上第二十五页。此当为武丁时所卜，"父甲"、"父庚"、"父辛"，即阳甲、盘庚、小辛，皆小乙之兄而武丁之诸父也。罗参事说。又卜辞凡单称

"父某"者，有"父甲"，前编卷一第二十四页。有"父乙"，同上，第二十五及第二十六页。有"父丁"，同上，第二十六页。有"父己"，同上，第二十七页及卷三第二十三页，后编卷上第六、第七页。有"父庚"，前编卷一第二十六及第二十七页。有"父辛"同上，第二十七页。今于盘庚以后诸帝之父及诸父中求之，则武丁之于阳甲，庚丁之于祖甲，皆得称"父甲"；武丁之于小乙，文丁之于武乙，帝辛之于帝乙，皆得称"父乙"；廪辛、庚丁之于孝己，皆得称"父己"。余如"父庚"当为盘庚或祖庚，"父辛"当为小辛或廪辛，他皆放此。其称"兄某"者亦然。案：卜辞云"兄某"者，有"兄甲"，前编卷一第三十八页。有"兄丁"，同上，卷一第三十九页，又后编卷上第七页。有"兄戊"，前编卷一第四十页。有"兄己"，前编卷一第四十及第四十一页，后编卷上第七页。有"兄庚"，前编卷一第四十一页，后编卷上第七页及第十九页。有"兄辛"，后编卷上第七页。有"兄壬"，同上。有"兄癸"。同上。今于盘庚以后诸帝之兄求之，则"兄甲"当为盘庚、小辛、小乙之称阳甲；"兄己"当为祖庚、祖甲之称孝己；"兄庚"当为小辛、小乙之称盘庚，或祖甲之称祖庚；"兄辛"当为小乙之称小辛，或庚丁之称廪辛。而"丁"、"戊"、"壬"、"癸"，则盘庚以后诸帝之兄在位者。初无其人，自是未立而殂者，与孝己同矣。由是观之，则卜辞中所未见之雍己、沃甲、廪辛等，名虽亡而实或存。其史家所不载之"祖丙"、"小丁"、此疑即沃丁或武丁。对大丁或祖丁言，则沃丁与武丁自当称"小丁"，犹大甲之后有"小甲"，祖乙之后有"小乙"，祖辛之后有"小辛"矣。"祖戊"、"祖己"、"中己"、"南壬"等，或为诸帝之异称，或为诸帝兄弟之未立者。于是卜辞与世本、史记间毫无抵牾之处矣。

余考①

由上文所考定[一七]殷以前之制度典礼有可征实及推论者如次：

一、商于虞夏时已称王也。诗商颂"玄王桓拨"，毛传[一八]曰："玄王，契也。"周语："玄王勤商，十有四世而兴。"荀子成相篇[一九]："契，玄王，生昭明。"是契之称玄王旧矣。世本之"核"，山海经作"王亥"，古本竹书纪年作"殷王子亥"。卜辞于王亥外又有王恒、王矢，是称王者不止一人。若云追王，则上甲中兴之主，主壬、主癸又[二〇]汤之祖父，何以不称王而独王始祖之契与[二一]七世祖之王亥、王恒乎？则玄王与王亥、王恒等自系当时本号。盖夏商皆唐虞以来古国，其大小强弱本不甚悬殊，所谓有天下者亦第以其名居诸侯之上，数世之后，即与春秋战国之成周无异。而商之先自相土时已大启土（字）〔宇〕[二二]，相土本居商丘，而其东都乃在东岳之下。春秋左氏定（九）〔四〕年[二三]传："取于相土之东都，以会王之东蒐。"是其地当近东岳，周以此分康叔[二四]，与郑人有泰山之祊同。商颂所云"相土烈烈，海外有截"[二五]，自系实录。及王亥迁殷，其地又跨河之南北[二六]，汤伐韦顾、灭昆吾、放桀南巢，不过成[二七]祖宗之业，王迹之兴，固不始于此[二八]矣。书汤誓于汤伐桀誓师时称王，文王亦受命称王，盖夏殷诸侯之强大者皆有王号，本与君公之称无甚县隔。又[二九]天子之于诸侯，君臣之分亦未全定。天泽之辨，盖严于周公制礼之后。即宗周之世，边裔大国尚有称王者，见余前撰三代地理小记。盖仍夏殷遗俗，不能遽以僭窃论矣[三〇]。

一、殷人[三一]兄弟无贵贱之别也。有商一代[三二]，二十九帝中以弟继兄者殆半[三三]，其兄弟之未立[三四]而殂者，亦以先王之礼祀之。盖殷人兄弟[三五]惟以长幼之次为嗣位先后之次，不以是为贵贱也。文王[三六]不立伯

---

① 殷墟卜辞中所见先公先王考初刊於廣倉學窘叢刊學術叢编第十四册，文末附有此餘考。然编入觀堂集林時，"删落不遗一字"（趙萬里静安先生遗著選跋）。今據廣倉學窘初刊本補入，以無遺珠之憾。

邑考〔子〕^[三七]而立武王，与武王崩而周公摄政^[三八]，亦用^[三九]殷制。立子之法，盖^[四〇]自周公反政成王始，遂为百世定制矣。

一、商^[四一]时无分封子弟之制也。商时^[四二]兄弟皆得在位，故开国时^[四三]即无分封子弟之事。故^[四四]其亡也，惟有^[四五]微子以奉商祀，除宋以外，中原无一子姓之国。箕子封朝鲜，乃在荒裔。而夏后氏之后尚有杞、鄫，亦殷人不封子弟之证也。

一、殷人^[四六]无女姓之制也。周时女皆称姓，自太姜、太任、太姒已然，而卜辞^[四七]于先妣皆称妣甲、妣乙，未尝称姓，然则女姓^[四八]之制亦起于周初。礼记大传曰："系之以姓而弗别，缀之以食而弗殊，虽百世而昏姻不通者，周道然也。"此其证也。

一、殷人祭祀之礼与周大异也。甲、殷之祭先王先公，有专祭^[四九]有合祭。其专祭也，则先公先王及先妣皆以其名之日祭之。其合祭也，则或合先公先王而祭之，所谓"自田至于武乙衣"是也；或^[五〇]合先公而祭之，所谓（之）^[五一]"自田元示三牛二示二牛"及"其米自田十有三示牛小示羊"是也。又所谓"自田至于多后衣"者，"多后"盖亦先公兄弟之未立者^[五二]，疑主癸之弟或天乙之兄，居十有三示之末者也。^[五三]或合最近诸先王而祭之，所谓"米祖乙祖丁祖甲康祖丁武乙衣"及"自武丁至于武乙衣"是也。合先公之祭，略如周之坛墠；合先王之祭及合先公先王之祭，略如周之禘祫；而殷人皆谓之"衣"。衣者，殷也。书康诰"殪戎殷"，中庸作"壹戎衣"，郑注："齐人言殷声如衣。"吕氏春秋慎大览"亲郼如夏"，高诱注："郼读如衣。今兖州人谓殷氏皆曰衣。"汉之兖州正殷之^[五四]故地，则殷人读殷亦当如衣。殷商^[五五]之殷至周为卫，犹商之变为宋也。^[五六]公羊文二年传"五年而再殷祭"，以禘祫为殷祭，盖犹商人遗语。大丰敦潍县陈氏藏。"王衣祀于丕显考文王"，则周初亦有衣祭，惟商为合祭，周则专祭耳。乙、殷之祭先，虽先公先王兄弟之未立者，无不有^[五七]专祭。然其合祭之一种，又限于其所自出之五世，如所谓"米祖乙祖丁祖甲康祖丁武乙衣"者，此文丁时事，所祭惟小乙、武丁、祖甲、康丁、武乙五世，而祖甲之兄祖庚、康丁[五八]之兄廪辛，虽在帝位而非[五九]所自出，故不与焉。吕氏春秋谕大览引商书曰"五世之庙可以观怪"，于是可证。此周五庙七庙之制所从出也[六○]。丙、殷之[六一]先公先王先妣祭日，皆如其名之日。如祭王亥以亥日，上甲以甲日，示壬、示癸以壬、癸日，自大乙以下诸帝无不然。其不以其名之日祭者，十无一二焉。然则商人以日为名，殆专为祭而设矣。又其祭先公先王先妣也[六二]，皆以其名之日卜，如卜祭大乙用乙日，卜祭大甲用甲日，其不以其名之日卜者，亦十无二三[六三]焉。凡祭必先卜，决不能至其日而后卜[六四]，然则卜之日必为祭之前十日。以周制言之，少牢馈食礼："少牢馈食之礼，日用丁己，筮旬有一日。"注："旬十日，以先月下旬之己筮来月上旬之己。"谷梁哀元年传："我以十二月下辛卜正月上辛，如不从，则以正月下辛卜二月上辛；如不从，则以二月下辛卜三月上辛；如不从，则不郊矣。"然则殷人卜祭其先亦当以祭之前十日卜。周人吉礼大改殷制，然卜日之期尚仍其故，所谓"损益可知"者，于是[六五]足征。此数事皆与先王先公相关，故附著之[六六]。

附 罗叔言参事二书

昨日下午，邮局送到大稿。灯下读一过，忻快无似。弟自去冬病胃，闷损已数月。披览来编，积疴若失。忆自卜辞初出洹阴，弟一见，以为奇宝，而考释之事未敢自任。研究十年，始稍稍能贯通。往者写定考释，尚未能自慊，固知继我有作者，必在先生，不谓捷悟遂至此也。"上甲"之释无可疑者。弟意田字即小篆甲字所从出。卜辞田字十外加口，固以示别，与𠂤、囧、可同例。然疑亦用以别于数名之十。周人尚用此字，兮伯吉父盘之"兮田"即"兮甲"也。小篆复改作甲者，初以十嫌于数名之十古"七"字。而加口作田，既又嫌于"田畴"之"田"而稍变之。秦阳陵虎符"甲兵"之字作囗，变口为囗，更讹囗为囵，讹十为丁，如说文囗字而初形全失，反不如隶书"甲"字尚存古文面目也。弟因考卜辞，知今隶颇存古文，此亦其一矣。又田或作畠者，弟以为即"上甲"二字合文。许书"帝"古文作帝，注："古文诸上字皆从一，篆文皆从二。二，古文'上'字。"考之卜辞及古金文"帝"、"示"诸文，或从二，或从一。知古文二亦省作一。畠者，"上甲"也。许君之注当改正为"古文诸上字或从一，或从二，一与二皆古文'上'"。或浍长原文本如此，后人转写失之耳。尊稿当已写定，可不必改正。或以弟此书写附大箸之后。奉读大稿，弟为忻快累日。此书寄到，公亦当揽纸首肯也。第一札。

　　前书与公论畠即"上甲"二字合书，想公必谓然。今日补拓以前未选入之龟甲兽骨，得一骨，上有畠字，则竟作"上田"，为之狂喜。已而检书契后编，见卷下第四十二页"上甲"字已有作畠者[六七]。又为之失笑。不独弟忽之，公亦忽之，何耶? 卜辞"上"字多作⌒，"下"字作⌒。"下"字无所嫌，二作⌒者，所以别于数名之"二"也。此畠字两见，皆作⌒。又"上帝"字作⌒帝，其为"上"字无疑。田为畠字之省，亦无可疑。不仅可为弟前说之证，亦足证尊说之精确。至今隶"甲"字全与田同，但长其直画。想公于此益信今隶源流之古矣。第二札。

　　丁巳二月，参事闻余考卜辞中殷先公、先王，索稿甚亟。既写定，即以草藁寄之。复书两通，为余证成"上甲"二字之释。第一札作于闰二月之望，第二札则二十日也。余适以展墓反浙，至沪读此二书，开缄狂喜，亟录附于后。越七日，国维记。

殷卜辞中所见先公先王续考

　　丁巳二月，余作殷卜辞中所见先公先王考，时所据者，铁云藏龟及殷虚书契前、后编诸书耳。逾月，得见英伦哈同氏戬寿堂所藏殷虚文字拓本，凡八百纸。又逾月，上虞罗叔言参事以养疴来海上，行装中有新拓之书契文字约千纸。余尽得见之。二家拓本中足以补证余前说者颇多。乃复写为一编，以质世之治古文及古史者。闰二月下旬。海宁王国维。

高祖夋

前考以卜辞之𡕛及𡕛为"夋"，即帝喾之名。但就字形定之，无他证也。今见罗氏拓本中有一条曰"癸巳，贞，于高祖𡕛"，下阙。案：卜辞中惟王亥称"高祖王亥"书契后编卷上第二十二页。或"高祖亥"，哈氏拓本。大乙称"高祖乙"。后编卷上第三页。今𡕛亦称"高祖"，斯为𡕛、𡕛即夋之确证，亦为夋即帝喾之确证矣。

上甲　报乙　报丙　报丁　主壬　主癸

前考据书契后编上第八页一条，证𡆥、𠃊即报丙、报丁，又据此知卜辞以报丙、报丁为次，与史记殷本纪及三代世表不同。比观哈氏拓本中有一片，有田、习、"示癸"等字，而彼片有𡆥、𠃊等字。疑本一骨折为二者，乃以二拓本合之，其断痕若合符节，文辞亦连续可诵。凡殷先公、先王自上甲至于大甲，其名皆在焉。兹摹二骨之形状及文字如左：

右[六八]文三行。左行其辞曰"乙未，酒滋曾田十，习三，酉三，𠃊三，示壬三，示癸三，大丁十，大甲十"。下阙。此中曰"十"、曰"三"者，盖谓牲牢之数。上甲、大丁、大甲十，而其余皆三者，以上甲为先公之首，大丁、大甲又先王而非先公，故殊其数也。示癸、大丁之间无大乙者，大乙为大祖，先公、先王或均合食于大祖故也。据此，一文之中先公之名具在。不独⊞即上甲，乚、酉、卩即报乙、报丙、报丁，示壬、示癸即主壬、主癸，胥得确证；且足证上甲以后诸先公之次，当为报乙、报丙、报丁、主壬、主癸。而史记以报丁、报乙、报丙为次，乃违事实。又据此次序，则首"甲"、次"乙"、次"丙"、次"丁"，而终于"壬"、"癸"，与十日之次全同。疑商人以日为名号，乃成汤以后之事。其先世诸公生卒之日，至汤有天下后定祀典名号时，已不可知。乃即用十日之次序，以追名之。故先公之次，乃适与十日之次同。否则不应如此巧合也。

多后

卜辞屡云"自⊞至于多𡨄衣"，见前考。曩疑"多𡨄"亦先公或先王之名。今观戬寿堂所藏殷虚文字，乃知其不然。其辞曰："乙丑卜，贞，王宾𡨄祖乙□，亡尤。"又曰："乙卯卜，即贞，王宾𡨄祖乙、父丁㸬，亡尤。"又曰："贞，𡨄祖乙古十牛，四月。"又曰："贞，𡨄祖乙古十物牛，四月。"以上出戬寿堂所藏殷虚文字。又曰："咸𡨄祖乙。"书契前编卷五第五页。又曰："甲□□贞，翌乙□酒肜日于𡨄祖乙，亡它。"后编卷上第二十页。则𡨄亦作𡨄。卜辞又曰："□丑，之于五𡨄。"前编卷一第三十页。合此诸文观之，则'多𡨄'殆非人名。案：卜辞𡨄字异文颇多，或作𡨄，前编卷六第二十七页。或作𡨄，同上，卷二第二(七)〔十〕五[六九]页。或作𡨄、作𡨄、作𡨄，均同上。或作𡨄，同上，第二十五页。或作𡨄，后编卷上第二十页。字皆从女、从𠫔，倒"子"。或从母、从𠫔，象产子之形。其从八、、、小者，则象产子之有水液也。或从亻者，与从女、从母同意。故以字形言，此字即说文"育"之或体"毓"字。"毓"从每、从㐬，倒古文"子"。与此正同。[七〇]然卜辞假此为"后"字。古者，"育"、"冑"、"后"声相近，谊亦相通。说文解字：

"后，继体君也。象人之形。施令以告四方，故厂之。从一、口。"是"后"从人，"厂"当即彳之讹变。"一、口"亦合之讹变也。"后"字之谊，本从"毓"义引申。其后"毓"字专用"毓"、"育"二形，"后"字专用居、居诸形[七一]，又讹为"后"，遂成二字。卜辞昏又作叭，后编卷下第二十二页。与居、居诸形皆象倒子在人後，故"先後"之"後"，古亦作"后"。盖"毓"、"后"、"後"三字实本一字也。商人称先王为"后"。书盘庚曰："古我前后"。又曰："女曷不念我古后之闻。"又曰："予念我先神后之劳尔先。"又曰："高后丕乃崇降罪疾。"又曰："先后丕降与汝罪疾。"诗商颂曰："商之先后。"是商人称其先人为"后"。是故"多后"者，犹书言"多子"、"多士"、"多方"也。"五后"者，犹诗、书言"三后在天"、"三后成功"也。其与祖乙连言者，又假为"後"字。"後祖乙"谓武乙也。卜辞以"昏祖乙、父丁"连文，考殷诸帝中父名"乙"、子名"丁"者，盘庚以后，惟小乙、武丁及武乙、文丁，而小乙卜辞称"小祖乙"，戬寿堂所藏殷虚文字。则"昏祖乙"必武乙矣。商诸帝名"乙"者六，除帝乙外，皆有"祖乙"之称，而各加字以别之。是故"高祖乙"者，谓大乙也。"中宗祖乙"者，谓祖乙也。"小祖乙"者，谓小乙也。"武祖乙"、"后祖乙"者，谓武乙也。卜辞"君后"之"后"与"先後"之"後"均用昏或居，知"毓"、"后"、"後"三字之古为一字矣。

中宗祖乙

戬寿堂所藏殷虚文字中有断片，存字六，曰："中宗祖乙，牛，吉。"称祖乙为"中宗"，全与古来尚书学家之说违异。惟太平御览八十三引竹书纪年曰："祖乙滕即位，是为中宗，居庇。"今本纪年注亦云："祖乙之世，商道复兴，号为中宗。"即本此。今由此断片，知纪年是而古今尚书家说非也。史记殷本纪以大甲为"大宗"，大戊为"中宗"，武丁为"高宗"。此本尚书今文家说。今征之卜辞，则大甲、祖乙往往并祭，而大戊不与焉。卜辞曰："□亥卜，贞，三示，御大乙、大甲、祖乙五牢。"罗氏拓本。又曰："癸丑卜，□贞，米年于大甲，十牢。祖乙，十牢"。后编上第二十七页。又曰"丁亥卜，□贞，昔乙酉，服彡御中阙。大丁、大甲、祖乙百邑，百羊，卯三百牛"。下阙，同上，第二十八页。大乙、大甲之后，独举祖乙，亦"中宗"是祖乙非大戊之一证。*晏子春秋内篇谏上："夫汤、大甲、武丁、祖乙，天下之盛君也。"亦以祖乙与大甲、武丁并称。*

大示　二示　三示　四示

戬寿堂所藏殷虚文字中有一条，其文曰："癸卯卜，彭，米贞，乙巳自田廿示，一牛。二示，羊合酒。三示，彘牢。四示，犬。"前考以"示"为先公之专称，故因卜辞"十有三示"一语，疑商先公之数不止如史记所纪。今此条称"自田廿示"，又与彼云"十有三示"不同。盖"示"者，先公、先王之通称。卜辞云："□亥卜，贞，三示，御大乙、大甲、祖乙五牢。"*见前*。以大乙、大甲、祖乙为"三示"，是先王亦称"示"矣。其有"大示"、*亦云"元示"*。"二示"、"三示"、"四示"之别者，盖商人祀其先，自有差等。上甲之祀与报乙以下不同，大乙、大甲、祖乙之祀又与他先王不同。又诸臣亦称"示"。卜辞云："癸酉卜，右伊五示。"*罗氏拓本*。"伊"谓伊尹。故有"大示"、"二示"、"三示"、"四示"之名。卜辞又有"小示"，盖即谓"二示"以下。"小"者，对"大示"言之也。

商先王世数

史记殷本纪、三代世表及汉书古今人表所记殷君数同，而于世数则互相违异。据殷本纪则商三十一帝，除大丁为三十帝。共十七世。三代世表以小甲、雍己、大戊为大庚弟，**殷本纪大庚子**。则为十六世。**古今人表**以中丁、外壬、河亶甲为大戊弟，**殷本纪大戊子**。祖乙为河亶甲弟，**殷本纪河亶甲子**。小辛为盘庚子，**殷本纪盘庚弟**。则增一世，减二世，亦为十六世。今由卜辞证之，则以**殷本纪**所记为近。案：殷人祭祀中，有特祭其所自出之先王，而非所自出之先王不与者。前考所举"米祖乙、小乙。祖丁、武丁。祖甲、康祖丁、庚丁。武乙衣"，其一例也。今捡卜辞中又有一断片，其文曰"上阙。大甲、大庚、中阙。丁、祖乙、祖中阙。一羊一南"，下阙。共三行，左读。见后编卷上第五页。此片虽残阙，然于大甲、大庚之间不数沃丁，中丁、"中"字直笔尚存。祖乙之间不数外壬、河亶甲，而一世之中仅举一帝，盖亦与前所举者同例。又其上下所阙，得以意补之如左：

由此观之，则此片当为盘庚、小辛、小乙三帝时之物。自大丁至祖丁，皆其所自出之先王。以**殷本纪**世数次之，并以行款求之，其文当如是也。惟据**殷本纪**，则祖乙乃河亶甲子，而非中丁子。今此片中有中丁而无河亶甲，则祖乙自当为中丁子。**史记**盖误也。且据此，则大甲之后有大庚，则大戊自当为大庚子。其兄小甲、雍己亦然。知**三代世表**以小甲、雍己、大戊为大庚弟者非矣。大戊之后有中丁，中丁之后有祖乙，则中丁、外壬、河亶甲自当为大戊子，祖乙自当为中丁子。知**人表**以中丁、外壬、河亶甲、祖乙皆为大戊弟者非矣。卜辞又云："父甲一牡，父庚一牡，父辛一牡。"**后编卷上第二十五页**。"甲"为阳甲，"庚"则盘庚，"辛"则小辛，皆武丁之诸父，故曰"父甲"、"父庚"、"父辛"。则**人表**以小辛为盘庚子者非矣。凡此诸证，皆与<u>殷本纪</u>合，而与<u>世</u>表、<u>人</u>表不合。是故殷自小乙以上之世数，可由此二片证之。小乙以下之世数，可由祖乙、祖丁、祖甲、康祖丁、武乙一条证之。考古者得此，可以无遗憾矣。

附　殷世数异同表

帝名	殷本纪	三代世表	古今人表	卜辞
汤	主癸子	主癸子	主癸子	一世
大丁	汤子	汤子	汤子	汤子二世
外丙	大丁弟	大丁弟	大丁弟	
中壬	外丙弟	外丙弟	外丙弟	
大甲	大丁子	大丁子	大丁子	大丁子三世
沃丁	大甲子	大甲子	大甲子	
大庚	沃丁弟	沃丁弟	沃壬弟	大甲子四世
小甲	大庚子	大庚弟	大庚子	
雍己	小甲弟	小甲弟	小甲弟	
大戊	雍己弟	雍己弟	雍己弟	大庚子五世
中丁	大戊子	大戊子	大戊弟	大戊子六世
外壬	中丁弟	中丁弟	中丁弟	
河亶甲	外壬弟	外壬弟	外壬弟	
祖乙	河亶甲子	河亶甲子	河亶甲弟	中丁子七世
祖辛	祖乙子	祖乙子	祖乙子	祖乙子八世
沃甲	祖辛弟	祖辛弟	祖辛弟	

续表

帝名	殷本纪	三代世表	古今人表	卜辞
祖丁	祖辛子	祖辛子	祖辛子	祖辛子九世
南庚	沃甲子	沃甲子	沃甲子	
阳甲	祖丁子	祖丁子	祖丁子	祖丁子十世
盘庚	阳甲弟	阳甲弟	阳甲弟	阳甲弟十世
小辛	盘庚弟	盘庚弟	盘庚子	盘庚弟十世
小乙	小辛弟	小辛弟	小辛弟	小辛弟十世
武丁	小乙子	小乙子	小乙子	小乙子十一世
祖庚	武丁子	武丁子	武丁子	武丁子十二世
祖甲	祖庚弟	祖庚弟	祖庚弟	祖庚弟十二世
廪辛	祖甲子	祖甲子	祖甲子	
庚丁	廪辛弟	廪辛弟	廪辛弟	祖甲子十三世
武乙	庚丁子	庚丁子	庚丁子	庚丁子十四世
大丁	武乙子	武乙子	武乙子	
帝乙	大丁子	大丁子	大丁子	
帝辛	帝乙子	帝乙子	帝乙子	

校勘记

［一］遗书本无"海宁王国维"五字。

［二］"米"，遗书本作"求"。

［三］"二字"，遗书本作"二形"。

［四］"之形"以下至下文"帝喾之名"，遗书本改为：说文（戈）〔女〕部：

"𡢃，贪兽也，一曰母猴，似人。从页、巳、止、（戈）〔夂〕其手足。"毛公鼎
"我弗作先王羞"之"羞"作𡢃，克鼎"柔远能𨽻"之"柔"作𡢃，番生敦作
𡢃，而博古图、薛氏款识盄和钟之"柔燮百邦"、晋姜鼎之"用康柔绥怀远廷"，
"柔"并作𡢃，皆是字也。"𡢃"、"羞"、"柔"三字古音同部，故互相通借。此
称"高祖𡢃"。案：卜辞惟王亥称"高祖王亥"后编卷上第廿二页。或"高祖
亥"，戬寿堂所藏殷虚文字第一页。大乙称"高祖乙"，后编卷上第三页。则𡢃必
为殷先祖之最显赫者。以声类求之，盖即帝喾也。"帝喾"之名已见逸书。书序：
"自契至于成汤八迁。汤始居亳，从先王居，作帝告。"史记殷本纪"告"作
"诰"，索隐曰："一作'俈'。"案：史记三代世表、封禅书、管子侈靡篇皆以
"俈"为"喾"。伪孔传亦云："契父帝喾都亳，汤自商丘迁亳，故曰'从先王
居'。"若书序之说可信，则"帝喾"之名已见商初之书矣。诸书作"喾"或
"俈"者，与"𡢃"字声相近。其或作"夋"者，则又"𡢃"字之讹也。

　　［五］遗书本删"又"，并删"帝俊"以下至下文"帝俊当即帝夋"，改增小
字注云："凡十二见。"

　　［六］"郭璞注于"以下，遗书本增"大荒西经"数字。

　　［七］"假借"以下至本节末，遗书本改为：然大荒东经曰："帝俊生仲容。"
南经曰："帝俊生季釐。"是即左氏传之仲熊、季狸，所谓高辛氏之"才子"也。
海内经曰："帝俊有子八人，实始为歌舞。"即左氏传所谓"有才子八人"也。大
荒西经："帝俊妻常羲生月十有二。"又传记所云："帝喾次妃诹訾氏女，曰'常
仪'，生帝挚者也。"案：诗大雅生民疏引大戴礼帝系篇曰："帝喾下妃娵訾之女
曰'常仪'，生挚。"家语、世本其文亦然。檀弓正义引同，而作"娵氏之女曰常
宜"。然今本大戴礼及艺文类聚十五、太平御览一百三十五所引世本，但云"次
妃曰娵訾氏，产帝挚"，无"曰常仪"三字。以上文"有邰氏之女曰'姜嫄'，
有娀氏之女曰'简狄'"例之，当有"曰常仪"三字。三占从二，知郭璞以"帝
俊"为帝舜，不如皇甫以"夋"为帝喾名之当矣。祭法："殷人禘喾。"鲁语作
"殷人禘舜"。"舜"亦当作"夋"。喾为契父，为商人所自出之帝，故商人禘之。
卜辞称"高祖𡢃"，乃与王亥、大乙同称，疑非喾不足以当之矣。

［八］"同上第二十八页"以下，王国维后自作眉批："贞，夷于王亥五牛。龟甲兽骨文字卷一第九页。"遗书本补入正文，作"龟甲兽骨文字有一事，曰：'贞，夷于王亥五牛。'卷一第九页。"

［九］"三十牛"上，遗书本增"五牛"。

［一〇］"失"，据四部丛刊本楚辞改作"夫"。

［一一］"米"，遗书本作"求"。

［一二］"微"当作"征"，据遗书本改。

［一三］"米"，遗书本作"求"。本卷皆如此，不另出注。

［一四］"人名"以下，王国维后自增如下文字，遗书本同："若岂甲前编卷一第十六页，后编卷上第八页。"

［一五］"前编一第四十五页"以下，王国维后自增补如下文字，遗书本同："若小癸龟甲兽骨文字卷二第廿五页。"

［一六］"克殷解"当为"世俘解"之误，据文渊阁四库全书本逸周书改。

［一七］"所考定"，据葛兆光所见日本关西大学图书馆藏殷虚卜辞中所见先公先王考手稿，作"之研究"。

［一八］"毛传"，手稿作"传"。

［一九］手稿"成相篇"下有"曰"字。

［二〇］"又"，手稿作"亲"。

［二一］"始祖之契与"，手稿无。

［二二］"字"，据手稿改作"宇"。

［二三］"定九年"手稿作"哀九年"，据左传改作"定四年"。

［二四］"周以此分康叔"，手稿无。

［二五］手稿"截"下有"者"。

［二六］手稿"南北"下有"而与夏人错处，夏人都河济间，余别有考。至"等字。

［二七］"成"，手稿作"完"。

［二八］"始于此"，手稿作"自汤始"。

［二九］"又"，手稿作"而其时"。

　　［三〇］"不能遽以僭窃论矣"，手稿作"孟子'民无二王'之说周，不能以论夏殷事矣"。

　　［三一］"人"，手稿作"时"。

　　［三二］"有商一代"，手稿作"殷一代"。

　　［三三］"殆半"，手稿作"居半"。

　　［三四］"其兄弟之未立"，手稿作"其未及嗣位"。

　　［三五］"兄弟"下手稿有"不以长幼为贵贱"。

　　［三六］"文王"，手稿作"周之"。

　　［三七］"子"，手稿作小字注，据改。

　　［三八］"政"，手稿作"天子位"。

　　［三九］"用"，手稿作"承"。

　　［四〇］"法"，手稿作"制"；"盖"下手稿有"亦"字。

　　［四一］"商"，手稿作"殷"。

　　［四二］"商时"，手稿作"殷人"。

　　［四三］"开国时"，手稿作"殷初"。

　　［四四］"故"，手稿作"比"。

　　［四五］"有"下手稿有"一"字。

　　［四六］"殷人"，手稿作"殷时"。

　　［四七］"卜辞"，手稿作"商人"。

　　［四八］"女姓"，手稿作"姓氏"。

　　［四九］"专祭"，手稿作"特祭"。下文皆同，不另出记。

　　［五〇］"或"下手稿有"但"。

　　［五一］"之"，手稿自删之，今从而删。

　　［五二］"者"下手稿有"之名"二字。

　　［五三］"也"下手稿有"或合稍远诸先王而祭之，如云'己卯卜翌庚辰之于大庚至于中丁一牢'是也"。

　　［五四］"之"，手稿作"人"。

　　［五五］"殷商"，手稿作"殷墟"。

[五六]"犹商之变为宋也",手稿作"亦其一证"。

[五七]"有",手稿无。

[五八]"康丁",手稿作"庚丁"。

[五九]"非"下手稿有"文丁"二字。

[六〇]"此",手稿作"是";"从",手稿作"自"。

[六一]"之",手稿作"人"。

[六二]"又"下手稿无"其"字;"妣"下手稿无"也"字。

[六三]"二三",手稿作"一二"。

[六四]"至其日而后卜",手稿作"于祭之日始卜"。

[六五]"是",手稿作"此"。

[六六]"皆与先王先公相关,故附著之",手稿作"皆关于先王先公者,故略著于此,以俟他日详究焉"。

[六七]"作畐者"以下,王国维后自作眉批,遗书本以小字增入注中:"英人明义士所摹殷虚卜辞第二十九页并一百十八页亦两见畐字。"

[六八]"兹摹二骨之形状及文字如左",此数字并摹本,遗书本置之本段文末。"右",遗书本作"其"。

[六九]"二七五",当为"二十五"之误,据遗书本改。

[七〇]"正同"以下,王国维后自作眉批:"近见吕中仆尊曰:'吕中仆作𢒥子宝尊彝。''𢒥子'即'毓子'。毓,稚也。书今文尧典:'教育子。'诗豳风:'鬻子之闵斯。'书康诰:'兄亦不念鞠子哀。'康王之诰:'无遗鞠子羞。''育'、'鬻''鞠'三字通。"遗书本删"近见"二字。

[七一]"居诸形",遗书本无。

商都邑研究五篇①

说自契至于成汤八迁

尚书序"自契至于成汤，八迁"，正义仅举其三。今考之古籍，则世本居篇云："契居蕃。"见水经注渭水篇。通鉴地理通释引世本作"番"。疑即汉志鲁国之蕃县，观相土之都在东岳下可知。契本帝喾之子，实本居亳，今居于蕃，是一迁也。世本又云："昭明居砥石。"书正义引。由蕃迁于砥石，是二迁也。荀子成相篇云："契玄王，生昭明，居于砥石，

---

① 此部分收录的文章选自王国维《观堂集林》（卷第十二·史林四），此标题为编者拟。

迁于商。"是昭明又由砥石迁商，是三迁也。左氏襄九年传云："陶唐氏之火正阏伯居商丘，祀大火，而火纪时焉。相土因之，故商主大火。"是以商丘为昭明子相土所迁。又定（九）〔四〕年^[一]传：祝鮀论周封康叔曰："取于相土之东都，以会王之东蒐。"则相土之时曾有二都，康叔取其东都，以会王之东蒐，则当在东岳之下，盖如泰山之祊为郑有者。此为东都，则商丘乃其西都矣。疑昭明迁商后，相土又东徙泰山下，后复归商丘，是四迁、五迁也。今本竹书纪年云："帝芬三十三年，商侯迁于殷。"山海经郭璞注引真本纪年，有"殷王子亥"、"殷主甲微"，称殷不称商，则今本纪年此事或可信。是六迁也。又"孔甲九年，殷侯复归于商丘"，是七迁也。至"汤始居亳，从先王居"，则为八迁。汤至盘庚五迁，书序纪其四。而前之八迁，古未有说。虽上古之事若存若亡，世本、纪年亦未可尽信，然要不失为古之经说也。梁氏玉绳史记志疑引路史国名纪"上甲居邺"以当一迁，不知邺即殷也。

说　商

商之国号，本于地名。史记殷本纪云："契封于商。"郑玄、皇甫谧以为上雒之商，盖非也。古之宋国，实名商丘。丘者，虚也。说文解字："虚，大丘也。昆仑丘，谓之昆仑虚。"又云："丘谓之虚，从丘，虍声。"宋之称商丘，犹洹水南之称殷虚，是商在宋地。左传昭元年："后帝不臧，迁阏伯于商丘，主辰。商人是因，故辰为商星。"又襄九年传："陶唐氏之火正阏伯居商丘，祀大火，而火纪时焉。相土因之，故商主大火。"又昭十七年传："宋，大辰之虚也。"大火谓之大辰，则宋之国都确为昭明、相土故地。杜预春秋释地以商丘为梁国睢阳，今河南归德府商丘县。又云："宋、商、商丘，三名一地。"其说是也。始以地名为国号，继以为有天下之号。其后虽不常厥居，而王都所在，仍称大邑商，迄于失天下而不改。

罗参事殷虚书契考释序云：“史称盘庚以后，商改称殷。而遍搜卜辞，既不见‘殷’字，又屡言‘入商’。田游所至，曰‘往’、曰‘出’，商独言‘入’。可知文丁、帝乙之世，虽居河北，国尚号商。”其说是也。且周书多士云：“肆予敢求尔于天邑商。”是帝辛、武庚之居，犹称商也。至微子之封，国号未改，且处之商丘，又复其先世之地，故国谓之宋，亦谓之商。

顾氏日知录引左氏传“孝、惠娶于商”、哀二十四年。“天之弃商久矣”、僖二十二年。“利以伐姜，不利子商”，哀九年。以证宋之得为商。阎百诗潜丘札记驳之，其说甚辨，然不悟周时多谓“宋”为“商”。左氏襄九年传：士弱曰“商人阅其祸败之衅，必始于火”，此答晋侯“宋知天道”之问。“商人”，谓宋人也。昭八年传：“大蒐于红，自根牟至于商、卫，革车千乘。”“商、卫”，谓宋、卫也。吴语“阙为深沟，通于商、鲁之间”，谓宋、鲁之间也。乐记：师乙谓子贡：“商者，五帝之遗音也，商人识之，故谓之商；齐者，三王之遗音也，齐人识之，故谓之齐。”子贡之时，有齐人，无商人。商人，即宋人也。

余疑“宋”与“商”声相近，初本名“商”，后人欲以别于有天下之“商”，故谓之“宋”耳。然则“商”之名起于昭明，讫于宋国，盖于宋地终始矣。

说　亳

古地以亳名者甚多，周书立政云：“三亳阪尹。”郑玄谓：“汤旧都之民服文王者，分为三邑，其长居险，故名阪尹。盖东成皋、南辕辕、西降谷也。”书正义引。皇甫谧则云：“三处之地，皆名为亳：蒙为北亳，谷熟为南亳，偃师为西亳。”同上。括地志申之曰：“宋州谷熟县西南三十五里南亳故城即南亳，汤都也。宋州北五十里大蒙城为景亳，汤所盟地，因景山为名。偃师为西亳，帝喾及汤所都。"史记殷本纪正义引。二说不同。然立政说文王事，时周但长西土，不得有汤旧都之民与南、北、西三亳之地。此三亳者，自为西夷，与左氏传之肃慎、燕、亳，说文京兆杜陵亭之亳，皆与汤都无与者也。又春秋襄十一年："同盟于亳城北。"公、谷作"京城北"，公羊疏谓："服氏经亦作'京'，今左氏经传作'亳'，殆字之误也。"则为郑地之亳；史记五帝本纪集解引皇览云"帝喾冢在东郡濮阳顿丘城南亳阴野中"[二]，则为卫地之亳；左氏传"公子御说奔亳"，则为宋地之亳。与皇甫谧所举三亳，以亳名者八九。然则汤之所都，果安在乎？史记六国表言："收功实者常于西北，故禹兴于西羌，汤起于亳。"徐广以京兆杜陵之亳亭当之，盖探史公之意以为说。班固于汉地理志则云："偃师尸乡，殷汤所都。"郑玄亦以汤都偃师。皇甫谧以为汤居南亳。尚书正义引。括地志兼采二说，以为汤始居南亳谷熟，后居西亳偃师。而汉书地理志山阳郡之薄县，臣瓒曰："汤所都。"是汤所都之亳，亦有四说。

余案：瓒说是也。山阳之薄，即皇甫谧所谓北亳。后汉以薄县属梁国，至魏、晋并罢薄县，以其地属梁国之蒙县。故谧云"蒙为北亳"者，浑言之；杜预于庄十（一）年[三]传注云"蒙县西北有亳城"，则析言之。蒙之西北，即汉山阳郡薄县地也。今山东曹州府曹县南二十余里。其为汤都，盖有三证：一、以春秋时宋之亳证之。左氏庄十（一）〔二〕年[四]传："宋万弑闵公于蒙泽，立子游。群公子奔萧，公子御说奔亳。南宫牛、猛获帅师围亳。冬十月，萧叔大心及戴、武、宣、穆、庄之族以曹师伐之，杀南宫牛于师，杀子游于宋，立桓公。猛获奔卫，南宫万奔陈。"杜注以亳在蒙县西北。如杜说，则亳与曹接境。曹师之伐，先亳后宋。猛获在亳，故北奔卫；南宫万在宋，故南走陈。是宋之亳，即汉之薄县。又哀十四年传：桓魋"请以鞌易薄。景公曰：'不可。薄，宗邑也।'乃益𡧡七邑।"𡧡，桓魋之邑，地虽无考，当与薄近。是岁，魋入于曹以叛。时曹地新入于宋，虽未必为魋采邑，亦必与魋邑相近，则其所欲易之薄，亦必与曹相近，殆即前汉山阳郡之薄县。而此薄为宋宗邑，尤足证其为汤所都。然则此北亳者，于春秋时为亳、为薄，于两汉为薄县，晋时县治虽废，而尚有亳城。若南亳、西亳，不独古籍无征，即汉以后亦不见有亳名。其证一也。二、以汤之邻国证之。孟子言："汤居亳，与葛为邻。"皇甫谧、孟康、司马彪、杜预、郦道元均以宁陵县**前汉属陈留郡，后汉属梁国**。之葛乡为葛伯国。谧且谓偃师去宁陵八百余里，不能使民为之耕，以证汤之所都当为谷熟之南亳。然谷熟之去宁陵，虽较之偃师为近，中间尚隔二百余里。若蒙县西北之薄，与宁陵东北之葛乡，地正相接，汤之所都，自当在此。其证二也。三、以汤之经略北方证之。汤所伐国，韦、顾、昆吾、夏桀，皆在北方。昆吾之墟，地在卫国，**汉东郡濮阳城内**。左传、世本说当可据。而韦国，郑笺以为豕韦。按续汉书地理志，东郡白马县有韦乡。杜预亦云："白马县东南有韦城，古豕韦氏之国。"又白马之津，史记曹相国世家亦谓之"围津"。是韦与昆吾实为邻国，与亳相距不过二百里。顾地无考，汉书古今人表作"鼓"。案殷虚卜辞云："王步于𣪠。""𣪠"，当即"鼓"字。卜辞所载地名，大抵在大河南、北数百里内，知亦距韦与昆吾不远。且顾与昆吾，郑语均以为己姓之国，故卫之帝丘城外有戎州己氏，而梁国蒙薄之北，汉亦置己氏县。疑古顾国当在昆吾之南，蒙薄之北。然则亳于汤之世居国之北境，故汤自商丘徙此，以疆理北方。逮北伐韦、顾，遂及昆吾，于是商境始北抵河。王业之成，基于此矣。汤之时，方有事北方，决无自商丘南徙谷熟之理。至偃师之地，更与诸国风马牛不相及。其证三也。自来说汤都者纷歧无定说，故举此三证质之。

说　耿

　　尚书序："祖乙迁于耿。"史记殷本纪作"邢"，索隐以为"河东皮氏县之耿乡"。然仲丁迁隞，河亶甲居相，其地皆在河南、北数百里内，祖乙所居，不得远在河东。且河东之地，自古未闻河患。耿乡距河稍远，亦未至遷圮也。段氏古文尚书撰异引说文："邢，郑地，有邢亭。"疑祖乙所迁，当是此地。然说文"邢"字下云："邢，周公子所封，地近河内怀。"其云"周公子所封"，则指邢、茅、胙、祭之邢。杜注："在广平襄国县。"然又云"地近河内怀"，则又指左传、宣六年。战国策魏策："秦固有怀地刑丘。"史记魏世家作"怀地邢丘"。之邢丘杜注："在河内平皋县。"也。邢丘，即邢虚，犹言商丘、殷虚，祖乙所迁当即此地。其地正滨大河，故祖乙圮于此也。

说　殷

　　殷之为洹水南之殷虚，盖不待言。然自史记以降，皆以殷为亳。其误始于今文尚书书序讹字，而太史公仍之。书序："盘庚五迁，将治亳殷。"马、郑本古文同。束皙谓："孔子壁中尚书作'将始宅殷'。"孔疏谓："'亳'字摩灭，容或为'宅'。壁内之书，安国先得，'治'皆作'乱'。其字与'始'不类，无缘误作'始'字。"段氏古文尚书撰异谓："'治'之作'乱'，乃伪古文。"束广微当晋初，未经永嘉之乱，或孔壁原文尚存秘府，所说殆不虚。按隋书经籍志："晋世秘府所存，有古文尚书经文。"束皙所见，自当不诬。且"亳殷"二字，未见古籍。商颂言"宅殷土茫茫"，周书召诰言"宅新邑"，"宅殷"连言，于义为长。且殷之于亳，截然二地。书疏引汲冢古文云："盘庚自奄迁于殷，在邺南三十里。"史记索隐引汲郡古文："盘庚自奄迁于北蒙，曰殷虚，去邺三十里。"今本纪年作"自奄迁于北蒙，曰殷"，无"在邺南三十里"六字。束皙以汉书项羽传之"洹水南殷虚"释之。见书孔疏。今龟甲、兽骨出土皆在此地，盖即盘庚以来殷之旧都。楚语白公子张曰"昔殷武丁，能耸其德，至于神明，以入于河。自河徂亳"，盖用逸书说命之文。今伪古文说命袭其语。书无逸称高宗"旧劳于外"，当指此事。然则小乙之时，必都河北之殷，故武丁徂亳，必先入河，此其证也。

　　校勘记

　　〔一〕底本及遗书本俱作"九年"，据十三经注疏本春秋左传改作"四年"。

　　〔二〕史记五帝本纪注引皇览作"顿丘城南台阴野中"。

　　〔三〕底本及遗书本俱作"十一年"，据十三经注疏本春秋左传当为"十年"。

　　〔四〕底本及遗书本俱作"十一年"，据十三经注疏本春秋左传改为"十二年"。

殷礼征文①

殷人以日为名之所由来

以日为名，在夏则有孔甲、履癸；商之祖先，自王亥、上甲微以降，无不用日为名。白虎通姓名篇："殷以生日名子何？殷家质故，直以生日名子也，以尚书道殷家大甲、帝乙、武丁也。"史记殷本纪索隐引皇甫谧云："微字上甲，其母以甲日生故也。商家生子以日为名，盖自微始。"

---

① 據王國維丙辰日記，本文作於一九一六年四月，後收入羅振玉海寧王忠慤公遺書和趙萬里海寧王静安先生遺書。今以趙氏遺書本爲底本點校整理。

是谓上甲、报丁等皆其本名，而不能言其以日为名之故。今由卜辞观之，知商人名甲者，其祭之也恒以甲日；名乙者，其祭之也恒以乙日。如云"贞，之于王亥四十牛，辛亥用"；**殷虚书契卷四第八页**。又云"辛亥卜，喜贞，翌壬子示壬𡚸卜彳"；同上，卷一第一页。又云"壬戌□，贞，示壬□□翌癸亥，其征于示癸"；同上。又云"癸亥卜，贞，王□卜□在五月，甲子肜日小甲"；同上第七页。又云"丙午卜，行贞，翌丁未，祭于中丁，卜它"；**后编卷上第二页**。又云"甲申卜，贞，翌乙酉之于且乙，牢之一牛"；**前编卷一第十页**。又云"庚申卜，贞，翌辛酉又于且辛，有夹"；同上，第十二页。又云"癸未卜，派贞，王旬卜□，在正月甲申祭且甲，𡆒𡆒甲"；同上，第十九页。又云"癸酉卜，贞，翌日乙亥，王其有□于武乙"；同上，第二十页。又云"庚辰卜，大贞，来丁亥其叔丁于大室"，同上，第三十六页。此十事皆以甲日祭甲，乙日祭乙，乃至丙丁无不然。更以卜日证之，则祭甲恒以甲日卜，祭乙以乙日卜，如上节所引诸例大都如是。**罗参事殷虚书契考释枚举其例，殆不能终。**案：周礼天官冢宰：祀五帝，"前期十日，帅执事而卜日，遂戒。""享先王亦如之。"注："十日，容散齐七日，致齐三日。"少牢馈食礼："筮旬有一日。"注："旬，十日也，以先月下旬之己筮来月上旬之己。"今祭甲以甲日，卜者亦当以前十日之甲卜后十日之甲，与周礼同。否则，即以祭之日卜也，殷人亦有以先祭一日卜者，如本节所引八事，其七皆先祭一日卜；亦有以祭日卜者，如上节所引祖辛一事是。则祭甲以甲日卜，即以甲日祭之证也。又殷人卜牲之礼，则祭乙多以甲日，祭丁以丙日。如卜小乙牢，用甲戌；同上，卷一第十六页。卜且乙牢，用丙午；同上，卷七第二十九页。卜武丁牢，用丙戌、丙辰、丙子；同上，卷一第十七页及第二十一页。卜且甲牢，用甲申；同上，第三十一页。卜康丁牢，用丙子者二，同上，第十页。用丙辰者二，同上，第二十二页。用丙申者一，同上。用丙戌者二；同上。卜武乙牢，用甲子者二；同上，第十页及第二十一页。用甲寅者三，同上，第十八及第二十一、第二十二页。用甲辰者一，同上，第十八页。用甲戌者二；同上，第十及第二十一页。皆卜乙牲以甲日，卜丁牲以丙日，是殆于祭之前一日卜牲，此又用祭甲用甲日，祭乙用乙日之证也。然则商人甲乙之号，盖专为祭而设。以甲日生者祭以甲日，因号之曰上甲、曰大甲、曰小甲、曰河亶甲、曰沃甲、曰羊甲、曰且甲；以乙日生者祭以乙日，因号之曰报乙、曰大乙、曰且乙、曰小乙、曰武乙、曰帝乙，盖出子孙所称而非父母所名矣。上甲之名曰微，大乙之自称曰"予小子履"；周人之称辛，曰商王受，曰受德，可知商世诸王皆自有名，而甲乙等号自系后人所称。而甲、乙上所冠诸字，曰上、曰大、曰小、曰且、曰帝，尤为后世追称之证矣。

商先公先王皆特祭

商之先王先公无一不特祭者，均可由卜辞证之。于王亥曰"贞之于王亥四十牛，辛亥用"；于示壬曰"壬戌卜，贞，王宾示壬昱日，昱日乃祭名。亾𢦏"；<u>殷虚书契前编卷一第一页</u>。于示癸曰"癸酉卜，贞，王宾示癸彡，亾𢦏，在十月"，同上，第二页。此先公之特祭也。于天乙曰"乙亥卜，贞，王宾大乙濩，亾𢦏"；同上，第三页。于大丁则曰"丁亥卜，贞，王宾大丁□，亾𢦏"；同上，第四页。于外丙曰"丙辰卜，贞，王宾卜丙昱日，亾𢦏"；同上，第五页。于大甲曰"甲申卜，贞，王宾大甲彡日，亾𢦏"；同上。于大庚曰"己卯卜，贞，王宾大庚彡月，亾𢦏"；同上，第六页。于小甲曰"甲辰卜，贞，王宾小甲祭，亾𢦏"；同上。于大戊曰"戊辰卜，贞，王宾大戊𦣞日，亾𢦏"；同上，第七页。于仲丁曰"丁亥卜，贞，王宾中丁彡日，亾𢦏"；同上，第八页。于外壬曰"壬寅卜，贞，王宾卜壬昱日，亾𢦏"；同上，第九页。于祖乙曰"乙巳卜，宾贞，三羊用于且乙"；同上。于祖辛曰"癸酉卜，之于且辛二牛，今日用"；同上，第十一页。于祖丁曰"贞，之于且丁"；同上，第十二页。于南庚曰"庚寅卜，贞，王宾南庚肜，亾 𠂤"；同上，第十四页。于阳甲曰"囗辰卜，贞，王宾羊甲肜日，亾 𠂤"；同上，第四十二页。于殷庚曰"庚申卜，贞，王宾殷庚昱日，亾 𠂤"；同上，第十五页。于小辛曰"囗囗囗贞，王宾小辛㣋囗，亾 𠂤"；同上，第十六页。于小乙曰"乙卯卜，贞，王宾小乙㘅日，亾 𠂤"；同上，第十七页。于武丁曰"丁未卜，贞，王宾武丁囗，亾 𠂤"；同上，第十八页。于祖庚曰"庚午卜，贞，王宾且庚𢍰，亾 𠂤"；同上，第十九页。于祖甲曰"癸酉卜，贞，王宾且甲囗，亾 𠂤"；同上，第二十页。于康丁曰"丙子卜，贞，王宾康且丁其牢羊，兹用"；同上，第十页。于武乙曰"癸酉卜，贞，翌日乙亥，王其有囗于武乙"。同上，第二十页。此三公二十二王自卜辞观之，无一不特祭者，则不见于卜辞之先公先王亦可知矣。此礼与周制大异。公羊文二年传："大祫者何？合祭也。其合祭奈何？毁庙之主，陈于大祖。未毁庙之主，皆升，合食于太祖。五年而再殷祭。"五经异义："古春秋左氏说，古者日祭于祖考，月荐于高曾，时享及二祧，岁祫及坛墠，终禘及郊宗石室。"见艺文类聚、初学记、太平御览所引。则周之毁庙，自禘祫、合祭外，更无特祭之法。而殷虚甲骨多文丁、帝乙二代之物，上距王亥已二十世，卜辞中诸先公先王以周制例之，大半在毁庙之列，而各有特祭。然则，商世盖无庙祧坛墠之制，而于先王先公不以亲疏为厚薄矣。

殷先妣皆特祭

殷先公先王皆以名之日特祭，虽先妣亦然。如卜辞云"庚辰卜，贞，王宾示祭奭妣庚翌日，亾 𠂤"；殷虚书契后编卷上第一页。"丙寅卜，贞，王宾大乙奭妣丙翌日，亾 𠂤"；书契前编卷一第三页。"戊戌卜，贞，王宾大丁奭妣戊□□□";后编卷上第二页。"辛丑卜,贞,王宾大甲奭妣辛彤日,亾》";前编卷一第五页。"壬子卜,行贞,王宾大戊奭妣壬𣬛,亾彳";后编卷上第二页。"癸丑卜,贞,王宾中丁奭妣癸彤日,亾彳";同上,第八页。"己未卜,贞,王宾且乙奭妣己彤日,亾彳";同上,第三十四页。"庚戌卜,贞,王宾小乙奭妣庚彤日,亾彳";同上,第十七页。"辛亥卜,贞,王宾武丁奭妣辛□,亾彳";同上。"癸丑卜,贞,王宾武丁奭妣癸□,亾彳";同上。"戊午卜,贞,王宾且甲奭妣戊□,亾彳";同上,第三十三页。 "辛巳卜,贞,王宾康丁奭妣辛□□□";后编卷上第六页。"己丑卜,贞,王宾康且丁奭妣己□□,亾彳";前编卷上第十七页。戊辰彝亦云:"戊辰遣于妣戊,武乙奭。"罗参事曰"卜辞之例,凡卜祭日皆以所祭之祖之生日为卜日","凡以妣配食者,则以妣之生日为卜日",如大乙,妣丙同祭,则以丙日卜而不以乙日卜。余谓卜祭先王以其妃配,舍先王之生日而用其妃之生日,于事为不顺。疑以上诸条皆专为妣祭而卜,其妣上必冠以王宾某如大乙、大甲之类。奭者,所以别于同名之他妣,如后世后谥上冠以帝谥,未必帝、后并祀也。其余卜辞所载特祀之条尚多,妣有专祭,与礼家所说周制大异。少牢馈食礼:祝辞曰:"孝孙某,敢用柔毛刚鬣,嘉荐普淖。用荐岁事于皇祖伯某。以某妃配某氏,尚飨"。祭统: "铺筵设词几,为依神也"。注:"词之言同也,祭者以其妃配,亦不特几也"。皆妣合祀于祖之证。惟丧祭与祔始有特祭。士虞礼记"男,男尸;女,女尸"。又士祔于皇祖,女子于皇祖妣,孙妇于皇祖姑,记载祔士之辞曰:"孝子某,孝显相,夙兴夜处,小心畏忌,不惰其身,不宁,用尹祭,嘉荐、普淖、普荐、溲酒,适尔皇祖某甫,以跻祔尔孙某甫,尚飨"。是祔男子于祖则祭其祖,祔女子与孙妇于妣,则当祭其皇祖妣与皇祖姑矣。杂记:"男子附于王父则配女子,附于王母则不配"。注:"配,谓并祭王母;不配,谓不祭王父。有事于尊者,可以及卑;有事于卑者,不敢援尊"。是妣于升

祔其孙女及孙妇时始有特祭，此外别无特祭之文。商则诸妣无不特祭，
与先公先王同。此亦言殷礼者所当知也。

殷　祭

　　殷先公先王皆特祭，先妣亦然。然则殷无合祭之制欤？曰有。卜辞
云"辛巳卜，贞，王宾畐奴至于多妣衣"；书契前编卷二第二十五页。
"癸丑卜，贞，王宾自畐至于多妣衣，亾𢦏"；同上。"□亥卜，贞，王宾
奴自畐至于多妣衣，亾𢦏"；同上。"癸未王卜，贞，肜彡日，自畐至于
多妣衣，亾它。自□，在四月，惟王二祀"；同上，第二十七页。"丁酉
卜，贞，王宾□自畐至于武乙衣，亾𢦏"；书契后编上第二十页。"丁丑
卜，贞，王宾自武丁至于武乙衣，亾𢦏"；同上。"甲辰卜，贞，¥且
乙、且丁、且甲、康且丁、武乙衣，亾𢦏"。同上。此所祭者皆不止一
人，其祭名皆谓之衣。案：衣为祭名，未见古书，惟潍县陈氏所藏大丰
敦云："王衣祀于丕显考文王。"案：衣祀疑即殷祀。殷本月声，读与衣
同。故书康诰"殪戎殷"，中庸作"壹戎衣"，郑注："齐人言殷声如
衣。"吕氏春秋慎大览"亲郼如夏"，高注："郼读如衣，今兖州人谓殷氏
皆曰衣。"然则，卜辞与大丰敦之"衣"，殆皆借为"殷"字。惟卜辞为
合祭之名，大丰敦为专祭之名，此其异也。上所引六事，前四事所祀
"自畐至于多妣"，畐乃上甲，多妣盖即多后，不能定其所祀之人数矣。
其六事则云"自武丁至于武乙"，中间凡四世六王，第七事则为且乙、且
丁、祖甲、康且丁、武乙五王，而此辞中之且乙、且丁盖非殷本纪之且
乙、且丁，如为殷本纪之且乙、且丁，则中间数世不应阙而无祀。惟小
乙、一世。武丁、二世。且甲、三世。康丁、四世。武乙五世。五世相
承，则且乙当即小乙，且丁当即武丁，而武丁之子祖庚、祖甲之子廪辛
虽居王位，其后均不有天下，故不与于此祭。此五世中，惟武乙为祢，

余皆是祖，故皆云祖。惟祖丁既有武丁，又有康丁，故于康丁特称康且丁以别之。据此条，则商之衣祀乃合最近五世而祀之。吕氏春秋有始览引商书"五世之庙，可以观怪"，于此始得其证。故当其特祀也，则先公自王亥以降，先王自大乙以降，虽一二十世之远祖无不举也；当其合祀也，则仅及自父以上五世。而五世之中，非其所自出者，犹不与焉。于此可见殷人内祭之特制矣。

外　祭

卜辞所纪祭事，大都内祭也。其可确知为外祭者，有祭社二事。其一曰"贞，袞于𡈼三小牢，卯一牛，沈十牛"；卷七第二十五页。其二曰"贞，𝔰求年于邦𡈼"。卷四第十七页。案：𡈼即土，即今隶土字，卜辞假为社字。诗大雅"乃立冢土"，传云："冢土，大社也"；商颂"宅殷土茫茫"，史记三代世表引作"殷社茫茫"，公羊僖三十一年传"诸侯祭土"，何注："土谓社也。"是古固以土为社矣。邦𡈼即邦社。说文解字"邦"之古文作𨴽，其字从出，不合六书之恉，乃𦰩之讹，𦰩从田丰声，与邦之从邑丰声、籀文杜之从土丰声者同。古封、邦一字，说见史籀篇疏证。邦社即祭法之国社，汉人讳邦，改为国社，古当称邦社也。周礼大宗伯"以血祭祭社稷五祀"，而商人用袞、用卯、用沈。书召诰："乃社于新邑，牛一，羊一，豕一。"礼器、郊特牲亦云天子社稷太牢。而商则袞三小牢，即少牢。卯一牛，沈十牛，其用牲不同如此。然则商、周礼制之差异，不独内祭然矣。

古史新证[①]

一、总论

　　研究中国古史，为最纠纷之问题。上古之事，传说与史实混而不分。史实之中，固不免有所缘饰，与传说无异；而传说之中，亦往往有史实

　　① 本書係一九二五年秋王國維在清華國學研究院開設"古史新证"課所撰講義，初由抄胥謄寫油印發給學生。一九二七年王氏去世後，于同年十月載國學月報二卷八、九、十號合刊王靜安先生專號。一九三〇年二月，燕大月刊七卷一、二期合刊再次刊登。一九九四年，清華大學出版社又影印出版。一九三五年一月，本書手稿由北京來薰閣書店影印出版。羅、趙兩家所編遺書未收此書。此次點校，以講義本爲底本，校以來薰閣手稿本。有些欠清晰的古文字，據手稿掃描。

为之素地。二者不易区别，此世界各国之所同也。在中国古代已注意此事。孔子曰："信而好古。"又曰："君子于其不知，盖阙如也。"故于夏、殷之礼，曰："吾能言之，杞、宋不足征也，文献不足故也。"孟子于古事之可存疑者，则曰："于传有之。"于不足信者，曰："好事者为之。"太史公作五帝本纪，取孔子所传五帝德及帝系姓，而斥"不雅驯"之百家言。于三代世表，取世本，而斥黄帝以来皆有年数之谍记。其术至为谨慎。然好事之徒，世多有之。故尚书于今、古文外，在汉有张霸之百两篇，在魏、晋有伪孔安国之书。百两虽斥于汉，而伪孔书则六朝以降行用迄于今日。又汲冢所出竹书纪年，自夏以来，皆有年数，亦谍记之流亚。皇甫谧作帝王世纪，亦为五帝、三王尽加年数。后人乃复取以补太史公书。此信古之过也。至于近世，乃知孔安国本尚书之伪，纪年之不可信。而疑古之过，乃并尧、舜、禹之人物而亦疑之。其于怀疑之态度及批评之精神，不无可取；然惜于古史材料，未尝为充分之处理也。吾辈生于今日，幸于纸上之材料外，更得地下之新材料。由此种材料，我辈固得据以补正纸上之材料，亦得证明古书之某部分全为实录，即百家不雅驯之言亦不无表示一面之事实。此二重证据法，惟在今日始得为之。虽古书之未得证明者，不能加以否定，而其已得证明者，不能不加以肯定，可断言也。

所谓纸上之史料，兹从时代先后述之：

（一）尚书；虞夏书中如尧典、皋陶谟、禹贡、甘誓，商书中如汤誓，文字稍平易简洁，或系后世重编，然至少亦必为周初人所作。至商书中之盘庚、高宗肜日、西伯戡黎、微子，周书之牧誓、洪范、金縢、大诰、康诰、酒诰、梓材、召[一]诰、洛诰、多士、无逸、君奭、多方、立政、顾命、康王之诰、吕刑、文侯之命、费誓、秦誓诸篇，皆当时所作也。

（二）诗；自周初迄春秋初所作。商颂五篇，疑亦宗周时宋人所作也。

（三）易；卦辞、爻辞，周初作；十翼，相传为孔子作，至少亦七十子后学所述也。

（四）五帝德及帝系姓；太史公谓"孔子所传"。帝系一篇与世本同，此二篇后并入大戴礼。

（五）春秋；鲁国史，孔子重修之。

（六）左氏传、国语；春秋后、战国初作，至汉始行世。

（七）世本；今不传，有重辑本。汉初人作，然多取古代材料。

（八）竹书纪年；战国时魏人作，今书非原本。

（九）战国策及周秦诸子；

（十）史记。

地下之材料仅有二种：

（一）甲骨文字；殷时物，自盘庚迁殷后，迄帝乙时。

（二）金文。殷、周二代。

今兹所讲，乃就此二种材料中可以证明诸书，或补足纠正之者，一一述之。

校勘记

［一］"召"，底本误作"台"，据尚书改。

二、禹

鼏宅禹责。秦公敦。

盄盄成唐……①處禹之堵。齊侯鎛、鐘。

秦公敦铭有"十有二公在帝之（矿）〔矿〕[一]"语，与宋内府所藏秦

---

① 此處引文有省略，原書用"﹏﹏"表示，現改用省略號。後同。

盠和钟同。欧阳公集古录跋盠和钟云："太史公于秦本纪云：'襄公始列为诸侯。'于诸侯年表以秦仲为始。今据年表，始秦仲，则至康公为十二公，此钟为共公时作也。据本纪，自襄公始，则至桓公为十二公，而铭钟者当为景公也。"近儒或以为秦之立国始非子，当从非子起算，则钟当作于宣公、成公之世。要之，无论何说，皆春秋时器也。齐侯镈、钟，以字体定之，亦春秋时器。秦敦之"禹賨"，即大雅之"维禹之绩"，商颂之"设都于禹之迹"。"禹賨"言"宅"，则"賨"当是"迹"之借字。齐镈言："桼桼成唐，即"成汤"，说见下。有敢即"严"字。在帝所，博受天命。……咸有九州，处禹之堵。""堵"，博古图释"（祁）〔都〕"[二]。"处禹之堵"，亦犹鲁颂言"缵禹之绪"也。夫自尧典、皋陶谟、禹贡皆纪禹事，下至周书后同。吕刑亦以禹为三后之一，诗言禹者尤不可胜数，固不待借他证据。然近人乃复疑之，故举此二器，知春秋之世，东西二大国无不信禹为古之帝王，且先汤而有天下也。

校勘记

[一] 据来薰阁手稿本（以下简称手稿本）改。

[二] 据手稿本改。

三、殷之先公先王

（一）夒

贞：奠于 𝌆 。殷虚书契前编卷六第十八页。

奠于 𝌆 ，□牢。同上。

奠于 𝌆 ，六牛。同上卷七第二十页。

于 𝌆 奠牛六。罗氏拓本。

贞：米年于 𝌆 ，九牛。同上。

癸巳贞：于高祖𝌀下𝌀。同上。

又于𝌀。后编卷上第十四页。

案：𝌀、𝌀二形，象人首、手、足之形。说文夊部："夒，贪兽也，一曰母猴。似人。从页。巳、止、夊，其手足。"（手）〔毛〕[一]公鼎"我弗作先王羞"之"羞"作𝌀，克鼎"柔远能迩"之"柔"作𝌀，番生敦作𝌀；而博古图、薛氏款识盄和钟之"柔燮百邦"、晋姜鼎之"用康柔绥怀远廷"，"柔"并作𝌀，皆是字也。"夒"、"羞"、"柔"三字，古音同部，故互相通假。此称高祖夒。案：卜辞惟王亥称"高祖王亥"后编卷上第二十二页。或"高祖亥"，戬寿堂所藏殷虚文字第一页。大乙称"高祖乙"，后编第三页。则夒必为殷先祖之最显赫者。以声类求之，盖即帝喾也。帝喾之名，已见逸书。书序："自契至于成汤八迁，汤始居亳，从先王居，作帝告。"史记殷本纪"告"作"诰"，索隐曰："一作佶。"案史记三代世表、封禅书，管子侈靡篇，皆以"偈"为"喾"。伪孔传亦云："契父帝喾，都亳。"汤自商丘迁亳，故曰"从先王居"。若书序之说可信，则帝喾之名已见商初之书矣。诸书作"喾"或"偈"者，与"夒"字声相近。其或作"夋"者，则又"夒"字之讹也。史记五帝本纪索隐引皇甫谧曰："帝喾名夋。"初学记九引帝王世纪曰："帝喾生而神灵，自言其名曰夋。"太平御览八十引作"逡"。史记正义引作"岌"。"逡"为异文，"岌"则讹字也。山海经屡称"帝俊"。凡十二见。郭璞注于大荒西经"帝俊生后稷"下云："俊，宜为'喾'"。余皆以为"帝舜"之假借。然大荒东经曰："帝俊生仲容。"南经曰："帝俊生季釐。"是即左氏传之仲熊、季狸，所谓高辛氏之才子也。海内经曰："帝俊有子八人，实始为歌舞。"即左氏传所谓有才子八人也。大荒西经"帝俊妻常羲生月十有二"，又传记所云"帝喾次妃诹訾氏女曰常仪，生帝挚"者也。案：诗大雅生民疏引大戴礼帝系篇曰："帝喾下妃娵訾之女曰常仪，生挚。"家语、世本，其文亦然。檀弓正义引同，而作"陬氏之女日常宜"。然今本大戴礼及艺文类聚十五、太平御览一百三十五所引世本，但云"次妃曰娵訾氏，产帝挚"，无"曰常仪"三字。以上文"有邰氏之女曰姜嫄，有娀氏之女曰简狄"例之，当有"曰常仪"三字。三占从二，知郭璞以帝俊为帝舜，不如皇甫以夋为帝喾名之当矣。祭法"殷人禘喾"，鲁语作"殷人禘舜"。"舜"亦当作"夋"。喾为契父，为商人所自出之帝，故商人禘之。卜辞称"高祖夒"，乃与王亥、大乙同称，疑非喾不足以当之矣。

（二）土

贞：袞于 𝑿，三小牢，卯一牛，沈十牛。前编卷一第廿四页，又重见卷七第廿五页。

贞：米年于 𝑿，九牛。铁云藏龟第二百十六页。

贞：ℇ袞于 𝑿。同上第二百二十八页。

贞：于 𝑿 米。前编卷五第一页。

癸亥卜，又 𝑿，袞羊一，小牢 圆。戬寿堂所藏殷虚文字第一页。

其袞于 𝑿。同上。

案：𝑿 即"土"字。盂鼎"受民受疆土"之"土"作 土。卜辞用刀锲，不能作肥笔，故空其中作 𝑿，犹 夨 之作 夨、蚰 之作 口 矣。土，疑即相土。史记殷本纪："契卒，子昭明立。昭明卒，子相土立。"相土之名，见于诗商颂、春秋左氏传、世本帝系篇。周礼校人注引世本作篇曰："相土作乘马。"而荀子解蔽篇云："乘杜作乘马。"吕览勿躬篇云："乘雅作驾。"注："雅，一作持。"案："持"、"杜"声相近。杨倞注荀子云："以其作乘马，故谓之'乘杜'。"是"乘"本非名，相土或单名"土"，又假用"杜"也。然则卜辞之"土"或即相土（与）〔欤〕[二]？

（三）季

辛亥卜，□贞：季□求王。前编卷五第四十页两见。

癸巳卜，之于季。同上卷七第四十一页。

贞：之于季。后编上第九页。

季亦殷之先公，即冥是也。史记殷本纪："相土卒，子昌若立。昌若卒，子曹圉立。曹圉卒，子冥立。冥卒，子振立。"振，索隐云："世本作'核'。"卜辞谓之"王亥"。楚辞天问云："该秉季德，厥父是臧。"又曰："恒秉季德。"则该与恒皆季之子。该即王亥，恒即王恒，皆见于卜辞。则卜辞之季，亦当王亥之父冥矣。

（四）王亥

贞：寮于王亥。前编卷一第四十九页。

贞：之于王亥，卅牛。辛亥用。同上卷四第八页。

贞：于王亥求年。后编卷上第一页。

乙巳卜，□贞：之于王亥十下阙。同上第十二页。

贞：寮于王亥。同上第十九页。

（贞）〔寮〕[三]于王亥。同上第二十三页。

癸卯卜，□贞：□□高祖王亥□□□。同上第二十一页。

甲辰卜，□贞：来辛亥寮于王亥，卅牛。十二月。同上第二十三页。

贞：登王亥羊。同上第二十六页。

贞：之于王亥，□三百牛。同上第十八页。

贞：寮于王亥，五牛。龟甲兽骨卷一第九页。

庚□□□贞：于王亥米年。戬寿堂一页。

高祖亥上下阙。同上。

案：卜辞中王亥称"高祖"，又其牲用五牛、三十牛、四十牛，乃至三百牛，乃祭礼之最隆者，必殷之先公先王无疑。案史记殷本纪及三代世表，殷先祖无王亥，惟云："冥卒，子振立。振卒，子微立。"索隐："振，系本作'核'。"汉书古今人表作"垓"。然则史记之"振"当为

"核"或"垓"之讹也。大荒东经曰:"有困民国,句姓而食。有人曰王亥,两手操鸟,方食其头。王亥托于有易河伯仆牛,有易杀王亥,取(服)〔仆〕[四]牛。"郭璞注引竹书曰:"殷王子亥宾于有易而淫焉,有易之君绵(君)〔臣〕[五]杀而放之。是故殷主甲微假师于河伯以伐有易,克之,遂杀其君绵臣也。"此纪年真本。郭氏櫽括之如此。今本纪年:"帝泄十二年,殷侯子亥宾于有易,有易杀而放之。十六年,殷侯微以河伯之师伐有易,杀其君绵臣。"是山海经之"王亥",古本纪年作"殷王子亥",今本作"殷侯子亥",又前于上甲微者一世,则为殷之先祖、冥之子、微之父无疑。卜辞作"王亥",正与山海经同。又祭王亥皆以亥日,则"亥"乃其正字。世本作"核",古今人表作"垓",皆其通假字。史记作"振",则因与"核"、"垓"二字形近而讹。夫山海经一书,其文不雅驯,其中人物,世亦以子虚乌有视之。纪年一书,亦非可尽信者。而王亥之名,竟于卜辞见之。其事虽未必尽然,而其人则确非虚构。可知古代传说存于周秦之间,非绝无根据也。

王亥之名及其事迹,非徒见于山海经、竹书,周秦间人著书多能道之。吕览勿躬篇:"王冰作服牛。"案:篆文"冰"作䇂,与"亥"字相似,"王䇂"亦"王亥"之讹。世本作篇:"胲作服牛。"初学记卷二十引。又御览八百九十九引世本:"鲧作服牛。""鲧"亦"胲"之讹。路史注引世本:"胲为黄帝马医。"疑是宋衷注。御览引宋注曰:"胲,黄帝臣也。能驾牛。"又云:"少昊时人。"皆汉人说,不足据。实则作篇之"胲"即帝系篇之"核"也。其证也。"服牛",即大荒东经之"仆牛"。古"服"、"仆"音近也。楚辞天问:"该秉季德,厥父是臧,胡终弊于有扈,牧夫牛羊?"又曰:"恒秉季德,焉得夫朴牛?""该"即"胲","有扈"即"有易",说见下。"朴牛"亦即"仆牛"、"服牛"。是山海经、天问、吕览、世本皆以王亥为始作服牛之人。盖古之车或尚以人挽之,至相土作乘马,王亥作服牛,而车之用始备。管子轻重戊云:"殷人之王立帛牢，服牛马以为民利，而天下化之。"盖古之有天下者，其先皆有大功德于民。禹抑洪水，稷降嘉种，爰启夏、周。商之相土、王亥，盖亦其俦。然则王亥祀典之隆，亦以其为制作之圣人，非徒以其为先祖。周秦间王亥之传说，胥由此起也。

　　卜辞记王亥事者凡十余见，其二有祭日，皆用辛亥，与祭大乙用乙日、祭大甲用甲日同例。是王亥确为殷人以辰为名之始，犹上甲微之为以日为名之始也。然观殷人之名，即不用日辰者，亦取于时为多。自契以下，若昭明，若昌若，若冥，皆含朝莫、明晦之意。而王恒之名亦取象于月弦。是以时为名或号，乃殷俗也。夏后氏之以日为名者，有孔甲，有履癸，要在王亥及上甲之后矣。

（五）王恒

　　贞：之于王𢀖。铁云藏龟第一百九十九页及书契后编卷上第九页。

　　〔贞：之于王𢀖。殷虚卜辞第二百廿四页。〕[六]

　　贞：𢀖之于王𢀖。后编卷下第七页。

　　贞王𢀖下阙。前编卷七第十一页。

　　案：𢀖、〔𢀖〕[七]即"恒"字。说文解字二部："𢛢[八]，常也。从心，从舟在二之间上下。心以舟施，恒也。𣆷，古文'恒'从月。诗曰：'如月之恒。'"案：许君既云"古文𢛢从月"，复引诗以释从月之意，而今本古文乃作𣅷，盖传写之讹字，当作𣆷。又说文木部："𣙗[九]，竟也。从木，𢛢声。𣆷，古文𣙗。"案：古从月之字，后或变而从舟。殷虚卜辞"朝暮"之"朝"作𣱷，后编下第三页。从日、月在茻间，与"莫"字从日在茻间同意。而篆文作"𩤥"，不从月而从舟。以此例之，𣆷本当作𢀖。智鼎有𢀖字，从心，从𢀖，与篆文之"𢛢"从𢀖者同，即"𢛢"之初字。可知𣆷、𢀖一字。卜辞𢀖字从二，从月，其为"𢀖"字或"恒"字之省无疑。其作𢀖者，诗小雅"如月之恒"，毛传"恒，弦也"，弦本弓上物，故字又从弓。然则𢎗、𢎗二字，确为"恒"字。王恒之为殷先祖，惟见于楚辞天问。天问自"简狄在台，喾何宜"以下二十韵皆述商事，前夏事，后周事。其问王亥以下数世事曰："该秉季德，厥父是臧。何终弊于有扈，牧夫牛羊？干协时舞，何以怀之？平胁曼肤，何以肥之？有扈牧竖，云何而逢？击床先出，其命何从？恒秉季德，焉得夫朴牛？何往营班禄，不但还来？昏微遵迹，有狄不宁。何繁鸟萃棘，负子肆情？（眩）〔眩〕[一〇]弟并淫，危害厥兄。何变化以作诈，后嗣而逢长？"此十二韵，以大荒东经及郭注所引竹书参证之，实纪王亥、王恒及上甲微三世之事。而山海经、竹书之"有易"，天问作"有扈"，乃字之误。盖后人多见"有扈"，少见"有易"，又同是夏时事，故改"易"为"扈"。下文又云："昏微遵迹，有狄不宁。""昏微"即上甲微，"有狄"亦即有易也。古"狄"、"易"二字同音，故互相通假。说文辵部"逖"之古文作"逷"。牧誓"逖矣西土之人"，尔雅郭注引作"逷矣西土之人"。书多士"离逖尔土"，诗大雅"用逷蛮方"，鲁颂"狄彼东南"，曾伯霖簠"克狄淮夷"，毕狄钟"毕狄不龚"，此"逖"、"逷"、"狄"三字异文同义。史记殷本纪之"简狄"，索隐云："旧本作'易'。"汉书古今人表作"逷"。白虎通礼乐篇："狄者，易也。"是古"狄"、"易"二字通。"有狄"即"有易"。上甲遵迹而有易不宁，是王亥弊于有易，非弊于有扈，故曰"扈"当为"易"也。"狄"、"易"二字，不知孰正孰借。其国当在大河之北，或在易水左右。孙氏之说。盖商之先，自冥〔治〕[一一]河，王亥迁殷，今本纪年："帝芒三十三年，商侯迁于殷。"其时商侯即王亥也。山海经注所引真本纪年亦称王亥为"殷王子亥"，称"殷"不称"商"。则今本此条，古本想亦有之。殷在河北，说见后。已由商邱越大河而北，故游牧于有易高爽之地。服牛之利，即发见于此。有易之人乃杀王亥，取服牛，所谓"胡终弊于有扈，牧夫牛羊"者也。其云"有扈牧竖，云何而逢？击床先出，其命何从？"者，似记王亥被杀之事。云

"恒秉季德，焉得夫朴牛"，恒盖该弟，与该同秉季德，复得该所失服牛也。云"昏微遵迹，有狄不宁"者，谓上甲微能率循其先人之迹，有易与之有杀父之仇，故不宁也[一二]。"繁鸟萃棘"以下，亦当指上甲事。书阙有间，不敢妄为之说。要之，天问所说，当与山〔海〕经、竹书同出一源。而天问就壁画发问，所记尤详。恒之一人，并为诸书所未载。卜辞之王恒与王亥同以"王"称，其时代自当相接。而天问之该与恒适与之相当，前后所陈又皆商家故事，则中间十二韵自当述王亥、王恒、上甲微三世之事。然则王亥与上甲微之间，又当有王恒一世。以世本、史记所未载，山海经、竹书所不详，而今于卜辞得之。天问之辞，千古不能通其解者，而今由卜辞通之。此治史学与文学所当同声称快也。

（六）上甲

□□自大方又𠂤㞢在小宗自二囝□□月。后编下第四十二页。

庚辰卜，□贞：翌辛巳三𣲗彤□自二囝衣至于多后，亡它。明义士殷虚卜辞第二十九页。

上阙。□贞：翌甲子三𣲗□自二囝衣至于后。同上第四十一页。

上阙。三阙。畓阙。于阙。它。同上第一百十八页。

癸丑卜，□贞：王宾□自囝至于多后衣，亡□。前编二第二十五页。

□亥卜贞：王宾㕛自囝至于多后衣，亡𢎥。同上。

□酉王卜贞：今阙。曰自囝至于多后阙。𣨛。王占曰：大吉。在四月。同上。

辛子卜贞：王宾囝㕛至于多后衣，亡𢎥。同上。

上阙。囝至于多后下阙。同上。

癸未王卜贞：肜彤月自囝至于多后衣，亡它自𣨛。在四月，隹王二祀。卷三第二十七页。

上阙。王卜贞：今□□□□其肜彤日阙。至于多后衣，亡它在𣨛。在阙。王田[一三]曰：大吉。隹王二祀。同上第二十八页。

上阙。贞：酌，翌日自田至多后阙。自畎。在九月，隹王五祀。同上。

甲寅酌翌日阙。田。王廿祀。同上。

丁酉卜贞：王宾□自田至于武乙衣，亡尤。后编上第二十页。

癸卯王卜贞：酌翌日自田至多后衣，亡它自畎。在九月，隹王五□。同上。

辛巳卜，大贞：之自田元示三牛，二示一牛。十三月。前编卷三第二十二页。

乙未贞：其田自田十示有三牛，小示羊。后编上第二十八页。

丁卯贞：来乙亥告自田。同上第二十九页。

乙亥卜，宾贞：□大御自田同上卷下第六页。

贞：御自田彫大示。十二月。前编卷三第十二页。

贞：翌甲□彫自田。后编下第三十四页。

㸚于田五十牛。龟甲兽骨卷二第二十四页。

癸卯卜，酌㸚，贞：乙巳自田廿示一牛，二示羊，㐱卣，三示镳牢，四示犬。戬寿堂所藏殷虚文字第一页。

殷本纪："振卒，子微立。"鲁语："上甲微能帅契者也，商人报焉。"是商人祭上甲微，而卜辞不见"上甲"。郭璞大荒东经注引竹书作"主甲微"，而卜辞亦不见"主甲"。余由卜辞中有匚、冈、叵三人名，其"乙"、"丙"、"丁"三字皆在匚或コ中，而悟卜辞中数十见之田即"上甲"也。卜辞中凡田狩之"田"字，其"囗"中横直二笔皆与其四旁相接，而人名之田，则其中横直二笔或其直笔必与其四旁不接，与"田"字区别较然。田中十字，即古"甲"字。"甲"在囗中，与"乙"、"丙"、"丁"三字在匚或コ中同意。今甲盘有甴字，其名为甴，其字为"伯吉父"。"吉"有始义，古人谓月朔为"吉月"，谓月之上旬八日为"初吉"是也。甲为十日之首，故名甲，字吉父。魏三体石经无逸"祖甲"字，古文作🜚。说文木部"柙"之古文作🜛，而汗简及古文四声韵皆引说文作囲，亦囲之讹。今说文"甲"字作甲，不从古文"甲"。然秦新郪、阳陵二虎符及三字石经篆文之"甲"均作甲，即此囲字之变形。隶书"甲"字尤为近之。卜辞中亦有横直二笔与四旁接而与田狩字无别者，则上加一，作囲以〔别之〕[一四]。上加一者，古六书中指事之法，一在囲上，与二字古文"上"。之一在一上同意，去上甲之义尤近。罗雪堂参事闻余此说，乃于殷虚书契后编中发见畄字，始知囲即畄之省。嗣余于英人明义士之殷虚卜辞中捡出畄字三科，亦足证明余说。又案：上所列诸条，皆云"自囲至于多后"，或云"自囲衣"。衣者，殷祭也。则囲实居先公、先王之首。又殷之祭先祖，率以所名之日祭之，祭名"甲"者用甲日，名"乙"者用乙日，此卜辞之通例也。今卜辞中，凡专祭囲者，皆用甲日，如曰："在三月，甲子囗祭囲。"前编卷四第十八页。又曰："在十月又一即十有一月。甲申酚祭囲。"后编卷下第二十页。又曰："癸卯卜，翌甲辰之囲牛，吉。"同上第二十七页。又曰："甲辰卜贞：来甲寅又伐囲羊五，卯牛一。"同上第二十一页。此四事祭囲有日者，皆用甲日。又曰："在正月囗囗祭大甲，肜囲。"同上第二十一页。此条虽无祭日，然与大甲同日祭，则亦用甲日矣。是故，囲之名"甲"，叫以祭日用甲证之；囲字从十在囗中，可以🝐、🝑、🝒三名"乙"、"丙"、"丁"在匚中证之；而此"甲"之即上甲，可以其居先王、先公之首证之。观后所列囲🝐、🝑、🝒、示壬、示癸、大丁、大甲一骨，更可以知此说之不误矣。

（七）报乙、报丙、报丁

乙丑阙。王阙。🝑阙。亡下阙。后编上第八页。

乙丑卜，▢贞，王宾▢祭下阙。同上。

贞：于▢告▢方。同上。

上阙。贞：王宾▢▢一牛，亡▢。龟甲兽骨卷下第十页。

乙未卜贞：王宾▢▢日，亡▢。同上。

上阙。卜贞：王宾▢日，亡▢。同上。

丙申卜贞：王宾▢□日，亡▢。同上。

丙寅卜贞：王宾▢▢□，亡▢。同上。

丙申卜，旅贞：王宾▢▢，亡▢。后编上第八页。

丁亥卜贞：王宾▢肜日，亡▢。同上。

丁阙。王宾▢▢，亡▢。同上。

丁丑卜，□贞：王宾▢肜，亡▢。戬寿堂所藏殷虚文字第二页。

壬□卜贞：王宾示壬翌日，亡▢。前编卷一第一页。

癸酉卜贞：王宾示癸肜，亡▢。在十月。同上第二页，示壬、示癸，卜辞中所见甚多，兹各举其一例。

史记殷本纪："微卒，子报丁立。报丁卒，子报乙立。报乙卒，子报丙立。报丙卒，子主壬立。主壬卒，子主癸立。"卜辞中绝未见此五人。曩罗参事颇疑卜辞之▢、▢、▢即报乙、报丙、报丁，示壬、（壬）〔示〕癸即主壬、（壬）〔主〕癸[一五]，而未得确证。余于殷卜辞中所见先公先王考始为疏通证明之。未几检理英伦某氏所得之刘铁云旧藏甲骨，于一骨中发见▢、▢、示癸诸名，与书契后编所载一骨上有▢、▢[一六]诸名者文例及字体皆相似，取而合之，乃知一骨折为二者。合读其文，则商之先公、先王自▢至太甲皆在焉。其次：首▢，次▢，次▢，次▢[一七]，次示壬，次（壬）〔示〕[一八]癸，次大丁，次大甲，世数全与殷本纪及三代世表同。所异者，▢在▢后。此又可正史记之误也。由此骨观之，则▢之为上甲，▢、▢、▢之为报乙、报丙、报丁，示壬、示癸之为主壬、主癸，已成铁案。惟其字从甲在囗中，乙、丙、丁在匚中，实不可解。鲁语称"商人报上甲微"，孔丛子引逸书"惟高宗报上甲微"，此魏晋间伪书之未采入梅本者，今本竹书纪年"武丁十二年报祀上甲微"，即本诸此。而报乙、报丙、报丁亦冠以"报"字，义亦取于"报上甲"之"报"，自非本名如此。又郭璞引真本纪年。"上甲"作"主甲"，而主壬、主癸亦冠以"主"字，意坛墠及郊宗石室之制，殷人已有行之者欤？

（八）大乙——唐

乙丑卜贞：王宾大乙濩，亡𢼅。前编卷一第三页。大乙屡见。今举此为例。

壬寅卜，骰贞：之于唐一牛，其之曰下阙。前编卷一第四十七页。

癸卯卜，𢀛贞：之月告于唐，亡它。十二月。同上。

贞：厶告于唐。同上。

贞：于唐告。同上。

贞：囲龢罘唐。同上卷二第四十五页。

上阙。卜，囲、唐、大丁、大甲。铁云藏龟第二百十四页。

贞：于唐告𢀛方。贞：于大甲告。贞：于大丁告𢀛。后编上第二十九页。三辞在一骨上。

史记殷本纪："主癸卒，子天乙立，是为成汤。""天乙"之名，已见于荀子成相篇及世本，书汤誓释文引。而史记仍之。然卜辞有"大乙"，无"天乙"。罗参事谓"天乙"为"大乙"之讹。观于

乙未酚州出田十刁三
囲三旦三示壬三示癸三
大丁十大下□關。

戬壽堂所藏殷虚文字第一葉，及後編上第八葉。

大戊卜辞亦作"天戊"，<u>前编卷四第二十六页</u>。周书多士之"天邑商"卜辞作"大邑商"，盖"天"、"大"二字形近，故互讹也。且商初叶诸帝，如大丁，如大甲，如大庚，如大戊，皆冠以"大"，则汤自当称"大乙"。又卜辞曰："癸巳卜贞：又彳伐于伊，其彳大乙肜日。"<u>后编卷上第二十二页</u>。又曰："癸酉卜贞：大乙、伊其下阙。"<u>同上</u>。"伊"即伊尹，以大乙、伊尹并言，尤大乙即天乙之确证矣。

卜辞又屡见"唐"字。如上末二条，"唐"与"大丁"、"大甲"连文，而又居其首，知"唐"即（阳）〔汤〕[一九]之本字。<u>说文口部</u>："暘，古文唐，从口易。"与"汤"字形相近。<u>博古图所载齐侯镈、钟铭</u>曰："虢虢成唐，有严在帝所，尃受天命。"又曰："咸有九州，处禹之都。"夫"受天命"，"有九州"，非汤其孰能当之？<u>太平御览八十二及九百十二引归藏</u>曰："昔者桀筮伐唐而枚占荧惑，曰：'不吉。'"<u>博物志六</u>亦载此事。案："唐"即汤，卜辞之"唐"必"汤"之本字，后转作"暘"，遂通作"汤"矣。

（九）外丙、外壬

乙酉卜贞：王宾卜丙肜日，亡彳。<u>前编卷一第五页</u>。

丙辰卜贞：王宾卜丙觢日，亡彳。<u>同上</u>。

壬寅卜贞：王宾卜壬翌日，亡彳。<u>同上第九页</u>。

壬寅卜贞：王宾卜壬肜口，亡口。<u>同上</u>。

壬午卜贞：王宾卜壬翌日，亡彳。<u>同上</u>。

壬戌卜贞：王宾卜壬肜日，亡彳。<u>同上</u>。

<u>殷本纪</u>汤子有外丙，仲丁之弟有外壬。然卜辞有"卜丙"、"卜壬"而无外丙、外壬。罗参事以"卜丙"、"卜壬"即外丙、外壬，殆是也。

（十）中宗祖乙

上阙。中宗祖乙牛告。<u>戬寿堂所藏殷虚文字第三页</u>。

此辞称祖乙为"中宗"，全与古来尚书家[二〇]之说违异。惟太平御览八十三引竹书纪年曰："祖乙滕即位，是为中宗，居庇。"今本纪年注云："祖乙之世，商道复兴，号为'中宗'。"本此。今由此断片，知纪年是而古今尚书家说非也。史记殷本纪以大甲为大宗，大戊为中宗，武丁为高宗，此本尚书今文家说。今征之卜辞，则大甲、祖乙往往并祭，而大戊不与焉。卜辞曰："□亥卜贞：三示御大乙、大甲、祖乙，五牢。"罗氏拓本。又曰："癸丑卜，□贞：米年于大甲十牢，祖乙十牢。"后编上第二十七页。又曰："丁亥卜，□贞：昔乙酉服□御。阙。大丁、大甲、祖乙百鬯，百羊，卯三百牛。"下阙。同上第二十八页。大乙、大甲之后，独举祖乙而不及大戊，亦中宗是祖乙非大戊之一证。晏子春秋内篇谏上云："夫汤、大甲、武丁、祖乙，天下之盛王也。"亦以祖乙与大甲、武丁并称。

（十一）羊甲

卜辞有"羊甲"，无"阳甲"。罗参事证以古"乐阳"作"乐羊"，"欧阳"作"欧羊"，谓"羊甲"即"阳甲"。今案卜辞有云："曰南庚，曰羊甲。"前编卷一第四十二页。羊甲在南庚之次，其即阳甲审矣。

（十二）康丁——康祖丁

辛巳卜贞：王宾康丁夹妣辛阙。亡下阙。后编上第四页。

丁卯卜贞：王宾康祖丁肜日，亡尤。同上。

□□卜贞：王宾康祖丁祭，亡尤。前编卷一第二十四页。

丙子卜贞：康祖丁丁，其牢羍。兹用。同上第十页。

丙辰卜贞：康祖丁丁，其牢。兹用。同上第二十一页。

甲辰卜贞：王宾米祖乙、祖丁、祖甲、康祖丁、武乙衣，亡尤。后编上第二十页。

殷本纪："帝廪辛崩，弟庚丁立。"卜辞无庚丁而有康丁及康祖丁。罗参事以为即庚丁。盖商人以日为名，断无用庚、丁两日者。罗说是也。末条祖乙、祖丁、祖甲、康祖丁、武乙乃合祭小乙、武丁、祖甲、庚丁、武乙五世，尤康丁、康祖丁即庚丁之证矣。

（十三）后祖乙

乙丑卜，□贞：王宾后祖乙□，亡尤。*戬寿堂殷虚文字第三页。*

丁酉卜，即贞：后祖乙古十牛。四月。*同上。*

贞后祖乙古物。四月。*同上。*

乙卯卜，即贞：王宾后祖乙、父丁乓，亡尤。*同上。*

甲□□贞：翌乙□彡肜日于后祖乙。*后编上第二十页。*

咸后祖乙。*前编卷五第五页。*

右第四条以"后祖乙"、"父丁"连文。考盘庚以后，父名"乙"、子名"丁"者，惟小乙、武丁与武乙、文丁。而小乙，卜辞称"小祖乙"，*戬寿堂殷虚文字第五页。*则"后祖乙"必武乙矣。卜辞多见"武乙"及"武祖乙"，而又云"后祖乙"者，盖异号也。商诸帝中，名"乙"者六。卜辞除帝乙外，皆有"祖乙"之称。是故"高祖乙"者，谓大乙也；"中宗祖乙"者，谓祖乙也；"小祖乙"者，谓小乙也；"武祖乙"、"後祖乙"者，谓武乙也。小乙以后，不得更以大小相别，乃称为"后"矣。古"后"、"後"一字。

（十四）文武丁

丁酉卜贞：王宾文武丁伐十人，卯六牢，鬯六卣，亡尤。*前编卷一第十八页。*

丙午卜贞：文武丁、彘丁其牢。*同上。*

丙申卜贞：文武丁其下阙。*同上。*

殷本纪："武乙震死，子大丁立。"竹书纪年"大丁"作"文丁"。案：大丁与汤子大甲父同名，且此"丁"于丁为最后，不得称"大"。纪年是也。此"文武丁"，罗参事以为即文丁。

（十五）祖某、父某、兄某

右所论次，皆商先公、先王之名与古书小异者。其余先王，若大丁，若大甲，若大庚，若小甲，若大戊，若中丁，若祖辛，若祖丁，若南庚，若盘庚，若小辛，若小乙，若武丁，若祖庚，若祖甲，若武乙，无一不见[二一]于卜辞。故有商一代三十帝，其未见于卜辞者，仲壬、沃丁、雍己、河亶甲、沃甲、廪辛、帝乙、帝辛八帝也。而卜辞出于殷虚，乃盘庚至帝乙时所刻辞，其先王中自当无帝乙、帝辛之名。则不见于卜辞者，二十八帝中仅六帝耳。又卜辞中人名，若羍甲，*前编卷一第十六页，后编卷上第三页*。若祖丙，*前编卷一第二十二页*。若小丁，*同上*。若祖戊，*同上第二十三页*。若祖己，*同上*。若中己，*后编卷上第八页*。若南壬，*前编卷一第四十五页*。若小癸，*龟甲兽骨文字卷二第二十五页*。其名号与祀之之礼皆与先王同，而史无其人。又卜辞所见"父甲"、"兄乙"等人名颇众，求之迁殷以后诸帝之父兄，或无其人。曩颇疑世本及史记于有商一代帝系不无遗漏，今由种种研究，知卜辞中所未见之诸帝，或名亡而实存；至卜辞所有而史记所无者，与"父某"、"兄某"等等史无其人以当之者，皆诸帝兄弟之未立而殂者，或诸帝之异名也。试详论之。

一事。商之继统法，以弟及为主，而以子继辅之，无弟然后传子。自汤至于帝辛二十九帝中，以弟继兄者凡十四帝；*此据史记殷本纪。若据三代世表及汉书古今人表则得十五帝*。其传子者，亦多传弟之子，而罕传兄之子。盖周时〔以〕[二二]嫡庶长幼分贵贱之制，商无有也。故兄弟之中，有未立而死者，其祀之也，与已立者同。王亥之弟王恒，其立否不可考，而亦在祀典。且卜辞于王亥、王恒外，又有王（矢）〔夨〕[二三]，前编卷一第三十五页两见，又卷四第三十三页及后编卷下第四页各一见。亦在祀典，疑亦王亥兄弟也。逮有天下后，亦然。孟子称大丁"未立"，今观其祀礼，与大乙、大甲同。又卜辞有一节曰："癸酉卜贞：王宾此字原夺，以他辞例之，此处当有"宾"字。父丁��三牛，（众）〔罘〕[二四] 兄己一牛，兄庚□□，此二字残阙，当是"一牛"两字。亡□。"后编上第十九页。又曰："癸亥卜贞：兄庚□（众）〔罘〕兄己□。"同上第八页。又曰："贞：兄庚□（众）〔罘〕兄己，其牛。"同上。考商世诸帝中，凡"丁"之子无"己"、"庚"二人相继在位者，惟武丁之子有孝己，<u>战国秦、燕二策</u>，<u>庄子外物篇</u>，<u>荀子性恶、大略二篇，汉书古今人表</u>等。有祖庚，有祖甲。则此三条乃祖甲时所卜。"父丁"即武丁，"兄己"、"兄庚"即孝己及祖庚也。孝己未立，故不见于<u>世本</u>及<u>史记</u>，而其祀典乃与祖庚同。此不独王朝之制，即诸侯亦然。近易州出句兵三。其一铭曰："太祖日己，祖日丁，祖日乙，祖日庚，祖日丁，祖日己。"其二曰："祖日乙，大父日癸，大父日癸，中父日癸，父日癸，父日辛，父日己。"其三曰："大兄日乙，兄日戊，兄日壬，兄日癸，兄日癸，兄日丙。"此当是殷时北方侯国勒祖父、兄之名于兵器以纪功者，而三世兄弟之名，先后骈列，无贵贱之分。然则上所举戔甲、祖丙、小丁诸人名与礼视先王无异者，非诸帝之异名，必诸帝兄弟之未立者矣。周初之制，犹与之同。<u>逸周书克殷解</u>曰："王烈祖太王、（大）〔太〕[二五] 伯、王季、虞公、文王、邑考，以列升。"太伯、虞公、邑考皆未立而与三王同升。盖周公未制礼以前，殷礼固如斯矣。

二事。卜辞于诸先王本名之外，或称"帝某"，或称"祖某"，或称"父某"、"兄某"。罗参事曰："有商一代帝王，以'甲'名者六，以'乙'名者五，以'丁'名者六，以'庚'、'辛'名者四，以'壬'名者二，惟以'丙'及'戊'、'己'名者各一。其称'大甲'、'小甲'、'大乙'、'小乙'、'大丁'、'中丁'者，殆后来加之以示别。然在嗣位之君，径称其父为'父甲'，其兄为'兄乙'，当时已自了然。故疑所称'父某'、'兄某'者，即大乙以下诸帝矣。"余案：参事说是也。非独"父某"、"兄某"为然，其所云"帝"与"祖"者，亦诸帝之通称。卜辞云："己卯卜贞：帝甲□□其（众）〔罘〕祖丁。"后编卷上第四页。案祖丁之前一帝为沃甲，则"帝甲"即沃甲，非周语"帝甲乱之"之帝甲也。又曰："祖辛一牛，祖甲一牛，祖丁一牛。"同上第二十六页。案祖辛、祖丁之间，惟有沃甲，则"祖甲"亦即沃甲，非武丁之子祖甲也。又曰："甲辰卜贞：王宾✗祖乙、祖丁、祖甲、康祖丁、武乙衣，亡✗。"同上第二十页。案武乙以前四世为小乙、武丁、祖甲、庚丁，则"祖乙"即小乙，"祖丁"即武丁，非河亶甲之子祖乙，亦非祖辛之子祖丁也。又此五世之中，名"丁"者有二，故于庚丁云"康祖丁"以别之，否则亦但云"祖"而已。然则商人自王父以上皆称曰"祖"，其不须区别而自明者，不必举其本号，但云"祖某"足矣。即须加区别时，亦有不举其本号而但以数别之者，如云："□□于三祖庚。"前编卷一第十九页。案商诸帝以"庚"名者，大庚第一，南庚第二，盘庚第三，祖庚第四，则"三祖庚"即盘庚也。又有称"四祖丁"者。后编卷上第三页凡三见。案商诸帝以"丁"名者，大丁第一，沃丁第二，中丁第三，祖丁第四，则"四祖丁"乃史记之祖丁也。以名"庚"者皆可称"祖庚"，名"丁"者皆可称"祖丁"，故加"三"、"四"等字以别之，否则赘矣。由是推之，则卜辞之"祖丙"或即外丙，"祖戊"或即人戊，"祖己"或即雍己、孝己。故"祖"者，王父以上诸先王之通称也。其称"父某"者亦然。"父"者，父与诸父之通称。卜辞曰："父甲一牡，父庚一牡，父辛一牡。"后编卷上第二十五页。此当为武丁时所卜，"父甲"、"父庚"、"父辛"，即阳甲、盘庚、小辛，皆小乙之兄而武丁之诸父也。罗参事说。又卜辞凡单称"父某"者，有"父甲"，前编卷一第二十四页。有"父乙"，同上第二十五页及二十六页。有"父丁"，同上第二十六页。有"父己"，同上第二十七页及卷三第二十三页，及后编卷上第六、第七页。有"父庚"，前编卷一第二十六及二十七页。有"父辛"。同上第二十七页。今于盘庚以后诸帝之父及诸父中求之，则武丁之于阳甲，庚丁之于祖甲，皆得称"父甲"。武丁之于小乙，文丁之于武（丁）〔乙〕[二六]，帝卒之于帝乙，皆得称"父乙"。廪辛、庚丁之于孝己，皆得称"父己"。余如"父庚"当为盘庚或祖庚，"父辛"当为小辛或廪辛，他皆仿此。其称"兄某"者亦然。案卜辞有"兄甲"，前编卷一第三十八页。有"兄丁"，同上第三十九页，又后编卷上第七页。有"兄戊"，前编卷一第四十页。有"兄己"，同上第四十及四十一页，后编卷上第七页。有"兄庚"，前编卷一第四十一页，后编卷上第七页及第十九页。有"兄辛"，后编卷上第七页。有"兄壬"，同上。有"兄癸"。同上。今于盘庚以后诸帝之兄求之，则"兄甲"当为盘庚、小辛、小乙之称阳甲；"兄己"当为祖庚、祖甲之称孝己；"兄庚"当为小辛、小乙之称盘庚，或祖甲之称祖庚；"兄辛"当为小乙之称小辛，或庚丁之称廪辛。而"丁"、"戊"、"壬"、"癸"，则盘庚以后诸帝之兄在位者，初无其人，自是未立而殂者，与孝己同矣。由是观之，则卜辞中所未见之雍己、沃甲、廪辛等名，虽亡而实或存。其史家所不载之羿甲、祖丙、小丁、祖戊、祖己、中己、南壬、小癸等，或为诸帝之异名，或为诸帝兄弟之未立者，于是卜辞与世本、史记间豪无抵牾之处矣。

（十六）商先王世数

史记殷本纪、三代世表及汉书古今人表所记殷君数同，而世数则互相违异。据本纪则商三十一帝，除大丁为三十帝。共十七世。世表以小甲、雍己、大戊为大庚弟，殷本纪大庚子。则为十六世。人表以中丁、外壬、河亶甲为大戊弟，殷本纪大戊子。祖乙为河亶甲弟，殷本纪河亶甲子。小辛为盘庚子，殷本纪盘庚弟。则增一世，减二世，亦为十六世。

今由卜辞证之，则以<u>殷本纪</u>所记为近。案：殷人祭祀中，有特祭其所自出之先王，而非所自出之先王不与者。前所举"※祖乙、小乙。祖丁、武丁。祖甲、康祖丁、庚丁。武乙衣"，其一例也。今检卜辞中又有一断片，其文曰："上阙。大甲、大庚、阙。丁、祖乙、祖阙。一羊，一牛，南下阙。"**共三行，左读，见后编上第五页。**此片虽残阙，然于大甲、大庚之间不数沃丁，中丁、"中"字直笔尚存。祖乙之间不数外壬、河亶甲，而一世之中仅举一帝，盖与前所举者同例。又其上下所阙，得以意补足之如左：

由此观之，此片当为盘庚、小辛、小乙三帝时之物。自大丁至祖丁，皆其所自出之先王。以<u>殷本纪</u>世数差之，并以行款求之，其文当如是也。惟据<u>殷本纪</u>，则祖乙乃河亶甲子，而非中丁子；今此片中有中丁而无河亶甲，则祖乙自当为中丁子，<u>史记</u>盖误也。且据此则大甲之后有大庚，则大戊自当为大庚子，其兄小甲、雍己亦然，知<u>世表</u>以小甲、雍己、大戊为大庚弟者非矣。大戊之后有中丁，中丁之后有祖乙，则中丁、外壬、河亶甲自当为大戊子，祖乙自当为中丁子，知<u>人表</u>以中丁、外壬、河亶甲、祖乙皆为大戊弟者非矣。卜辞又云："父甲一牡，父庚一牡，父辛一牡。"**后编卷上第二十五页。**"甲"为阳甲，"庚"则盘庚，"辛"则小辛，皆武丁之诸父，故曰"父甲"、"父庚"、"父辛"，则<u>人表</u>以小辛为盘庚子者非矣。凡此诸证，皆与<u>殷本纪</u>合，而与<u>世表</u>、<u>人表</u>不合。是故殷自小乙以上之世数，可由此二断片证之；小乙以下之世数，可由祖乙、祖丁、祖甲、康祖丁、武乙一条证之。考古者得此，可以无遗憾矣。

附 殷世数异同表

帝 名	殷本纪	三代世表	古今人表	卜 辞
汤	主癸子	主癸子	主癸子	主癸子一世
大丁	汤子	汤子	汤子	汤子二世
外丙	大丁弟	大丁弟	大丁弟	
中壬	外丙弟	外丙弟	外丙弟	
大甲	大丁子	大丁子	大丁子	大丁子三世
沃丁	大甲子	大甲子	大甲子	
大庚	沃丁弟	沃丁弟	沃丁弟	大甲子四世
小甲	大庚子	大庚弟	大庚子	
雍己	小甲弟	小甲弟	小甲弟	
大戊	雍己弟	雍己弟	雍己弟	大庚子五世
中丁	大戊子	大戊子	大戊弟	大戊子六世
外壬	中丁弟	中丁弟	中丁弟	
河亶甲	外壬弟	外壬弟	外壬弟	
祖乙	河亶甲子	河亶甲子	河亶甲弟	中丁子七世
祖辛	祖乙子	祖乙子	祖乙子	祖乙子八世
沃甲	祖辛弟	祖辛弟	祖辛弟	
祖丁	祖辛子	祖辛子	祖辛子	祖辛子九世
南庚	沃甲子	沃甲子	沃甲子	
阳甲	祖丁子	祖丁子	祖丁子	祖丁子十世
盘庚	阳甲弟	阳甲弟	阳甲弟	阳甲弟十世
小辛	盘庚弟	盘庚弟	盘庚子	盘庚弟十世

续表

帝　名	殷本纪	三代世表	古今人表	卜　辞
小乙	小辛弟	小辛弟	小辛弟	小辛弟十世
武丁	小乙子	小乙子	小乙子	小乙子十一世
祖庚	武丁子	武丁子	武丁子	武丁子十二世
祖甲	祖庚弟	祖庚弟	祖庚弟	祖庚弟十二世
廪辛	祖甲子	祖甲子	祖甲子	
庚丁	廪辛弟	廪辛弟	廪辛弟	祖甲子十三世
武乙	庚丁子	庚丁子	庚丁子	庚丁子十四世
大丁	武乙子	武乙子	武乙子	
帝乙	大丁子	大丁子	大丁子	
帝辛	帝乙子	帝乙子	帝乙子	

校勘记

［一］据手稿本改。

［二］据手稿本改。

［三］据手稿本改。

［四］手稿本及讲义本俱作"服"，袁珂山海经校注作"仆"，王氏下文亦有"服牛，即大荒东经之'仆牛'"，故改之。

［五］手稿本及讲义本俱作"君"，据竹书纪年改。

［六］讲义本脱漏此条，据手稿本补。

［七］据手稿本补。

［八］恓，说文解字作"㤩"。

［九］栖，说文解字作"樐"。

［一〇］手稿本亦为"眃"，王逸楚辞章句卷三作"眩"，据改。

［一一］底本漏字，据竹书纪年帝少康十一年"使商侯冥治河"补。

［一二］"故不宁也"，手稿本作"故为之不宁也"。

［一三］"囙"，手稿本作"占"。

［一四］"以"字下脱"别之"二字，手稿本亦如此。然此段文字所从出之殷卜辞中所见先公先王考中有此二字，国学月报刊登此书时已补上此二字，据补。

［一五］此句二处据下文"示壬、示癸之为主壬、主癸，已成铁案"改。

［一六］囜、刁二字，手稿本作𠃜、刁。

［一七］同上。

［一八］据手稿本改。

［一九］据手稿本改。

［二〇］"尚书家"，手稿本作"尚书学家"。

［二一］"无一不见"，底本作"无不一见"，据手稿本改。

［二二］据手稿本补。

［二三］据手稿本改。

［二四］此段"眔"凡四出，底本皆作"众"，据手稿本改。

［二五］据手稿本改。

［二六］据手稿本改。

四、商诸臣

（一）伊尹

癸巳卜，来阙。伊尹。前编卷八第一页。

癸丑子卜，来丁酻伊尹。书契菁华第十一页。

丙寅贞：又𡱂钰于伊尹，二牢。后编卷上第二十二页。

癸巳卜，又𡱂伐于伊，其义大乙肜下阙。同上。

癸酉卜贞：大乙、伊其下阙。同上。

其射三牢，重伊。戬寿堂殷虚文字第九页。

己未王阙。贞：伊阙。羊眔牛阙。日。同上。

癸酉卜，右伊五示。罗氏拓本。

虩虩成唐，有严在帝所，尃受天命，□伐顡同，戠厥灵师，伊小臣惟
楠。咸有九州，处禹之堵。齐侯镈、钟。

卜辞有伊尹，亦单称"伊"。齐侯镈、钟述成汤事，而"伊小臣惟
楠"。孙氏诒让曰："古书多称伊尹为'小臣'。墨子尚贤下：'汤有小
臣。'楚辞天问：'成汤东巡，有莘爰极，何乞彼小臣，而吉妃是得？'王
逸注：'小臣谓伊尹也。'吕氏春秋尊师篇：'汤师小臣。'高诱注：'小
臣谓伊尹。'"齐钟称"伊小臣"，其为伊尹无疑。是伊尹可单称"伊"
也。又卜辞人名中屡见"寅尹"，古读"寅"亦如"伊"，故陆法言切韵
"寅"兼"脂"、"真"二韵，而唐韵以降仍之，疑亦谓伊尹也。

（二）咸戊

贞：之于咸戊。前编卷一第四十三页。

咸戊。同上。

癸酉卜，之于咸。六月。同上第四十四页。

乙亥卜，屮贞：𣏌于咸，十牛。同上。

庚辰卜，命□于咸。同上。

贞：之𠂤自咸，牢。后编第九页。

周书君奭："在大戊，时则有若伊陟、臣扈，格于上帝，巫咸乂王
家。"白虎通姓名篇："殷家于臣民亦得以生日名子何？不使亦不止也。
以尚书道殷臣有巫咸，有祖己也。"王氏引之，据此谓今文尚书"巫咸"
当作"巫戊"。今卜辞无"巫咸"，有"咸戊"，疑今文当作"咸戊"。书
序"作咸乂四篇"，亦或当作"咸戊"。"作咸戊四篇"，犹序言"作臣
扈"、"作伊陟"也。

右商之先公、先王及先正见于卜辞者大率如此，而名字之不见于古
书者不与焉。由此观之，则史记所述商一代世系，以卜辞证之，虽不免

小有舛驳，而大致不误。可知史记所据之世本全是实录。而由殷周世系之确实，因之推想夏后氏世系之确实，此又当然之事也。又虽谬悠缘饰之书如山海经、楚辞天问，成于后世之书如晏子春秋、墨子、吕氏春秋，晚出之书如竹书纪年，其所言古事亦有一部分之确实性。然则经典所记上古之事，今日虽有未得二重证明者，固未可以完全抹杀也。

五、商之都邑及诸侯

（一）殷

商之都邑见于卜辞者，曰商，曰亳。商、亳二地，余曩从古书考定之，然卜辞中固未有所指示也。"殷"字始见于周初之盂鼎，成王二十三祀作。而不见于卜辞。然卜辞所出之地为今彰德西五里之小屯，正在洹水之南。史记项羽本纪所谓"洹水南，故殷墟者也"。集解及索隐均引汲冢古文曰："盘庚自奄迁于北冢，即'蒙'字，北蒙对河南之蒙亳言。曰'殷虚'，南去邺三十里。""虚"字因正文而误加，书疏所引无"虚"字。"南去邺三十里"六字，盖纪年旧注。是殷固在河北，亦非朝歌。而史记殷本纪则云："帝盘庚之时，殷已居河北。盘庚渡河，复居成汤之故居。"又云："帝武乙立，殷复去亳，徙河北。"是以殷为亳地，在河南。求其纠纷之由，则由于尚书序误字。书序："盘庚五迁，将治亳殷。"束皙谓孔子壁中尚书作"将始宅殷"。孔疏谓："'亳'字摩灭，容或为'宅'。壁内之书，安国先得，'治'皆作'乱'，其字与'始'不类，无缘误作'始'字。"段氏古文尚书撰异谓："'治'之作'乱'，乃伪古文。束广微当晋初，未经永嘉之乱，或孔壁原文尚存秘府，所说殆不虚。"按隋书经籍志，晋世秘府所存有古文尚书经文，束皙所见，自当不诬。且"亳殷"二字，未见古籍。诗商颂言"宅殷土茫茫"，周书召诰言"宅新邑"。"宅殷"连言，于义为长。且殷之于亳，截然二地。楚语白公子张曰："昔殷武丁能耸其德,至于神明,以入于河,自河徂亳。"盖用逸书说命之文。**今伪古文说命袭其语。** 书无逸称"高宗旧劳于外",当指此事。然则小乙之时,必都河北之殷,故武丁徂亳,必先入河,此其证也。史记既以盘庚所迁为亳,殷在河南,而帝辛之亡又都河北,乃不得不以去亳徙河北归之武乙。今本纪年袭之。然史记正义引古本竹书纪年云:"自盘庚徙殷至纣之灭,七百七十三年,**集解引纪年:"汤灭夏,以至于受,二十九王,用岁四百九十六年。"** 则盘庚至纣,不能有七百七十三年,此有误字。更不迁都。"此虽不似纪年原文,必檃括本书为之。乃今本纪年于武乙三年书"自殷迁于河北",又于十五年书"自河北迁于沬",则又剿史记及帝王世纪之说,必非汲冢古文也。今龟甲兽骨所出之地,正在邺西,与古纪年说合。而卜辞中若"父甲一牡,父庚一牡,父辛一牡"**后编上第二十五页。** 一骨,乃武丁时所卜。又卜辞中所祀帝王讫于武乙、文丁,则知盘庚以后,帝乙以前,皆宅殷虚。知纪年所载,独得其实。故卜辞中虽不见"殷"字,而殷之在河北,不在河南,则可断也。此外,卜辞中多纪巡幸田猎之地,其名盖以百数,然其字大都不可识,其可知者,多在大河左右数百里间。据今日研究之所得,尚未有巨大之结论也。

(二)邶、鄘、卫

郑氏诗谱曰:"邶、鄘、卫者,商纣畿内方千里之地。自(付)〔纣〕[一]城而北谓之'邶',南谓之'鄘',东谓之'卫'。"以邶为近畿之地。续汉书郡国志径于"河内郡朝歌"下曰:"北有邶国。"则以邶为在朝歌境内矣。彝器中多北伯、北子器,不知出于何所。光绪庚寅,直隶涞水县张伯洼又出北伯器数种。余所见拓本有鼎一、卣一。鼎文云:"北伯作鼎。"卣文云:"北伯戟作宝尊彝。""北"即古之"邶"也。此北伯诸器,与易州所出祖父兄三戈,足征涞、易之间,尚为商邦畿之地,而其制度文物，全与商同。观于周初箕子朝鲜之封，成王肃（填）〔慎〕^[二]之命，知商之声灵固远及东北。则邶之为国，自当远在殷北，不能于朝歌左右求之矣。邶既远在殷北，则鄘亦不当求诸殷之境内。余谓"鄘"与"奄"声相近。书雒诰"无若火始焰焰"，汉书梅福传引作"毋若火始庸庸"。左文十八年传"阎职"，史记齐太公世家、说苑复恩篇并作"庸职"。"奄"之为"鄘"，犹"焰"、"阎"之为"庸"矣。奄地在鲁。左襄二十五年，齐、鲁之间有弇中；汉初，古文礼经出于鲁淹中，皆其证。邶、鄘去殷虽稍远，然皆殷之故地。大荒东经言王亥托于有易，而泰山之下亦有相土之东都，自殷未有天下时已入封域。又尚书疏及史记集解、索隐皆引汲冢古文，盘庚自奄迁于殷，则奄又尝为殷都。故其后皆为大国。武庚之叛，奄助之尤力。及成王克殷、践奄，乃封康叔于卫，周公子伯禽于鲁，召公子于燕。而太师采（师）〔诗〕^[三]之目，尚仍其故名，谓之"邶"、"鄘"，然皆有目无诗。季札观鲁乐，为之歌邶鄘卫，时尚未分为三。后人以卫诗独多，遂分隶之于邶、鄘，因于殷之左右求邶、鄘二国，斯失之矣。

校勘记

[一] 据手稿本改。

[二] 据手稿本改。

[三] 手稿本亦作"师"。宋吕大圭春秋或问有"太师采诗以观民风"，又明季本诗说解颐正释有"周太师采诗之时，于列国之风必并其雅颂而名之"，据之改作"诗"。

殷周制度论[1]

  中国政治与文化之变革，莫剧于殷周之际。都邑者，政治与文化之标征也。自上古以来，帝王之都，皆在东方。太皞之虚在陈，大庭氏之库在鲁，黄帝邑于涿鹿之阿，少皞与颛顼之虚皆在鲁、卫，帝喾居亳。惟史言尧都平阳、舜都蒲坂、禹都安邑，俱僻在西北，与古帝宅京之处不同。然尧号"陶唐氏"，而冢在定陶之成阳；舜号"有虞氏"，而子孙封于梁国之虞县。孟子称舜生卒之地皆在东夷。盖洪水之灾，兖州当其下游，一时或有迁都之事，非定居于西土也。禹时都邑虽无可考，然夏自太康以后，以迄后桀，其都邑及他地名之见于经典者，率在东土，与商人错处河、济间

---

  ① 选自王国维《观堂集林》（卷第十·史林二）。

盖数百岁。商有天下，不常厥邑，而前后五迁，不出邦畿千里之内。故自五帝以来，政治、文物所自出之都邑，皆在东方。惟周独崛起西土。武王克纣之后，立武庚、置三监而去，未能抚有东土也。逮武庚之乱，始以兵力平定东方，克商、践奄，灭国五十。乃建康叔于卫，伯禽于鲁，太公望于齐，召公之子于燕，其余蔡、郕、郜、雍、曹、滕、凡、蒋、邢、茅诸国，棋置于殷之畿内及其侯甸。而齐、鲁、卫三国，以王室懿亲，并有勋伐，居蒲姑、商、奄故地，为诸侯长。又作雒邑为东都，以临东诸侯，而天子仍居丰镐者，凡十一世。自五帝以来，都邑之自东方而移于西方，盖自周始。故以族类言之，则虞、夏皆颛顼后，殷、周皆帝喾后，宜殷、周为亲。以地理言之，则虞、夏、商皆居东土，周独起于西方，故夏、商二代文化略同。"洪范九畴"，帝之所以锡禹者，而箕子传之矣。夏之季世，若胤甲，若孔甲，若履癸，始以日为名，而殷人承之矣。文化既尔，政治亦然。周之克殷，灭国五十，又其遗民或迁之雒邑，或分之鲁、卫诸国。而殷人所伐不过韦、顾、昆吾，且豕韦之后，仍为商伯；昆吾虽亡，而己姓之国仍存于商周之世。书多士曰："夏迪简在王庭，有服在百僚。"当属事实。故夏、殷间政治与文物之变革，不似殷、周间之剧烈矣。殷、周间之大变革，自其表言之，不过一姓一家之兴亡与都邑之移转；自其里言之，则旧制度废而新制度兴，旧文化废而新文化兴。又自其表言之，则古圣人之所以取天下及所以守之者，若无以异于后世之帝王；而自其里言之，则其制度、文物与其立制之本意，乃出于万世治安之大计，其心术与规摹，迥非后世帝王所能梦见也。

欲观周之所以定天下，必自其制度始矣。周人制度之大异于商者，一曰立子立嫡之制，由是而生宗法及丧服之制，并由是而有封建子弟之制，君天子、臣诸侯之制。二曰庙数之制。三曰同姓不婚之制。此数者，皆周之所以纲纪天下。其旨则在纳上下于道德，而合天子、诸侯、卿、大夫、士、庶民以成一道德之团体。周公制作之本意实在于此。此非穿凿附会之言也，兹篇所论，皆有事实为之根据。试略述之。

殷以前无嫡庶之制。黄帝之崩，其二子昌意、玄嚣之后，代有天下。颛顼者，昌意之子。帝喾者，玄嚣之子也。厥后，虞、夏皆颛顼后，殷、周皆帝喾后有天下者。但为黄帝之子孙，不必为黄帝之嫡世。动言尧、舜禅让，汤、武征诛，若其传天下与受天下有大不同者。然以帝系言之，尧、舜之禅天下，以舜、禹之功，然舜、禹皆颛顼后，本可以有天下者也。汤、武之代夏、商，固以其功与德，然汤、武皆帝喾后，亦本可以有天下者也。以颛顼以来诸朝相继之次言之，固已无嫡庶之别矣。一朝之中，其嗣位者亦然。特如商之继统法，以弟及为主，而以子继辅之，无弟然后传子。自成汤至于帝辛三十帝中，以弟继兄者凡十四帝。外丙、中壬、大庚、雍己、大戊、外壬、河亶甲、沃甲、南庚、盘庚、小辛、小乙、祖甲、庚丁。其以子继父者亦非兄之子，而多为弟之子。小甲、中丁、祖辛、武丁、祖庚、廪辛、武乙。惟沃甲崩，祖辛之子祖丁立；祖丁崩，沃甲之子南庚立；南庚崩，祖丁之子阳甲立：此三事独与商人继统法不合。此盖史记殷本纪所谓"中丁以后九世之乱"，其间当有争立之事，而不可考矣。故商人祀其先王，兄、弟同礼。即先王兄弟之未立者，其礼亦同。是未尝有嫡庶之别也。此不独王朝之制，诸侯以下亦然。近保定南乡[一]出句兵三，皆有铭，其一曰："大祖日己，祖日丁，祖日乙，祖日庚，祖日丁，祖日己，祖日己。"其二曰："祖日乙，大父日癸，大父日癸，中父日癸，父日癸，父日辛，父日己。"其三曰："大兄日乙，兄日戊，兄日壬，兄日癸，兄日癸，兄日丙。"此当是殷时北方侯国勒祖、父、兄之名于兵器以纪功者。而三世兄弟之名，先后骈列，无上下贵贱之别。是故大王之立王季也，文王之舍伯邑考而立武王也，周公之继武王而摄政称王也，自殷制言之，皆正也。殷自武乙以后，四世传子。又孟子谓："以纣为兄之子，且以为君，而有微子启、王子比干。"吕氏春秋当务篇云："纣之同母三人。其长子曰微子启，其次曰仲衍，其次曰受德。受德乃纣也，甚少矣。纣母之生微子启与仲衍也，尚为妾，已而为妻而生纣。纣之父、纣之母欲置微子启以为大子。大史据法而争之曰：'有妻之子，而不可置妾之子。'纣故为后。"史记殷本纪则云："帝乙长子为微子启。启母贱，不得嗣。少子辛。辛母正后，故立辛为嗣。"此三说虽不同，似商末已有立嫡之制。然三说已自互异，恐即以周代之制拟之。未敢信为事实也。舍弟传子之法，实自周始。当武王之崩，天下未定，国赖长君。周公既相武王克殷、胜纣，勋劳最高，以德、以长、以历代之制，则继武王而自立，固其所矣。而周公乃立成王而己摄之，后又反政焉。摄政者，所以济变也。立成王者，所以居正也。自是以后，子继之法遂为百王不易之制矣。

由传子之制，而嫡庶之制生焉。夫舍弟而传子者，所以息争也。兄弟之亲本不如父子，而兄之尊又不如父，故兄弟间常不免有争位之事。特如传弟既尽之后，则嗣立者当为兄之子欤？弟之子欤？以理论言之，自当立兄之子；以事实言之，则所立者往往为弟之子。此商人所以有中丁以后九世之乱，而周人传子之制，正为救此弊而设也。然使于诸子之中可以任择一人而立之，而此子又可任立其欲立者，则其争益甚，反不如商之兄弟以长幼相及者犹有次第矣。故有传子之法，而嫡庶之法亦与之俱生。其条例，则春秋左氏传之说曰："太子死，有母弟则立之，无则立长。年钧择贤，义钧则卜。"公羊家之说曰："礼：嫡夫人无子，立右媵；右媵无子，立左媵；左媵无子，立嫡侄娣；嫡侄娣无子，立右媵侄娣；右媵侄娣无子，立左媵侄娣。质家亲亲，先立娣；文家尊尊，先立侄。嫡子有孙而死，质家亲亲，先立弟；文家尊尊，先立孙。其双生也，质家据现在立先生，文家据本意立后生。"此二说中，后说尤为详密。顾皆后儒充类之说，当立法之初，未必穷其变至此。然所谓"立子以贵不以长，立适以长不以贤"者，乃传子法之精髓。当时虽未必有此语，固已用此意矣。盖天下之大利莫如定，其大害莫如争。任天者定，任人者争；定之以天，争乃不生。故天子、诸侯之传世也，继统法之立子与立嫡也，后世用人之以资格也，皆任天而不参以人，所以求定而息争也。古人非不知"官天下"之名美于"家天下"，立贤之利过于立嫡，人才之用优于资格，而终不以此易彼者，盖惧夫名之可借而争之易生，其敝将不可胜穷，而民将无时或息也。故衡利而取重，絜害而取轻，而定为立子、立嫡之法，以利天下后世。而此制实自周公定之，是周人改制之最大者，可由殷制比较得之。有周一代礼制，大抵由是出也。

是故由嫡庶之制，而宗法与服术二者生焉。商人无嫡庶之制，故不能有宗法。借曰有之，不过合一族之人，奉其族之贵且贤者而宗之。其所宗之人，固非一定而不可易，如周之大宗、小宗也。周人嫡庶之制，本为天子、诸侯继统法而设，复以此制通之大夫以下，则不为君统而为宗统，于是宗法生焉。周初宗法虽不可考，其见于七十子后学所述者，则丧服小记曰："别子为祖，继别为宗，继祢者为小宗。有五世而迁之宗，其继高祖者也。是故祖迁于上，宗易于下。敬宗，所以尊祖祢也。"大传曰："别子为祖，继别为宗，继祢者为小宗。有百世不迁之宗，有五世则迁之宗。百世不迁者，别子之后也。宗其继别子者，百世不迁者也。宗其继高祖者，五世则迁者也。尊祖故敬宗；敬宗，尊祖之义也。"是故有继别之大宗，有继高祖之宗，有继曾祖之宗，有继祖之宗，有继祢之宗，是为五宗。其所宗者皆嫡也。宗之者皆庶也。此制但为大夫以下设，而不上及天子、诸侯。郑康成于丧服小纪注曰："别子，诸侯之庶子，别为后世为始祖者也。谓之'别子'者，公子不得祢先君也。"又于大传注曰："公子不得宗君。"是天子、诸侯虽本世嫡，于事实当统无数之大宗，然以尊故，无宗名。其庶子不得祢先君，又不得宗今君，故自为别子，而其子乃为继别之大宗。言礼者嫌别子之世近于无宗也，故大传说之曰："有大宗而无小宗者，有小宗而无大宗者，有无宗亦莫之宗者，公子是也。公子有宗道。公子之公，为其士大夫之庶者，宗其士大夫之适者。"

注曰："公子不得宗君。君命适昆弟为之宗，使之宗之。"此传所谓"有大宗而无小宗"也。又若无适昆弟，则使庶昆弟一人为之宗，而诸庶兄弟事之如小宗，此传所谓"有小宗而无大宗"也。大传此说，颇与小记及其自说违异。盖宗必有所继，我之所以宗之者，以其继别若继高祖以下故也。君之嫡昆弟、庶昆弟皆不得继先君，又何所据以为众兄弟之宗乎？或云：立此宗子者，所以合族也。若然，则所合者一公之子耳，至此公之子与先公之子若孙间，仍无合之之道。是大夫、士以下皆有族，而天子、诸侯之子，于其族曾祖父母、从祖祖父母、世父母、叔父母以下服之所及者，乃无缀属之法，是非先王教人亲亲之意也。是故由尊之统言，则天子、诸侯绝宗，王子、公子无宗可也。由亲之统言，则天子、诸侯之子，身为别子而其后世为大宗者，无不奉天子、诸侯以为最大之大宗。特以尊卑既殊，不敢加以"宗"名，而其实则仍在也。故大传曰："君有合族之道。"其在诗小雅之常棣序曰"燕兄弟"也，其诗曰："傧尔笾豆，饮酒之饫。兄弟既具，和乐且孺。"大雅之行苇序曰："周家能内睦九族也。"其诗曰："戚戚兄弟，莫远具迩。或肆之筵，或授之几。"是即周礼大宗伯所谓"以饮食之礼亲宗族兄弟"者，是天子之收族也。文王世子曰："公与族人燕，则以齿。"又曰："公与族人燕，则异姓为宾。"是诸侯之收族也。夫收族者，大宗之事也。又在小雅之楚茨曰："诸父兄弟，备言燕私。"此言天子、诸侯祭毕而与族人燕也。尚书大传曰："宗室有事，族人皆侍终日。大宗已侍于宾奠，然后燕私。燕私者何也？祭已而与族人饮也。"是祭毕而燕族人者，亦大宗之事也。是故天子、诸侯虽无"大宗"之名，而有大宗之实。（笃）公刘[二]之诗曰："食之饮之，君之宗之。"传曰："为之君，为之大宗也。"板之诗曰："大宗维翰。"传曰："王者，天下之大宗。"又曰"宗子维城"，笺曰："王者之嫡子谓之宗子。"[三]是礼家之"大宗"，限于大夫以下者，诗人直以称天子、诸侯。惟在天子、诸侯，则宗统与君统合，故不必以"宗"名。

大夫、士以下皆以贤才进，不必身是嫡子。故宗法乃成一独立之统系。是以丧服有为宗子及其母、妻之服，皆齐衰三月，与庶人为国君、曾孙为曾祖父母之服同。适子、庶子祗事宗子、宗妇，虽贵富，不敢以贵富入于宗子之家。子弟犹归器，祭则具二牲，献其贤者于宗子，夫妇皆齐而宗敬焉，终事而敢私祭。是故大夫以下，君统之外复戴宗统，此由嫡庶之制自然而生者也。

　　其次则为丧服之制。丧服之大纲四：曰亲亲，曰尊尊，曰长长，曰男女有别。无嫡庶，则有亲而无尊，有恩而无义，而丧服之统紊矣。故殷以前之服制，就令成一统系，其不能如周礼服之完密，则可断也。丧服中之自嫡庶之制出者，如父为长子三年，为众子期；庶子不得为长子三年；母为长子三年，为众子期；公为适子之长殇、中殇大功，为庶子之长殇、中殇无服；大夫为适子之长殇、中殇大功，为庶子之长殇小功，适妇大功，庶妇小功，适孙期，庶孙小功；大夫为适孙为士者期，庶孙小功；出妻之子为母期，为父后者则为出母无服，为父后者为其母缌；大夫之适子为妻期，庶子为妻小功；大夫之庶子为适昆弟期，为庶昆弟大功，为适昆弟之长殇、中殇大功，为庶昆弟之长殇小功，为适昆弟之下殇小功，为庶昆弟之下殇无服；女子子适人者，为其昆弟之为父后者期，为众昆弟大功。凡此皆出于嫡庶之制，无嫡庶之世，其不适用此制明矣。又无嫡庶则无宗法，故为宗子与宗子之母、妻之服无所施。无嫡庶、无宗法，则无为人后者，故为人后者为其所后及为其父母昆弟之服亦无所用。故丧服一篇，其条理至精密纤悉者，乃出于嫡庶之制既行以后。自殷以前，决不能有此制度也。

　　为人后者为之子，此亦由嫡庶之制生者也。商之诸帝，以弟继兄者，但后其父而不后其兄，故称其所继者仍曰"兄甲"、"兄乙"。既不为之子，斯亦不得云"为之后"矣。又商之诸帝，有专祭其所自出之帝，而不及非所自出者。卜辞有一条曰："大丁、大甲、大庚、大戊、中丁、祖乙、祖辛、祖丁，牛一，羊一。"**殷虚书契后编卷上第五页及拙撰殷卜辞中所见先公先王续考**。其于大甲、大庚之间，不数沃丁，是大庚但后其父大甲，而不为其兄沃丁后也；中丁、祖乙之间，不数外壬、河亶甲，是祖乙但后其父中丁，而不为其兄外壬、河亶甲后也。又一条曰："□祖乙、小乙。祖丁、武丁。祖甲、康祖丁、庚丁。武乙衣。"**书契后编卷上第二十页并拙撰殷卜辞中所见先公先王考**。于祖甲前不数祖庚，康祖丁前不数廪辛，是亦祖甲本不后其兄祖庚，庚丁不后其兄廪辛。故后世之帝，于合祭之一种中乃废其祀，其特祭仍不废。是商无"为人后者为之子"之制也。周则兄弟之相继者，非为其父后，而实为所继之兄弟后。以春秋时之制言之，春秋经文二年书："八月丁卯，大事于大庙，跻僖公。"公羊传曰："讥。何讥尔？逆祀也。其逆祀奈何？先祢而后祖也。"夫僖本闵兄，而传乃以闵为祖、僖为祢，是僖公以兄为弟闵公后，即为闵公子也。又经于成十五年书："三月乙巳，仲婴齐卒。"传曰："仲婴齐者，公孙婴齐也。公孙婴齐则曷为谓之'仲婴齐'？为兄后也。为兄后则曷为谓之'仲婴齐'？为人后者为之子也。为人后者为之子，则其称'仲'何？孙以王父字为氏也。然则婴齐孰后？后归父也。"夫婴齐为归父弟，以为归父后，故祖其父仲遂而以其字为氏。是春秋时为人后者，无不即为其子。此事于周初虽无可考，然由嫡庶之制推之，固当如是也。

又与嫡庶之制相辅者，分封子弟之制是也。商人兄弟相及，凡一帝之子，无嫡庶、长幼，皆为未来之储贰。故自开国之初，已无封建之事，矧在后世？惟商末之微子、箕子，先儒以"微"、"箕"为二国名。然比干亦王子而无封，则"微"、"箕"之为国名，亦未可遽定也。是以殷之亡，仅有一微子以存商祀，而中原除宋以外，更无一子姓之国。以商人兄弟相及之制推之，其效固应如是也。周人既立嫡长，则天位素定，其余嫡子、庶子，皆视其贵贱贤否，畴以国邑。开国之初，建兄弟之国十五、姬姓之国四十，大抵在邦畿之外。后王之子弟，亦皆使食畿内之邑。

故殷之诸侯皆异姓，而周则同姓、异姓各半。此与政治、文物之施行甚有关系，而天子、诸侯君臣之分，亦由是而确定者也。

自殷以前，天子、诸侯君臣之分未定也。故当夏后之世，而殷之王亥、王恒，累叶称"王"；汤未放桀之时，亦已称"王"；当商之末，而周之文、武亦称"王"。盖诸侯之于天子，犹后世诸侯之于盟主，未有君臣之分也。周初亦然，于<u>牧誓</u>、<u>大诰</u>皆称诸侯曰"友邦君"，是君臣之分亦未全定也。逮克殷践奄，灭国数十，而新建之国皆其功臣、昆弟、甥舅，本周之臣子，而鲁、卫、晋、齐四国，又以王室至亲为东方大藩。夏、殷以来古国，方之蔑矣。由是天子之尊，非复诸侯之长而为诸侯之君，其在丧服，则诸侯为天子斩衰三年，与子为父、臣为君同。盖天子、诸侯君臣之分始定于此。此周初大一统之规模，实与其大居正之制度相待而成者也。

嫡庶者，尊尊之统也。由是而有宗法，有服术。其效及于政治者，则为天位之前定，同姓诸侯之封建，天子之尊严。然周之制度，亦有用亲亲之统者，则祭法是已。商人祭法，见于卜辞所纪者，至为繁复。自帝喾以下，至于先公、先王、先妣，皆有专祭。祭各以其名之日，无亲疏、远迩之殊也。先公、先王之昆弟，在位者与不在位者，祀典略同，无尊卑之差也。其合祭也，则或自上甲至于大甲九世，或自上甲至于武乙二十世，或自大丁至于祖丁八世，或自大庚至于中丁三世，或自帝甲至于祖丁二世，或自小乙至于武乙五世，或自武丁至于武乙四世。又数言"自上甲至于多后衣"，此于卜辞屡见，必非周人三年一祫、五年一禘之大祭，是无毁庙之制也。虽<u>吕览</u>引商书言"五世之庙，可以观怪"，而卜辞所纪事实乃全不与之合，是殷人祭其先无定制也。周人祭法，<u>诗</u>、<u>书</u>、<u>礼经</u>皆无明文，据礼家言，乃有七庙、四庙之说。此虽不可视为宗周旧制，然礼家所言庙制，必已萌芽于周初，固无可疑也。古人言周制尚文者，盖兼综数义而不专主一义之谓。商人继统之法，不合尊尊之义，其祭法又无远迩、尊卑之分，则于亲亲、尊尊二义，皆无当也。周人以尊尊之义经亲亲之义，而立嫡庶之制；又以亲亲之义经尊尊之义，而立庙制。此其所以为文也。说庙制者，有七庙、四庙之殊，然其实不异。王制、礼器、祭法、春秋谷梁传皆言天子七庙，诸侯五。曾子问言"当七庙、五庙无虚主"，荀子礼论篇亦言"有天下者事七世，有一国者事五世"。惟丧服小记独言："王者禘其祖之所自出，以其祖配之，而立四庙。"郑注："高祖以下也。与始祖而五也。"如郑说，是四庙实五庙也。汉书韦玄成传：玄成等奏："祭义曰：'王者禘其祖之所自出，以其祖配之，而立四庙。'言始受命而王，祭天以其祖配，而不为立庙，亲尽也。立亲庙四，亲亲也。亲尽而迭毁，亲疏之杀，示有终。周之所以七庙者，以后稷始封，文王、武王受命而王，是以三庙不毁，与亲庙四而七。"公羊宣六年传何注云："礼，天子、诸侯立五庙。周家祖有功，宗有德，立后稷、文、武庙，至于子孙，自高祖以下而七庙。"王制郑注亦云："七者，太祖及文、武之祧，与亲庙四。"则周之七庙，仍不外四庙之制。刘歆独引王制说之曰："'天子三昭三穆，与太祖之庙而七'，七者，其正法，不可常数者也[四]。宗不在此数中。宗，变也。"是谓七庙之中，不数文、武，则有亲庙六。以礼意言之，刘说非也。盖礼有尊之统，有亲之统。以尊之统言之，祖愈远则愈尊，则如殷人之制遍祀先公、先王可也。庙之有制也，出于亲之统。由亲之统言之，则"亲亲以三为五，以五为九，上杀、下杀、旁杀而亲毕矣"。亲，上不过高祖，下不过玄孙。故宗法、服术皆以五为节。丧服有曾祖父母服而无高祖父母服，曾祖父母之服不过齐衰三月。若夫玄孙之生，殆未有及见高祖父母之死者；就令有之，其服亦不过袒免而止。此亲亲之界也，过是则亲属竭矣，故遂无服。服之所不及，祭亦不敢及，此礼服家所以有天子四庙之说也。刘歆又云："天子七日而殡，七月而葬；诸侯五日而殡，五月而葬。"此丧事尊卑之序也，与庙数相应。春秋左氏传曰："名位不同，礼亦异数。"

"自上以下，降杀以两，礼也。"虽然，言岂一端而已。礼有以多为贵者，有以少为贵者，有无贵贱一者。车服之节，殡葬之期，此有等衰者也。至于亲亲之事，则贵贱无以异。以三为五，大夫以下用之；以五为九，虽天子不能过也。既有不毁之庙以存尊统，复有四亲庙以存亲统，此周礼之至文者也。宗周之初，虽无四庙明文，然祭之一种限于四世，则有据矣。逸周书世俘解："王克殷，格于庙。王烈祖自大王、大伯、王季、虞公、文王、邑考以列升。"此太伯、虞公、邑考与三王并升，犹用殷礼。然所祀者四世也。中庸言："周公成文、武之德，追王大王、王季，上祀先公以天子之礼。"于先公之中追王二代，与文、武而四，则成王、周公时庙数虽不必限于四王，然追王者与不追王者之祭，固当有别矣。书顾命所设几筵，乃成王崩，召公摄成王册命康王时依神之席，见拙撰周书顾命考及顾命后考。而其席则牖间、西序、东序与西夹凡四，此亦为大王、王季、文王、武王设。是周初所立，即令不止四庙，其于高祖以下，固与他先公不同。其后遂为四亲庙之制，又加以后稷、文、武，遂为七庙。是故遍祀先公、先王者，殷制也；七庙、四庙者，七十子后学之说也。周初制度，自当在此二者间。虽不敢以七十子后学之说上拟宗周制度，然其不如殷人之遍祀其先，固可由其他制度知之矣。

以上诸制，皆由尊尊、亲亲二义出。然尊尊、亲亲、贤贤，此三者治天下之通义也。周人以尊尊、亲亲二义，上治祖祢，下治子孙，旁治昆弟，而以贤贤之义治官。故天子、诸侯世，而天子、诸侯之卿、大夫、士皆不世。盖天子、诸侯者，有土之君也。有土之君不传子、不立嫡，则无以弭天下之争。卿、大夫、士者，图事之臣也，不任贤，无以治天下之事。以事实证之，周初三公，惟周公为武王母弟，召公则疏远之族兄弟，而太公又异姓也。成、康之际，其六卿为召公、芮伯、彤伯、毕公、卫侯、毛公，而召、毕、毛三公又以卿兼三公，周公、太公之子不与焉。王朝如是，侯国亦然，故春秋"讥世卿"。世卿者，后世之乱制也。礼有大夫为宗子之服；若如春秋以后世卿之制，则宗子世为大夫，而支子不得与，又何大夫为宗子服之有矣。此卿、大夫、士不世之制，当自殷已然，非属周制。虑后人疑传子、立嫡之制通乎大夫以下，故附著之。

男女之别，周亦较前代为严。男子称氏，女子称姓，此周之通制也。上古女子无称姓者，有之，惟一姜嫄。姜嫄者，周之妣，而其名出于周人之口者也。传言黄帝之子为十二姓，祝融之后为八姓，又言虞为姚姓，夏为姒姓，商为子姓。凡此纪录，皆出周世。据殷人文字，则帝王之妣与母皆以日名，与先王同；诸侯以下之妣亦然。传世商人彝器多有"妣甲"、"妣乙"诸文。虽不敢谓殷以前无女姓之制，然女子不以姓称，固事实也。晋语："殷辛伐有苏氏，有苏氏以妲己女焉。"案：苏国，己姓，其女称"妲己"，似己为女子称姓之始，然恐亦周人追名之。而周则大姜、大任、大姒、邑姜，皆以姓著。自是迄于春秋之末，无不称姓之女子。大传曰："四世而缌，服之穷也；五世袒免，杀同姓也；六世亲属竭矣。其庶姓别于上而戚单于下，婚姻可以通乎？"又曰："系之以姓而弗别，缀之以食而弗殊，虽百世而婚姻不通者，周道然也。"然则商人六世以后或可通婚，而同姓不婚之制实自周始。女子称姓，亦自周人始矣。

是故有立子之制，而君位定；有封建子弟之制，而异姓之势弱，天子之位尊；有嫡庶之制，于是有宗法、有服术，而自国以至天下合为一家；有卿、大夫不世之制，而贤才得以进；有同姓不婚之制，而男女之别严。且异姓之国，非宗法之所能统者，以婚媾、甥舅之谊通之。于是天下之国大都王之兄弟、甥舅，而诸国之间亦皆有兄弟、甥舅之亲。周人一统之策，实存于是。此种制度，固亦由时势之所趋，然手定此者，实惟周公。原周公所以能定此制者，以公于旧制本有可以为天子之道，其时又躬握天下之权，而顾不嗣位而居摄，又由居摄而致政，其无利天下之心，昭昭然为天下所共见。故其所设施，人人知为安国家、定民人之大计，一切制度遂推行而无所阻矣。

由是制度，乃生典礼，则"经礼三百、曲礼三千"是也。凡制度、典礼所及者，除宗法、丧服数大端外，上自天子、诸侯，下至大夫、士止，民无与焉，所谓"礼不下庶人"是也。若然，则周之政治但为天子、诸侯、卿、大夫、士设，而不为民设乎？曰：非也。凡有天子、诸侯、卿、大夫、士者，以为民也。有制度、典礼，以治天子、诸侯、卿、大夫、士，使有恩以相洽，有义以相分，而国家之基定，争夺之祸泯焉。民之所求者，莫先于此矣。且古之所谓国家者，非徒政治之枢机，亦道德之枢机也。使天子、诸侯、大夫、士各奉其制度、典礼，以亲亲、尊尊、贤贤、明男女之别于上，而民风化于下，此之谓"治"，反是则谓之"乱"。是故天子、诸侯、卿、大夫、士者，民之表也；制度典礼者，道德之器也。周人为政之精髓，实存于此。此非无征之说也。以经证之，礼经言治之迹者，但言天子、诸侯、卿、大夫、士；而尚书言治之意者，则惟言庶民。康诰以下九篇，周之经纶天下之道胥在焉，其书皆以民为言。召诰一篇，言之尤为反覆详尽，曰"命"、曰"天"、曰"民"、曰"德"，四者一以贯之。其言曰："天亦哀于四方民，其眷命用懋，王其疾敬德。"又曰："今天其命哲，命吉凶，命历年，知今我初服，宅新邑，肆惟王其疾敬德。王其德之用，祈天永命。"又曰："欲王以小民受天永命。"且其所谓"德"者，又非徒仁民之谓，必天子自纳于德而使民则之，故曰："其惟王勿以小民淫用非彝。"又曰："其惟工位在德元，小民乃惟刑用于天下，越王显。"充此言以治天下，可云至治之极轨。自来言政治者，未能有高焉者也。古之圣人，亦岂无一姓福祚之念存于其心，然深知夫一姓之福祚与万姓之福祚是一非二，又知一姓、万姓之福祚与其道德是一非二，故其所以"祈天永命"者，乃在"德"与"民"二字。此篇乃召公之言，而史佚书之以诰天下。洛诰云："作册逸诰。"是史逸所作召诰与洛诰日月相承，乃一篇分为二者，故亦史佚作也。文、武、周公所以治天下之精义大法，胥在于此。故知周之制度典礼，实皆为道德而设。而制度、典礼之专及大夫、士以上者，亦未始不为民而设也。

周之制度典礼，乃道德之器械，而"尊尊"、"亲亲"、"贤贤"、"男女有别"四者之结体也，此之谓"民彝"。告其有不由此者，谓之"非彝"。康诰曰："勿用非谋、非彝。"召诰曰："其惟王勿以小民淫用非彝。""非彝"者，礼之所去、刑之所加也。康诰曰："凡民自得罪，寇攘奸宄，杀越人于货，暋不畏死，罔不憝。"又曰："元恶大憝，矧惟不孝、不友。子弗祗服厥父事，大伤厥考心；于父不能字厥子，乃疾厥子；于弟弗念天显，乃弗克恭厥兄；兄亦不念鞠子哀，大不友于弟。惟吊兹，不于我政人得罪，天惟与我民彝大泯乱。曰：乃其速由文王作罚，刑兹无赦。"此周公诰康叔治殷民之道。殷人之刑，惟"寇攘奸宄"，而周人之刑则并及"不孝不友"，故曰"惟吊兹，不于我政人得罪"，又曰"乃其速由文王作罚"，其重民彝也如此。是周制刑之意，亦本于德治、礼治之大经。其所以致太平与刑措者，盖可睹矣。

夫商之季世，纪纲之废、道德之瀳，极矣。周人数商之罪，于牧誓曰："今商王受惟妇言是用，昏弃厥肆祀弗答，昏弃厥遗王父、母弟弗迪，乃惟四方之多罪逋逃，是崇是长，是信是使，是以为大夫、卿士。(以)〔俾〕[五]暴虐于百姓，以奸宄于商邑。"于多士曰："在今后嗣王，诞淫厥泆，罔顾于天显民只。"于多方曰："乃惟尔辟，以尔多方，大淫图天之命，屑有辞。"于酒诰曰："在今后嗣王酗身，厥命罔显于民。祗保越怨不易。诞惟厥纵淫泆于非彝，用燕丧威仪，民罔不尽伤心。惟荒腆于酒，不惟自息乃逸。厥心疾很，不克畏死。辜在商邑，越殷国（民）〔灭〕[六]无罹。弗惟德馨香，祀登闻于天，诞惟民怨。庶群自酒，腥闻在上，故天降丧于殷，罔爱于殷，惟逸。天非虐，惟民自速辜。"由前三者之说，则失德在一人；由后之说，殷之臣民，其渐于亡国之俗久矣。此非敌国诬谤之言也，殷人亦屡言之。西伯戡黎曰："惟王淫戏用自绝。"微子曰："我用沉酗于酒，用乱败厥德于下。殷罔不小大，好草窃奸宄，卿士师师非度，凡有辜罪，乃罔恒获。小民方兴，相为敌仇。"又曰："天毒降灾荒殷邦，方兴沉酗于酒，乃罔畏畏，咈其耇长，旧有位人。今殷民乃攘窃神祇之牺牷牲，用以容，将食无灾。"夫商道尚鬼，乃至窃神祇之牺牲。卿士浊乱于上，而法令隳废于下。举国上下，惟奸宄敌仇之是务，固不待孟津之会、牧野之誓，而其亡已决矣。而周自大王以后，世载其德，自西土邦君、御事、小子，皆克用文王教，至于庶民，亦聪听祖考之彝训。是殷、周之兴亡，乃有德与无德之兴亡。故克殷之后，尤兢兢以德治为务。召诰曰："我不可不监于有夏，亦不可不监于有殷。我不敢知曰：有夏受天命，惟有历年；我不敢知曰：不其延。惟不敬厥德，乃早坠厥命。我不敢知曰：有殷受天命，惟有历年；我不敢知曰：不其延。惟不敬厥德，乃早坠厥命。今王嗣受厥命，我亦惟兹二国命，嗣若功。王乃初服。"周之君臣，于其嗣服之初反覆教戒也如是，则知所以驱草窃奸宄、相为敌仇之民而跻之仁寿之域者，其经纶固大有在。欲知周公之圣与周之所以王，必于是乎观之矣。

校勘记

[一]"保定南乡"，底本、遗书本同，王国维自批校改作"易州"。

[二]"笃公刘"，底本、遗书本同。"笃"字当因诗中有"笃公刘"语而衍，故删之。

[三]"宗子维城"，郑笺原为"宗子谓王之适子也"。

[四]"七者，其正法，不可常数也"，汉书韦玄成传引刘歆说，作"七者，其正法数，可常数者也"。

[五]"以"，底本、遗书本同，据尚书改作"俾"。

[六]"国民"，底本、遗书本同，据尚书改作"国灭"。

西周制度编

洛诰三篇①

洛诰解

周公拜手稽首曰："朕复子明辟。

复，白也。周礼大仆："掌诸侯之复逆。"小臣："掌三公及（诸侯）〔孤卿〕^[一]之复逆。"御仆："掌群吏之逆及庶民之复。"先郑司农曰："复，谓奏事也。辟，君也。""复子明辟"，犹立政言"告孺子王"。时成王继周公相宅至于雒，故周公白之。

---

① 此部分收录的文章选自王国维《观堂集林》（卷第一·艺林一），此标题为编者拟。

王如弗敢及天基命定命，予乃胤保，大相东土，其基作民明辟。

如，而也。而，汝也。弗敢，犹言弗敢弗也。周公云"王弗敢弗及天基命定命"，成王云"公不敢不敬天之休"，互相归美，立言之体也。不言"弗敢弗"者，语之亟也。基，始也。基命，谓始受天命。周颂曰："成王不敢康，夙夜基命宥密。"周受天命久矣，至是复言"基命"者，文王受命仅有西土；武王伐纣，天下未宁而崩；至周公克殷、践奄，东土大定，作新邑于雒，以治东诸侯：周之一统，自成王始。故曰"予乃胤保，大相东土，其基作民明辟"。胤，继也。公自言公之大相东土，继成王及天基命定命之志也。

予惟乙卯，朝至于洛师。我卜河朔黎水，我乃卜涧水东、瀍水西，惟洛食。我又卜瀍水东，亦惟洛食。伻来以图，及献卜。"

乙卯，三月十二日。见召诰。日而不月者，成王至雒与周公相见，时在五月乙卯以前故也。伻，使。图，谋也。俾成王来雒，以谋定都之事，且献卜兆于王。此周公所复者。皆追述王至雒以前事也。

王拜手稽首曰："公不敢不敬天之休，来相宅，其作周匹休。公既定宅，伻来，来。视予卜，休，恒吉。我二人共贞。公〔其〕以予万亿年[二]敬天之休。拜手稽首诲言。"

休，美。匹，配也。"伻来，来"者，上"来"谓周公使来；下"来"，成王自谓己来也。视，示也。贞当为鼎，当也。谓卜之休吉，王与周公共当之也。

周公曰："王肇称殷礼，祀于新邑，咸秩无文。予齐百工，伻从王于周。予惟曰："庶有事。"

肇，始。称，举也。殷礼，祀天改元之礼，殷先王即位时举之。文王受命建元，亦行之于周。及雒邑既成，成王至雒，始举此礼。非有故事，故曰"肇称"。百工，百官也。周，谓宗周，即镐京也。周公本意，欲使百官从王归宗周以行此礼，故曰"予惟曰'庶有事'"。

今王即命曰：'记功宗以功，作元祀。'惟命曰：'女受命笃弼，丕视功载，乃女其悉自教工。'

"记功宗"以下，周公述成王之言也。功，谓成雒邑之功。殷人谓年为"祀"。元祀者，因祀天而改元，因谓是年曰"元祀"矣。时雒邑既成，天下大定，周公欲王行祀天建元之礼于宗周。王则归功于雒邑之成，故"即命曰：'记功宗以功，作元祀。'"意欲于雒邑行之也。载，事也。教工，大传作"学功"。学，效也。欲令周公效雒邑之功，以示天下也。

孺子其朋，孺子其朋，其往！无若火始焰焰，厥攸灼，叙弗其绝厥若，彝及抚事如予，惟以在周工，往新邑。伻（乡）〔向〕[三]即有僚，明作有功，惇大成裕，女永有辞。"

此周公承成王之意，使在宗周之百官皆往新邑，助王行祀礼也。"有"读为"友"。酒诰曰："矧大史友、内史友。"毛公鼎曰："及兹卿事寮、大史寮。"

公曰："已！女惟冲子，惟终。女其敬识百辟享，亦识其有不享。享多仪，仪不及物，〔惟〕曰不享。惟不役志于享。凡民惟曰不享，惟事其爽侮。

百辟，诸侯也。时诸侯皆来助祭，因行享礼。周礼大行人："庙中将币，三享。"观礼："三享，皆束帛加璧。"礼器："大飨此"飨"当作"享"，涉上文"大飨腥"而误。郑以为祫祭先王，非也。郊特牲"旅币无方"一节文与此略同，在"宾入大门"之下，郑亦以此宾为朝聘之宾也。其王事与？三牲、鱼腊，四海九州之美味也。笾豆之荐，四时之和气也。内金，示和也。束帛加璧，尊德也。龟为前列，先知也。金次之，见情也。丹漆、丝纩、竹箭，与众共财也。其余无常货，各以其国之所有，则致远物也。"是享之物本多，周公欲成王知天下归心与否，故使之不观其物，而观其仪也。

乃惟孺子颁，朕不暇听。朕教女于棐民彝。女乃是不蘉，乃时惟不永哉。笃叙乃正、父，罔不若予，不敢废乃命。女往敬哉。兹予其明农哉。彼裕我民，毋远用戾。"

正、父，皆官之长也。酒诰曰："庶士有正。"又曰："有正有事。"又曰："矧惟若畴，圻父薄违、农父若保、宏父定辟。"

王若曰："公明保予冲子。公称丕显德，以予小子扬文武烈，奉答天命，和恒四方民。居师，惇宗将礼，称秩元祀，咸秩无文。惟公德明光于上下，勤施于四方。旁作穆穆，（御）〔迓〕^[四]衡不迷。文武勤教，予（小）〔冲〕^[五]子夙夜毖祀。"王曰："公功棐迪笃，罔不若时。"王曰："公，予小子其退，即辟于周，命公后。四方迪乱，未定于宗礼，亦未克敉公功。迪（其）将〔其〕后，监我士、师、工，诞保文武受民，乱为四辅。"

前周公言"予其明农"，有致仕之意，故成王极道周公之功以留之。"予小子其退"以下，则又成王将归宗周，命公留守新邑之辞也。"后"者，王先归宗周，周公留雒，则为后矣。"宗礼"，谓"记功宗，作元祀"之礼。时虽行宗礼，四方尚有未服者，故命公留新邑以镇之也，"敉"之言"弥"，终也。大诰曰："敉宁武图功。"又曰："肆予曷敢不越（卬）〔卭〕^[六]敉宁王大命。"立政曰："亦越武王，率惟敉功。""敉"皆谓终。四方迪乱，是公功未终，明公未可去也。士、师、工，皆官也。"受民"，谓所受于天之民。立政曰："相我受民。"又曰："以乂我受民。"舀鼎曰："粤我其勋相先王受民受疆土。"王曰："公定，予往已。公功肃将祗欢，公无困哉。我惟无斁其康事，公勿替刑，四方其世享。"周公拜手稽首曰："王命予来，承保乃文祖受命民，越乃光烈考武王弘朕恭。孺子来相宅，其大惇典殷献民，乱为四方新辟，作周恭先。曰其自时中乂，万邦咸休，惟王有成绩。予旦以多子越御事，笃前人成烈，答其师，作周孚先。考朕昭子刑，乃单文祖德。"

此周公拜受王命之辞。

伻来毖殷，乃命宁予以秬鬯二卣。曰明禋，拜手稽首休享。予不敢宿，则禋于文王、武王。惠笃叙，无有遘自疾，万年厌于乃德，殷乃引考。王伻殷乃承叙，万年其永观朕子怀德。"

宁，安也。诗曰："归宁父母。"孟爵曰："惟王初囗于成周，王命孟宁邓伯。"是上下相存问，通称"宁"也。王以秬鬯宁周公，周公尊也。公嘉王赐，故禋于文王、武王。精意以享曰禋。"明禋"以下八字，亦周公述成王之言。朕子，谓成王。

戊辰，王在新邑烝祭岁。文王骍牛一，武王骍牛一。王命作册逸祝册。惟告周公其后。王宾，杀、禋，咸格。王入太室，裸。王命周公后。作册逸诰。在十有二月，惟周公诞保文、武受命，惟七年。

戊辰，是岁十二月之晦也。作册，官名。逸，人名。顾命："命作册度。"毕命序："康王命作册毕，分居里，成周郊。"彝器多称"作册某"，或云"作册内史某"，或但云"内史某"。其长云"作册尹"，亦曰"内史尹"，亦单称"尹氏"。皆掌册命臣工之事。此云"作册逸"，犹他书云"史佚"、"尹佚"矣。祝册，犹金縢言"册祝"。"告"者，告于文王、武王也。王宾，谓文王、武王，死而宾之，因谓之"宾"。殷人卜文屡云"卜贞王宾某某"，"王宾"下皆殷先王名，知此"王宾"即谓文、武矣。杀，杀牲。禋，禋祀也。周礼大宗伯："以禋祀祀昊天上帝，以实柴祀日月星辰，以槱燎祀司中、司命、风师、雨师。"三者互言，皆实牲于柴而燎之，使烟彻于上。"禋"之言"烟"也。殷人祀人鬼，亦用此礼。见殷虚书契考释。逸武成云："燎于周庙。"知周初亦然矣。"咸格"者，言文王、武王皆因禋祀而来格也。先燔燎而后裸者，亦周初礼。大宗伯："以肆、献、裸享先王。"肆、献在裸前，知既灌迎牲为后起之礼矣。"王命周公后"者，因烝祭告神，复于庙中以留守新邑之事册命周公。已面命而复册命者，重其事也。诰，谓告天下。成王既命周公，因命史佚书王与周公问答之语，并命周公时之典礼，以诰天下。故此篇名洛诰。尚书记作书人名者，惟此一篇。"惟周公诞保文、武受命，惟七年"者，上纪事，下纪年。犹舻尊云"惟王来正人方，惟王廿有五祀"矣。"诞保文、武受命"，即上成王所谓"诞保文、武受民"，周公所谓"承保乃文祖受命民"，皆指留守新邑之事。周公留雒自是年始，故书以结之。书法先日、次月、次年者，乃殷、周间记事之体。殷人卜文及庚申父丁角、戊辰彝皆然。周初之器，或先月后日，然年皆在文末。知此为殷、周间文辞通例矣。是岁既作元祀，犹称"七年"者，因"元祀"二字前已两见，不烦复举。故变文云"惟七年"，明今之元祀，即前之七年也。自后人不知"诞保文、武受命"指留雒邑监东土之事，又不知此经纪事、纪年各为一句，遂生周公摄政七年之说。盖自先秦以来然矣。

与林浩卿博士论洛诰书

浩卿先生讲席：夏间驾莅京都，获亲道范。嗣读大著周公及其时代一书，深佩研钻之博，论断之精，于考定周官及礼经二书编撰时代尤征卓识，诚不朽之盛事也。国学丛刊中拙著小篇乃荷称许，又加以攻错。敝国近日承学之士日鲜，又阙讨论机关，是以罕获切磋之益。今乃得此于先生，何其幸也。兹就先生所赐教者，略陈述鄙见，祈再正之。既灌迎牲，自郊特牲以降至于近世，讫无异辞，诚如尊教，非独七十子后学之说然也。周礼春官司尊彝于四时之祭及追享、朝享，皆先言灌尊，而后及朝践、再献之尊，与大宗伯"肆、献、祼"次序不同。然天子、诸侯祭礼既佚，无以定其是非，而郊特牲等篇又出于七十子后学。即谓作记者亲见礼经全文，约之为是说，然亦仅足以言宗周中叶以后之祭礼，未足以定殷、周间之祭礼也。殷、周间之祭礼，仅可据诗、书以为说。诗言"祼将"，而无其次；书洛诰祼次在杀、禋之后。曩释洛诰时，以经有明文，而周礼大宗伯"肆、献、祼"之次适与之合，故亦牵连及之。

实则以洛诰本文为据，犹大著考周公事专据诗、书，而以周礼、礼经为旁证之意也。今以礼意言之，则祼者，古非专用于神；其用于神也，亦非专为降神之用。周礼小宰职："凡宾客，赞祼。"大宗伯职："大宾客，则摄而载果。"小宗伯职："凡祭祀、宾客，以时将瓒果。"肆师职：大宾客，赞果将"。郁人职：掌"凡祭祀、宾客之祼事"。大行人职：上公之礼，"王礼再祼而酢"，诸侯、诸伯"壹祼而酢"，诸子、诸男"壹祼不酢"。郊特牲："诸侯为宾，灌用郁鬯。"是古于宾客亦以鬯为献酢。其于神也，亦当用以歆之，而不徒用以降之矣。殷虚卜辞纪祭祀所用之鬯，自六卣以至于百，其多如此。又此诸条中，别无"酒醴"之文，则祼之事所以歆神而不徒以降神，明矣。知祼之为歆神而不徒以降神，则无惑乎其在杀、禋之后矣。古求神之道，亦多端矣：或以气，或以声，或以臭。其次虽有不同，而其用则无或异。周人先求诸阴，**谓周中世以后。**故先灌。殷人先求诸阳，**郊特牲以乐当之。**然燔燎之事，亦求诸阳之一道。魂气归天，其说盖古，殷、周之间，此意尤盛。书召诰曰："兹殷多先哲王在天。"诗大雅曰："文王在上，于昭于天。"又曰："文王陟降，在帝左右。"神既在天，于是有燔燎之礼以格之。烟炎之彻于上，较声音之号之诏告于天地之间者，尤为有象矣。观殷虚卜辞所纪祀先王礼，大抵先褒，次卯，次薶、沈；或先褒，后沈；或先褒，后卯。周礼之取膟脊燔燎与焫萧合膻芗，亦商褒礼之具体而微者，其次虽异，其用则同。知禋祀之用以降神而不徒以歆神，则无惑乎其在祼之先矣。至"王宾"之释之当否，则视卜辞"宾"字之释之确否。案：卜辞"宾"字多作⎕，或作⎕、作⎕、作⎕；虘钟作⎕，郑公钟作⎕。其所从之⎕、⎕与⎕同意，皆象屋形。古文自有⎕、⎕二部首，⎕、⎕、⎕诸字皆从之。又⎕、⎕二部首，即⎕、⎕之省，⎕部亦然。"舍"、"仓"诸字从⎕可证。⎕上从屋，下从人、从止，象人至屋下，其义为宾。"各"、"客"二字从夂，意皆如此。金文及小篆易从"止"为从"贝"者，乃后起之字。古者宾客至，必有物以赠之。其赠之之事谓之"宾"，故其字从"贝"，其义即礼经之"傧"字也。如大敦盖、史颂敦、曩卣、贸鼎诸器之"宾"字从贝者，其义皆为傧也。后世以"宾"为"宾客"字，而别造"傧"字以代"宾"字，实则閒乃"宾"之本字；"宾"则"傧"之本字也。"宾"之本字，其省者从𠆢、从刀。其讹变也，乃以𠆢中之一画，属于"人"上，如虘钟之"宾"作𡧍。若此字从宀[七]、从万，盖已非其朔。罗君卜辞中"宾"字之释，似尚可信。又称先祖为"宾"，经典亦无明文。然檀弓孔子谓"周人殡于西阶之上，则犹宾之"，杂记曾子论遣奠曰"父母而宾客之，所以为哀也"，是生则亲之，死则宾之，古代当有此义。于礼，卿大夫之绎祭谓之宾尸，则殷、周间称先王为"王宾"，亦不足怪也。洛诰时代去商甚近，其所云"王宾"，当与卜辞义同，若释为周公，则下文"咸格"之"咸"字无所施；若以为助祭诸侯，则与本事无涉，故前释为文王、武王。鄙见如此，敢尽布之，以俟讨论。如蒙教正，幸甚，幸甚！天寒，惟自卫不宣。

再与林博士论洛诰书

浩卿先生讲席：承寄东亚研究杂志，知前所寄一书，又荷审正。学术正赖如此违覆，乃有进步。所获益于先生者不鲜矣。承教以"祼"字之义，谓"灌地降神"为第一义，"歆神"为第二义，"用于宾客"为第三义。周中世以后，尚多用第一义，不应周初作洛诰时却用第二义。剖晰至精，甚佩，甚佩！今当就此字再陈鄙见，诸惟裁正。案：此字书洛诰、诗大雅皆作"祼"。周礼小宰、大宗伯、小宗伯、肆师、郁人、鬯人、司尊彝、典瑞、大行人、考工记玉人，皆"祼"、"果"杂出。康成于大行人注云："故书祼作果。"于玉人注云："祼或作果，或作淉。"案：殷、周古文未见从示之"祼"。以示部诸字言之：如禄，古文作

"录";祥,古文作"羊";祖,古文作"且";祃,古文作"彭";禘,古文作"帝";禦,古文作"御";社,古文作"土"。知古"祼"字即借用果木之"果",周礼故书之"果",乃其最初之假借字,而"祼"乃其孳乳之形声字也。故"果"字最古,"祼"字次之。惟论语、戴记始有"灌"字。此"灌"字果为先秦以前所用之字欤?抑汉人以诂训字代本字欤?疑不能明也。此"祼"、"灌"二字之不同也。"祼"字之音,陆德明音义以降,皆读如"灌"。唐本切韵亦入换韵。孙恤唐韵"古玩切"亦同。段氏玉裁说文注始正之曰:"此字从果为声。古音在十七部。即歌戈韵。周礼注两言'祼之言灌'。凡云'之言'者,皆通其音义以为诂训,非如'读为'之易其字,'读如'之拟其音也。如'载师':'载之言事';'族师':'师之言帅';'袒衣':'袒之言亶';'罶柳':'柳之言聚';'副编次':'副之言覆';'禋祀':'禋之言烟';'卝人':'卝之言矿'。未尝曰'禋即读烟'、'副即读覆'也。以是言之,'祼'之音本读如'果','卝'之音本为'卵'、读如'鲲',与'灌'、'矿'为双声。后人竟读'灌'、读'矿',全失郑意。"段氏此言,自音学上观之,则"祼"、"灌"双声。又"祼"在歌部,"灌"在元部,为阴阳对转之字,然与同部之字究未达一间。此"祼"、"灌"二音之不同也。至"祼"之字义,毛诗文王传云:"祼,灌鬯也。"说文则云:"灌,祭也。"郑于周礼小宰、大宗伯、玉人三注皆云:"祼之言灌。"然"祼"与"灌"不过以声相训。凡文字,惟指事、象形、会意三种可得其本义。至形声之字,则凡同母同韵者,其义多可相训,而不能以相专。故训"祼"为"灌"可也,训以他双声之字,如"椵"、"斝"、"假"等字,亦无不可也。考先秦以前所用"祼"字,非必有灌地之义。大雅:"殷士肤敏,祼将于京。"毛以"灌鬯",郑以"助祭"释之。然祼神之事,除王与小宰、大宗伯外,非助祭之殷士所得与。则诗之"祼将",果为祼神,抑为朝事仪中酢王之事,尚不可知也。周语:"王耕籍田,祼鬯、享醴乃行。"此非祀事，则"祼鬯"非灌地降神之谓也。左氏襄五年传："君冠，必以祼享之礼行之。"诸侯冠礼之"祼享"，正当士冠礼之"醴"或"醮"。则"祼享"非灌地降神之谓也。投壶："当饮者皆跪奉觞曰：'赐灌。'胜者跪曰：'敬养。'"注："灌犹饮也。"此明明是灌人，非灌地矣。祭统："君执圭瓒灌尸，大宗执璋瓒亚灌。"又明明云"灌尸"，非灌地矣。灌地之意，始见于郊特牲，曰："周人尚臭，灌用鬯臭。郁合鬯，臭阴达于渊泉。"郑注始以"灌地"为说。然灌地之事，不过祼中之一节。凡以酒醴献者，亦无不然。郑于尚书大传注皇侃论语集解义疏所引。云："灌是献尸，尸既得献，乃祭酒以灌地也。"夫祼之事，以献尸为重，而不以尸之祭酒为重，此治礼者人人所首肯也。若如说文"茜"字下说，谓"束茅加于祼圭，而灌鬯酒，是为茜，象神歆之也。"案周礼甸师："祭祀供萧茅。"郑大夫云："'萧'字或为'茜'。茜读为缩。束茅立之祭前，沃酒其上，酒渗下去，若神饮之，故谓之'缩'。"许说本此。但郑大夫不云是祼，许君以茜、祼为一耳。然古说"茜"、"缩"二字，皆与郑、许异。郊特牲云："缩酌用茅，明酌也；盏酒涗于清，汁献涗于盏酒。"皆言沛酒之事。诗小雅："有酒湑我。"毛传："湑，茜之也。以薮曰湑。"后郑于甸师注亦云："缩酒，沛酒也。"是古谓沛酒为"茜"，与祼事无涉。且如许君之说，皇侃论语疏所引一说略同。此乃士丧礼"祭苴"之礼。士虞礼：未迎尸，佐食"取黍稷祭于苴三，取肤祭，祭如初。祝取奠觯，祭亦如之"。大夫、士之吉祭，犹未有行之者，况天子宗庙之祭乎！且古天子于宾客皆祼，岂有尸而不祼者。故祼之义，自当取"祼尸"之说，而不当取"灌地"之说。故郑于周礼典瑞注曰："爵行曰祼。"于礼器注曰："祼，献也。"此"祼"与"灌地"二义之不必同者也。"祼"字形、声、义三者，皆不必与"灌"同，则不必释为"灌地降神之祭"。既非降神之祭，则虽在杀牲、燔燎之后，固无嫌也。窃谓郊特牲一篇乃后人言礼意之书，其求阴、求阳之说，虽广大精微，固不可执是以定上古之事实。毛公、许、郑之释"祼"字，亦后人诂经之法。虽得其一端，未必即其本义。吾侪前后所论，亦多涉理论。此事惟当以事实决之。诗、书、周礼三经与左传、国语，有"祼"字，无"灌"字，事实也。"祼"，周礼故书作"果"，事实也。"祼"从果声，与"灌"从藋声，部类不同，事实也。周礼诸书"祼"字兼用于神、人，事实也。大宗伯以肆、献、祼为序，与司尊彝之先祼尊而后朝献再献之尊，亦皆事实，而互相异者也。吾侪当以事实决事实，而不当以后世之理论决事实。此又今日为学者之所当然也。故敢再布其区区，惟是正而详辨之，不宣。

校勘记

［一］"诸侯"，据周礼改为"孤卿"。

［二］"公〔其〕以予万亿年"，底本（即密韵韵楼本，后同）原作"公以予亿万年"，据尚书洛诰及遗书本增改。

［三］据洛诰及遗书本改。

［四］"迓"，原作"御"，据洛诰及遗书本改。

［五］"冲"，原作"小"，据洛诰及遗书本改。

［六］"卬"，原作"印"，据洛诰及遗书本改。

［七］"宀"，遗书本作"∩"。

周书顾命考两篇[①]

周书顾命考

周书顾命一篇，记成王没，康王即位之事。其时当武王克殷、周公致大平之后，周室极盛之时。其事为天子登假、嗣王继体之大事。其君则以圣继圣，其公卿犹多文、武之旧臣。其册命之礼，质而重，文而不失其情。史官纪之，为顾命一篇。古礼经既佚，后世得考周室一代之大典者，惟此篇而已。顾年代久远，其礼绝无他经可证。书今文家说是篇

---

① 此部分收录的文章选自王国维《观堂集林》（卷第一·艺林一），此标题为编者拟。

者，略见于白虎通及吴志虞翻传注所引翻别传，而殊无理致。古文家如马融、郑玄，虽礼学大师，其注是篇，亦多违失。虞翻所奏郑注尚书违失三事，是篇居其二。翻所难固无当，然郑以册命之礼行于殡所，祭咤之事谓为对神，其失远在仲翔所举二事之上。作伪孔传者亦从其说。有周一代巨典窅暗而弗章者，二千有余年矣。今以彝器册命之制与礼经之例铨释之，其中仪文节目，遂犁然可解。世之君子弗以易古注为责，则幸矣。丙辰二月。

王麻冕黼裳，由宾阶隮。卿士、邦君麻冕蚁裳，入即位。大保、大史、大宗皆麻冕彤裳。大保承介圭，上宗奉同、瑁，由阼阶隮。大史秉书，由宾阶隮，御王册命。

案：上文"狄设黼扆、缀衣"以下，纪布几筵事。"越玉五重"以下，纪陈宗器。"二人雀弁"以下，纪设兵卫。此以下，则专纪册命事也。王，谓康王。上言"子钊"，此变言"王"者，上纪成王崩日事，系于成王，故曰"子"；此距成王崩已八日，称"王"无嫌也。郑云："黼裳，冕服有文者也。蚁，谓色玄也。"案考工记："白与黑谓之黼。"王"黼裳"，卿士、邦君"蚁裳"者，居丧释服，不纯吉也。大保、大史、大宗"彤裳"纯吉者，大保摄成王，为册命之主，大宗相之，大史命之，皆以神道自处，故纯吉也。王"由宾阶隮"者，未受册，不敢当主位也。大保"由阼阶"者，摄主故由主阶。何以知大保摄主也？曰：大保受顾命于成王而传之于康王，有主[一]道焉，成王不亲命康王而命大保者，何也？曰：康王之为元子久矣。顾命也者，命之为王也。成王未崩，则天下不得有二王。既崩，则不得亲命。故大保摄王以命之。册命之有摄主，犹祭之有尸矣。大宗从大保者何也？曰：傧也。周礼大宗伯职："王命诸侯，则傧。"古彝器记王册命诸臣事，必有右之者。器所谓"右"，即大宗伯所谓"傧"也。周册命之制，王与受册者外，率右者一人，命者一人。故册嗣王亦用是礼也。"介圭"与"瑁"，皆天子之瑞信。奉先王之命，授天下之重，故以天子之瑞信将之。"同"者，郑云"酒杯"，江氏声以为"圭瓒"。奉圭瓒者，将祼王也。书，册书。古者命必有辞，辞书于册，谓之"命书"。觐礼："诸公奉箧服，加命书于其上。"颂鼎、寰盘皆云："尹氏受王命书。"冘敦："王受假为"授"。作册尹书，俾册命冘。"是命书本王或摄王者所持。此大史秉书者，大保承介圭，介圭重器，不能复持命书以授大史，故大史秉之。"由宾阶隮"者，大史居大保右也。觐礼："天子赐侯氏以车服，大史是郑注：古文"是"为"氏"。右。"少仪："赞币自左，诏辞自右。"祭统："史由君右，执册命之。"是大史位在大保之右。时大保在阼阶上西面，大史后升，不可越大保而趋其右，故由宾阶也。"御王册命"者，郑云："御，犹向也。王此时正立宾阶上少东，大史东面，于殡西南而读册书。"案：郑说非也。此册命之地，决非殡所。盖成王之殡，若尚用殷礼，当在两楹之间。若用周礼，当在西序。今据上文，则牖间南向，西序东向，皆布几筵，而赤刀、大训、弘璧、琬琰亦在西序。若成王之殡在，则几筵、宗器何所容之？故知册命之地非殡所也。郑不知大保摄主，嫌非殡所，则无所受命，故为此说。其言王与大史之位亦不确。以礼言之，则大保当在阼阶上西面，大宗居左，大史居右。王在宾阶上东面，大史迎而命之。"御"之言"迓"也，迎也。古彝器纪王命诸臣事，皆王即位，受命者立中廷，北乡。祭统亦云："所命北面。"此册命王用宾主礼者，大保虽摄先王，身本是臣，故于堂上以宾主之礼行之。摄主者礼不全于君，受册者礼不全于臣，全于子。此实礼之至精极微而无可拟议者矣。

曰："皇后冯玉几，导扬末命，命女嗣训，临君周邦。率循大卞，燮和天下，用答扬文、武之光训。"

此大史所读册书之辞。

王再拜，兴，答曰："眇眇余末小子，其能而乱四方，以敬忌天威。"

此王答命书之辞。

乃受同瑁。

案：此"瑁"字疑涉上文而衍。受同者王，授之者大宗也。大保之介圭与大史之册书，当于此时同授王。不书者，略也。独书"受同瑁"者，起下文也。授同者何？献王也。大宗奉同，大保拜送，王拜受。不书者，亦略也。何以知大保献王也？曰：下云"大保受同，降，盥，以异同秉璋以酢。"又云："大保受同，祭，哜，宅。"古礼，有献始有酢，不献王，则何酢之有矣？何以知大宗授同也？曰：周礼大宗伯职："大宾客，则摄而载果。"郑注："载，为也。果读为祼。代王祼宾客以鬯。君无酢臣之礼。言'为'者，摄酌献耳。拜送则王也。"时大保摄主以命康王，故知授同者大宗也。册命嗣王，何以献也？曰：古者，爵禄之"爵"用"爵觯"字。知古之授爵禄者，必以爵将之。有命，亦以爵将之。祭统："古者明君，爵有德而禄有功，必赐爵禄于大庙，示不敢专也。故祭之日，一献，君降立于阼阶之南，南乡。所命北面，史由君右，执策命之。"一献，郑以为"一酳尸"，窃谓当献所命之人。以诸侯册命诸臣之用一献，知册嗣王之亦有献矣。彼先献后命，此先命后献者，彼因祭而命，此特行册命礼故也。冠礼，宾之醮冠者也。**诸侯以上则用祼享之礼。**昏礼，父之醮子也，女父之醴女也，舅姑之飨妇以一献之礼，以著代也。皆古礼之尚存于周世者也。此述先王之命，付天下之重，故行以祼享之礼。郑不知此为大保献王，乃云"王既对神，一手受同，一手受瑁"。伪孔传亦云："受同以祭。"于是自此以下至篇终，全失其解。若释为大保献王，王受献，则怡然理顺，无字不可解矣。

王三宿，三祭，三咤。上宗曰："飨！"

案：宿，进也。咤，奠酒爵也。王受同者，重先王之命。祭之、奠之而不啐酒、不卒爵者，居丧故也。士虞礼"尸酢主人，主人坐祭卒爵"者，此初殡，彼既葬也。宿、祭、咤皆以三者，周礼大行人职：上公"王礼再祼而酢"，诸侯、诸伯"王礼壹祼而酢"，诸子、诸男"王礼壹裸不酢"。此所献为嗣王，尊于上公，当三裸而酢。此云"三宿，三祭，三咤"，不云"三裸"或"三献"者，互文也。飨者，上宗侑王之辞。既酌献之，又从而侑之，所谓"摄而载果"也。

大保受同，降，盥，以异同秉璋以酢。授宗人同，拜。王答拜。大保受同，祭，嚌，宅。〔授宗人同。〕[二]拜。王答拜。

案：此大保既献王，乃自酢也。古敌者之礼，皆主人献宾，宾酢主人。惟献尊者，乃酌以自酢。**燕礼**：主人献公毕，"更爵，洗，升，酌膳酒以降，酢于阼阶下北面，坐奠爵。再拜稽首。公答再拜。主人坐祭，遂卒爵。再拜稽首。公答再拜，主人奠爵于篚。"**大射仪同**。此大保自酢，节目略同。所异者，惟酢于堂上，又不奠爵、不卒爵耳。大保自酢用臣礼者，册命时，摄主以行先王之命，故以鬼神之尊自处。既命之后，嗣王已即王位，故退而以臣自处也。"以异同秉璋以酢"，此"异同"谓璋瓒。**江氏声说**。以异同自酢者，不敢袭尊者之爵也。王祭而奠之、大保祭而嚌之者，王兼居君、父之丧，大保但居君丧，哀有间也。

大保降，收。诸侯出庙门俟。

案：此云"大保降"，知大保自酢在堂上也。不言王与大宗、大史降者，略也。**士昏礼**："舅姑共飨妇以一献之礼"，"奠酬。舅姑先降自西阶，妇降自阼阶"。今册命礼成，大保摄主事已毕，当先自西阶降，而王降自阼阶也。

周书顾命后考

丙辰春二月，余草周书顾命考一篇。据礼经通例及彝器所载册命制度，以"大保承介圭，由阼阶隮"为摄成王，以"乃受同瑁"一节为康王受献事，以"大保受同，降，盥"一节为大保自酢事，以正郑注**尚书正义引**。及孔传之误。自谓得此解，则顾命一篇文字与其仪制，怡然理顺矣。若如郑注，则受册之礼行于殡所；祭、咤之事所以对神；君臣吉服，拜起尸枢之侧；献、酢同事，分于二人之手。凡此数者，无一与礼意相合。郑君礼学大师，岂宜不见及此？嗣读通典卷七十[三]魏尚书所奏王侯在丧袭爵议后附夺情议，实则一议而杜氏分载之。引郑君又一说，则与正义所引郑注大异，而与余说正合。通典此议，当出魏台访议或六朝人所集礼论、礼论钞诸书。其后又载王肃驳议，足与郑说相发明。而自宋王深宁及近世江艮庭、王凤喈、孙伯渊诸家辑尚书郑注者，全不及此。故取而铨释之。不独为古人表微，亦深喜余前说之非无根据也。重阳前一日。

魏尚书奏，以故汉献帝嫡孙杜氏乡侯刘康袭爵，假授使者拜授，康素服。夺情议。[四]按成王崩，康王即位，上宗奉同、瑁。王再拜，三祭。按郑玄曰："即位必醴之者，以神之。以神之者，以醴哜成之也。以醴哜成之者，醴浊，饮至齿不入口曰哜。既居重丧，但行其礼而不取其味。"（自按）〔按：自[五]"郑玄曰"至此，通典皆小注。今知为原议中语者，以王肃驳议引之，且通典引他书往往以正文作注故也。又礼始冠加爵，亦皆醴之，所以加重以成其尊也。又汉旧仪："诸王嫡子嗣位，受拜毕，使者既出，拜送还，升，哜醴讫，又再拜。"正与康王即位事合。古今相参，礼无违者。以上尚书议。王肃又议："凡奉神祭祀，则有受祚当为"酢"。之爵。嘉庆事，则有醮醴之仪。若君薨而太子即位，孤之位，无醮醴之仪。成王病困，乃召群臣，训以敬保元子。明日，成王崩。既大敛，群臣以策书宣成王命，以命康王。是为受顾命之戒，非即位之事。王从三宿、三祭。上宗曰'飨'，而不哜醴也。案：郑云"哜醴"，据今文尚书。王云"不哜醴"，据古文尚书。故与正义所引郑注古文尚书同，而不与其又一说同。说见后。此王者随时之礼，非常行之典，不可以为拜诸侯嫡子之仪。袭爵之日，乃孝子孝孙所以增哀戚之怀，非礼当作"醴"。之所施。且谓之王命所加，而使者又既出，谓之受神之醴，复非馈奠之时。案：此专驳汉旧仪"拜诸王时，使者既出，拜送还，升，哜醴"之事也。案：拜陈思王子志为济北王，又与今异。犹须王哜醴毕，然后使者乃出。今据郑玄说，即位醴之，以成其礼。犹愈于使者既出，不设馈奠而独哜醴。臣犹以为非礼之衷。案：魏拜济北王志，哜醴在使者出之前，是用郑说，以天子之命礼之故。肃以为愈于汉旧仪，然犹以为非礼之衷者，以肃据古文尚书无即位醴之之说故也。今京师廷拜诸侯嗣子，无事有哜醴。'天子赐诸侯、大夫冕弁服于太庙，归，设奠，服赐服。于斯乎有冠醮而无冠醴。'自"天子"以下至此，礼记曾子问文。此谓诸侯、大夫以平吉受赐衣于天子太庙，归设祭于其庙，服赐服而受冠醴之事也。可依此，使者既出，公犹服命服，设奠而告。又礼：'小祥之祭'，然后'哜之'。此礼记杂记文。此自告其庙，非王命之所加。如礼不哜，既告反服，即位而哭。既合于礼，又合人情。"诏从之。

考曰：魏尚书及王肃二议，皆引郑君说。而尚书议于"王再拜三祭"下引郑说四十八字，必郑君说此经之语。然郑君说中有"哜"字，似经文"三咤"作"三哜"。而今经文无之。说文解字宀部："𠖥，奠祭爵也。从宀，托声。周书曰：'王三宿，三祭，三𠖥。'"又口部："哜，尝也。从口，齐声。周书：'大保受同，祭，哜。'"两引周书，知许君所见壁中古文，除"咤"作"𠖥"外，与今本无异也。释文："咤，马本作诧。"正义引郑注："却行曰咤。""诧"即"𠖥"之讹，"咤"又由"诧"而讹。是马、郑注皆与壁中本同，无"哜"字。王肃云："王从三宿、三祭，上宗曰'飨'，而不哜醴。"是王肃本此节亦无"哜"字。此皆古尚书也。然今文尚书正作"王三宿，三祭，三哜"。今本白虎通爵篇引尚书："再拜，兴，对，乃受同、瑁。"而通典九十三引白虎通则云："尚书曰：'王再拜，兴，祭，哜，乃授宗人同。'"白虎通用今文尚书，知今文尚书"咤"本作"哜"。而今本白虎通作"王再拜，兴，对"者，乃后人以古文尚书改之也。郑注古文尚书不破"咤"字，故曰"却行曰咤"。此条自述今文尚书，亦不从古文破"哜"字，故曰"以醴哜成之"
也。郑传古文尚书而亦述今文说者，犹其笺毛诗，亦用三家诗也。魏时，
郑君弟子存者尚多，此条或郑君尚书初注如此，或其一时口说，均不可
知。然汉旧仪已有诸王嗣位哜醴之事，恐为今文家旧说，非出于郑君矣。
苟如此，则"三宿、三祭、三咤"为王受醴之事。受醴必有礼之者，则
大保其人也。士之冠也，宾醴之。宾者，摄父者也。昏礼，妇之见舅姑
也，赞醴之。赞者，摄舅姑者也。此篇康王之受册也，大保醴之。大保
者，摄先王者也。宾之摄父，赞之摄舅姑，以冠与见舅姑事轻，父与舅
姑尊，不宜与子、妇为礼也。大保摄成王者，以成王既崩，不能与嗣王
为礼也。若成王倦勤而生传位于康王，则王当亲献。何则？女之嫁，父
亲醴之；士之亲迎，父亲醮之；舅姑之飨妇，以著代也，亦亲献之。此
嗣位之事，其重相同故也。于礼，凡醴皆有献无酢。而此有酢者，曰：
此余前说所谓"裸享之礼"。郑以此为醴，意虽是而名则非也。古献有三
种：以鬯曰"裸"，以醴曰"醴"，以酒则曰"醮"、曰"献"。醴与醮有
献无酢，裸与献则有献有酢。天子、诸侯之裸，即大夫、士之醴也。故
士冠礼用醴或醮，而诸侯之冠则用裸享之礼。聘礼，诸侯于聘卿用醴，
而天子之于诸侯灌用郁鬯，有再裸一裸、酢与不酢之差。是诸侯以下用
醴者，天子以裸代之。故曰郑君云"即位而醴之"者，意是而名非也。
虽然，由郑君此说以释经，则经无滞义矣。故君臣吉服者，为接神也。
大保、大宗由阼阶阼者，大保摄先王、大宗相之也。乃受同、瑁者，以
裸成册命礼也。秉璋以酢者，大保既献王而自酢也。凡余前所订正者，
皆得由此一语推之。而郑君注尚书，乃不用此说，惟魏时曾一引之，而
王肃复驳其不然。非余由古代册命之制及礼经通例以发明此篇之真解，
则郑君此说虽存于通典中，亦若存若亡，不能知其真意矣。段氏玉裁古
文尚书撰异，其书最为深博，然不引通典。所引白虎通"王再拜，祭，
哜，乃授宗人同"之异文，以为今文如是。盖缘孤证无他据，疑通典所

引或讹。是亦未尝注意郑君之说也。

郑注"御王册命"曰："王此时正立宾阶上少东，大史东面，于殡西南而读册书。"是郑以行礼之地为殡所也。余前以为不然。以牖间、西序皆布几筵，若成王之殡在，则几筵、宗器无所容之故也。难者将曰：曾子问："奠币于殡东几上。"是殡前有几筵矣。曰：否。顾命之几筵，乃嘉礼、宾礼中泛设之几筵。士昏礼：纳采，"主人筵于户西，西上右几"。注："主人，女父也。筵，为神布席也。将以先祖之遗体许人，故受其礼于祢庙也。"纳吉、纳征、请期皆如初礼。又婿至于门外，"主人筵于户西，西上，右几"。聘礼：宾及庙门，"几筵既设"。注："有几筵者，以其庙受，宜依神也。宾至庙门，司宫乃于依前设之。神尊，不与事也。"是古于嘉礼、宾礼，皆设几筵，以明有所受命。此大保摄成王以行册命之礼，传天下之重，故亦设几筵以依神。其所依之神，乃兼周之先王，非为成王也。昏礼与聘礼之几筵一，而此独四者，曰：牖间、东序、西序三席，盖为大王、王季、文王，而西夹南向之席则为武王。然则何以不为成王设也？曰：成王方在殡，去升祔尚远，未可以入庙。且大保方摄成王以命康王，更无缘设成王席也。然则册命之地，自礼经通例言之，自当为庙，而非寝。毕门、应门，盖庙与寝皆有之。借云"寝"也，则必成王之殡不在于此也。古者，赐爵禄于大庙，岂有传天子之位，付天下之重，而不于庙行之者？下经云"诸侯出庙门俟"，是册命之地之非殡所明矣。然则郑说无征乎？曰：否。曾子问：诸侯薨而世子生，"三日，众主人、卿、大夫、士如初位，西阶南。北面。大宰、大宗、大祝皆裨冕。少师奉子以衰。祝先，子从，宰、宗人从。入门，哭者止。子升自西阶，殡前北面。祝立于殡东南隅。祝声三，曰：'某之子某，从执事，敢见。'"郑注顾命，全依曾子问为说，以此篇之大保、上宗当彼之大宰、大宗，以此篇之大史当彼之大祝，不知此二礼绝不相同。彼以子见于父，此以死者之命传于生者。彼非殡所，无所见父，此则有摄先王者，固不必于殡所行之也。郑既以册命之地为殡所，故以"三宿、三祭、三咤"为对神。不悟康王献神而大保自酢，于礼之通例固不可通也。通典魏尚书奏所引郑注，盖其初说，从今文改古文。后盖因与曾子问不同，故尚书注仍用古文说。然二说孰为短长，深于礼意者必有以知之矣。

校勘记

[一]"主"，遗书本作"王"。

[二]"授宗人同"，据尚书顾命补。

[三]"卷七十"，遗书本作"卷十七"。

[四]"康素服"以下引文有大段省略。又下"夺情议"三字，通典北宋本等为占一行之标题，殿本、局本则无此三字。

[五]"自按"，据遗书本及文意改作"按自"。 -

周代乐制七篇①

释乐次

凡乐，以金奏始，以金奏终。金奏者，所以迎送宾，亦以优天子、诸侯及宾客，以为行礼及步趋之节也。

燕礼"记"："若以乐纳宾，则宾及庭，奏肆夏。"注："肆夏，乐章也。今亡。以（金）〔钟〕镈[一]播之，鼓磬应之，所谓金奏也。"

郊特牲："宾入大门而奏肆夏。"

---

① 此部分收录的文章选自王国维《观堂集林》（卷第二·艺林二），此标题为编者拟。

仲尼燕居："两君相见，揖让而入门，入门而县兴。"

又："入门而金作，示情也。"

左氏成十二年传："晋却至如楚聘，且莅盟，楚子享之。子反相，为地室而县焉。却至将登，金奏作于下，惊而走出。"

左氏襄四年传："穆叔如晋。晋侯享之。金奏肆夏之三，不拜。"

案：以上五事，金奏皆作于宾入门或及庭之时，所以迎宾也。

乡饮酒礼："宾出，奏陔。"注："陔，陔夏也。'陔'之言'戒'也。终日燕饮酒，以陔为节，明无失礼也。"

乡射礼："宾兴，乐正命奏陔。宾降及阶，陔作。宾出，众宾皆出。"注："陔，陔夏，其诗亡。周礼，宾醉而出，奏陔夏。"

燕礼："宾醉，北面坐，取其荐脯以降。奏陔。"

大射仪："宾醉，北面坐，取其荐脯以降。奏陔。"

（郊特牲）〔礼器〕[二]："大飨，其出也，肆夏而送之。盖重礼也。"注："出，谓诸侯之宾也。礼毕而出，作乐以节之。肆夏当为陔夏。"

案：以上五事，皆于宾出时奏之，所以送宾也。

周礼大司乐："大祭祀，王出入则令奏王夏，尸出入则令奏肆夏，牲出入则令奏昭夏。大飨，不入牲。其他皆如祭祀。大射，王出入令奏王夏。"

案：此兼言送迎。

周礼乐师："教乐仪，行以肆夏，趋以采荠，车亦如之。凡环拜，以钟鼓为节。"

燕礼"记"："若以乐纳宾，则宾及庭，奏肆夏。宾拜酒，主人答拜，而乐阕。公拜受爵，而奏肆夏。公卒爵，主人升，受爵以下，而乐阕。"

大射仪："摈者纳宾，宾及庭，公降一等揖宾。宾辟，公升即席。奏肆夏。宾升自西阶，主人从之，宾右北面至，再拜。宾答再拜。主人降洗，洗南西北面。宾降阶西东面。主人辞降，宾对。主人北面盥，坐取觚洗。宾少进辞，洗。主人坐奠觚于篚，兴对。宾反位。主人卒洗。宾揖升，主人升。宾拜洗，主人、宾右奠觚答拜。降盥。宾降，主人辞降，宾对卒盥。宾揖升，主人升，坐取觚。执幂者举幂。主人酌膳，执幂者盖幂。酌者加勺，又反之。筵前献宾，宾西阶上，拜受爵于筵前，反位。主人、宾右拜，送爵。宰胥荐脯醢。宾升筵。庶子设折俎。宾坐，左执觚，右祭脯醢，奠爵于荐右，兴，取肺坐，绝祭嚌之。兴，加于俎，坐挩手执爵。遂祭酒兴，席末坐啐酒，降席坐奠爵，拜告旨，执爵兴。主人答拜。乐阕。”

又：“主人盥洗象觚。升酌膳，东北面献于公。公拜受爵，乃奏肆夏。主人降自西阶，阼阶下北面拜送爵。宰胥荐脯醢，由左房。庶子设折俎，升自西阶。公祭如宾礼。庶子赞授肺。不拜酒，立（执）〔卒〕爵[三]。坐奠爵拜。（卒爵）〔执爵兴〕[四]。主人答拜，乐阕。升受爵，降奠于篚。”

郊特牲：“宾入大门而奏肆夏，示易以敬也。卒爵而乐阕。孔子屡叹之。”

案：此三事，肆夏之奏，非徒以纳宾，兼以为行礼及步趋之节。惟为宾与公奏之，所以优尊者也。

凡金奏之诗以九夏。

周礼钟师：“掌金奏。凡乐事，以钟鼓奏九夏：王夏、肆夏、昭夏、纳夏、章夏、齐夏、族夏、祴夏、骜夏。”

大夫、士有送宾之乐，而无迎宾之乐。其送宾也，以陔夏。

乡饮酒礼：“宾出奏陔。”

乡射礼：“宾兴，乐正命奏陔。宾降及阶，陔作。”

诸侯迎以肆夏，送以陔夏。

燕礼“记”：“若以乐纳宾，则宾及庭，奏肆夏。”

大射仪：“摈者纳宾，宾及庭，公降一等揖宾。宾辟，公升，即席。

奏肆夏。"

又："宾醉，北面坐，取其荐脯以降。奏陔。"

天子迎以肆夏，送以肆夏。

周礼大司乐："大祭祀，尸出入则令奏肆夏。大飨，如祭祀。"

（郊特牲）〔礼器〕[五]："大飨，其出也，肆夏而送之。"

左传："三夏，天子所以享元侯也。"

而天子、诸侯出入，又自有乐。其乐，天子以王夏，诸侯以骜夏。诸侯大射，惟入用乐。

周礼大司乐："大祭祀，王出入则令奏王夏。大飨，如祭祀。大射，王出入，令奏王夏。"

大射仪："公入，骜。"

案：钟师注引杜子春曰："王出入，奏王夏。尸出入，奏肆夏。牲出入，奏昭夏。四方宾来，奏纳夏。臣有功，奏章夏。夫人祭，奏齐夏。族人侍，奏族夏。客醉而出，奏陔夏。公出入，奏骜夏。"案：此前三事，本大司乐职文。末二事，亦有礼经可据。中间说纳夏、章夏、齐夏、族夏用处，不过望文为说，别无他据。然皆谓出入同乐也。而据燕礼"记"及大射仪"纳宾用肆夏，宾出奏陔"，则诸侯于宾，迎送异乐。又尚书大传："天子将出，则撞黄钟，右五钟皆应。入则撞蕤宾，左五钟皆应。"则似天子出入，乐亦不同。均与大司乐职文异。或大司乐言王出入宗庙、射宫之乐，大传言王出入路寝之乐，故不同欤？抑大传所言"出撞黄钟、入撞蕤宾"，虽异律，而仍同乐欤？不可考矣。

金奏既阕，献酬之礼毕，则工升歌。升歌[六]者，所以乐宾祭祀则乐尸，尸亦宾类也。也。升歌之诗以雅、颂，大夫、士用小雅。

乡饮酒礼："工歌鹿鸣、四牡、皇皇者华。"

诸侯燕其臣及他国之臣，亦用小雅。

燕礼："工歌鹿鸣、四牡、皇皇者华。"

大射仪："乃歌鹿鸣三终。"

左氏襄四年传："又歌鹿鸣之三，三拜。"

又："鹿鸣，君所以嘉寡君也，敢不拜嘉。四牡，君所以劳使臣也，敢不重拜。皇皇者华，君教使臣曰"云云。

两君相见，则用大雅。

左氏襄四年传："工歌文王之三，又不拜。"

又："文王，两君相见之乐也。"

或用颂。

仲尼燕居："两君相见，升歌清庙。"

案：左氏传叔孙豹谓"文王，两君相见之乐"，而仲尼燕居则云"两君相见，升歌清庙"，一雅一颂，用乐不同。疑叔孙所说，乃诸侯相见之通礼。惟鲁大庙用天子礼乐，升歌清庙，遂推而用之于宾客。仲尼燕居云云，乃[七]就鲁现制言之。观礼经，诸侯燕其臣及四方之宾，皆升歌鹿鸣之三。则两君相见，自当升歌文王之三，不得越大雅而用颂也。仲尼燕居自是七十子后学所记，未必为孔子之言。

天子则用颂焉。

祭统："夫大尝禘，升歌清庙，下管象。朱干玉戚以舞大武，八佾以舞大夏。此天子之乐也。"

明堂位：成王"命鲁公世世祀周公以天子之礼乐"，"季夏六月，以禘礼祀周公于大庙"，"升歌清庙"。

文王世子："天子视学，登歌清庙。"

尚书大传："古者，帝王升歌清庙之乐。"

升歌既毕，则笙入。笙之诗，南陔、白华、华黍也。

乡饮酒礼："笙入堂下，磬南，北面立。乐南陔、白华、华黍。"

燕礼："笙入，立于县中，奏南陔、白华、华黍。"

歌者在上，匏竹在下。于是有间有合。间之诗，歌则鱼丽、南有嘉鱼、南山有台，笙则由庚、崇丘、由仪也。

乡饮酒礼："乃间歌鱼丽，笙由庚；歌南有嘉鱼，笙崇丘；歌南山有台，笙由仪。"

燕礼文同上。

合之诗：周南关雎、葛覃、卷耳，召南鹊巢、采蘩、采蘋也。

乡饮酒礼："乃合乐：周南关雎、葛覃、卷耳，召南鹊巢、采蘩、采蘋。"

乡射礼："工四人二瑟，升自西阶，北面东上。笙入，立于县中。乃合乐：周南关雎、葛覃、卷耳，召南鹊巢、采蘩、采蘋。"

燕礼："遂歌乡乐：周南关雎、葛覃、卷耳，召南鹊巢、采蘩、采蘋。"

燕礼"记"："升歌鹿鸣，下管新宫。笙入三成，遂合乡乐。"自笙以下诸诗，大夫、士至诸侯共之。

乡饮酒礼、乡射礼、燕礼均见上。

案：笙与间歌、合乐所用诸诗，据现存礼经言之，大夫、士与诸侯无异。郑氏诗谱云："其用于乐，国君以小雅，天子以大雅。然而飨宾或上取，燕或下就。何者？天子飨元侯，歌肆夏，合文王。诸侯歌文王，合鹿鸣。诸侯于邻国之君，与天子于诸侯同。天子、诸侯燕群臣及聘问之宾，皆歌鹿鸣，合乡乐。"其于乡饮酒礼、燕礼注亦云："小雅为诸侯之乐，大雅、颂为天子之乐。乡饮酒升歌小雅，礼盛者可以进取也。燕合乡乐，礼轻者可以逮下也。春秋传曰：'肆夏、樊、遏、渠，天子所以享元侯也。文王、大明、绵，两君相见之乐也。'然则诸侯相与燕，升歌大雅，合小雅。天子与次国、小国之君燕，亦如之。与大国之君燕，升歌颂，合大雅。其笙、间之篇未闻。"此二说略同。原郑所以为此说者，彼据乡饮酒礼、燕礼，凡合乐所用之诗，皆下升歌一等，遂推之天子享元侯与诸侯相见，以为皆如是。因以左氏内、外传之金奏肆夏为升歌，工歌文王为合乐。不知金奏自金奏，升歌自升歌，合乐自合乐。内、外传明云"金奏肆夏之三，工歌文王之三"，则所云"天子合大雅"者无据矣。至谓诸侯相与燕，升歌大雅，合小雅，则据内传"工歌文王之三"，又"歌鹿鸣之三"，鲁语作"歌文王、大明、绵。伶、箫咏歌及鹿鸣之三"。"伶、箫"并言，或为合乐之证。然古天子、诸侯礼之重者，皆但有升歌、下管、舞，而无间歌、合乐。然则郑由乡饮酒礼、燕礼以推天子、诸侯之合乐，其根据未免薄弱矣。

诸侯以上，礼之盛者，以管易笙。笙与歌异工，故有间歌，有合乐。管与歌同工，故升而歌，下而管，而无间歌、合乐。下管之诗，诸侯新宫，天子象也。

燕礼"记"："升歌鹿鸣，下管新宫。笙入三成，遂合乡乐。若舞则勺。"

大射仪："乃席工于西阶上少东。小臣纳工，工六人四瑟。仆人正徒相大师，仆人师相少师，仆人士相上工。相者皆左何瑟，后首，内弦，挎越，右手相。后者徒相入。小乐正从之。升自西阶，北面东上。坐授瑟，乃降。小乐正立于西阶东。乃歌鹿鸣三终。主人洗，升实爵，献工。工不兴，左瑟。一人拜受爵。主人西阶上，（北面）拜送爵[八]。荐脯醢。使人相祭，卒爵，不拜。主人受虚爵。众工不拜，受爵，坐祭，遂卒爵。辩有脯醢，不祭。主人受爵，降，奠于篚。大师及少师、上工皆降，立于鼓北，群工陪于后。乃管新宫三终。卒管。人师、少师、上工皆坫之东南，西面北上坐。"

文王世子："天子视学，登歌清庙，下管象，舞大武。"

明堂位："季夏六月，以禘礼祀周公于大庙"，"升歌清庙，下管象。朱干玉戚，冕而舞大武。皮弁素积，裼而舞大夏。"

祭统："夫大尝禘，升歌清庙，下而管象。朱干玉戚以舞大武，八佾以舞大夏。"

仲尼燕居："两君相见"，"升歌清庙"，"下管象，武、夏籥序兴。"
又："下而管象，示事也。"

案：此上六事，凡有管者皆无笙，亦无间歌、合乐，而皆有舞。惟燕礼"记"则有管、有笙，有合乐，有舞。"记"举礼之变，故备言之。实则有管则当无笙，而以舞代合乐；有笙则当无管，而以合乐代舞。以他经例之当然，"记"言之未晰耳。礼经中记之作，自远在经后。据大射仪经文，则下管乃升歌之工，自降而吹管。管与歌同工，既管又笙，于事为赘。故郑于燕礼"记""笙入三成"下云："管之入三终，以管与笙为一。"此在燕礼"记"或可如此解，然以此解大射仪，则全与经文抵牾。郑于大射仪"乃管新宫三终"下曰："笙从工而入，既管不献，略下乐也。"是亦以管为笙，且谓歌、管异工。然经于"献工"后云："大师、少师、上工皆降，立于鼓北，群工陪于后。乃管新宫三终。卒管。大师及少师、上工皆东坫之东南，西面北上坐。"系管于大师六人皆降之后，又系大师等东于卒管之后。是经谓管者，即大师、少师、上工、群工，至为明显矣。否则未管之前，何以不书管入？卒管之后，何以不书献管？且管者既别有人，则大师等六人升歌、受献之后，既已无事，何以须降立于鼓北？又何以须卒管而后东？可知注之无一当矣。故祭统与仲尼燕居皆云"升歌清庙，下而管象"。于"下"字下沾"而"字者，明下管之工即升歌之工，升而歌、下而管[九]，非异人也。乡饮、乡射、燕礼有间歌、合乐，故歌、笙异工。大射无间歌、合乐，既歌之后，堂上无事，故歌、管同工。郑即以乡饮酒、燕礼之"笙人"拟之，殊乖经旨。又郑于"大师、少师、上工皆降立于鼓北，群工陪于后"注曰："鼓北，西县之北。言鼓北者，与鼓齐面，余长在后也。群工陪于后，三人为列也。"又于"乃管新宫三终"下注曰："笙立于东县之中。"按：郑既以歌者、管者异工，故以为大师六人降立于西县之北，管者立于东县之中。此大误也。大师等降立于鼓北者，鼓谓两建鼓。经云："建鼓在阼阶西，南鼓。”“一建鼓在西阶之东，南面，鼗在建鼓之间。”则“鼓北”谓两建鼓之北。“立于鼓北”者，以就鼗也。其地在两阶之间，非西县之北，亦非东县之中。故“卒管”后云“大师等皆东”。郑之失全在误认歌、管异工，故无一合。若如今说，则四达不悖矣。以大射仪推之，则燕礼“记”所云“升歌鹿鸣，下管新宫”者，谓歌、管同工。此用乐之一种。所云“笙入三成，遂合乡乐”者，则歌、笙异工。此用乐之又一种。二种任用其一，不能兼用。所云“若舞则勺”者，则与弟一种为类，不与弟二种为类。以文王世子、明堂位、祭统、仲尼燕居四事，证之有余矣。“记”文备记礼变，往往如此，特语欠明辨，当以大射仪经文为正矣。歌、管同工，元敖继公仪礼集说已有此说。国朝诸儒或申郑难敖，非是。

凡升歌用雅者，管与笙皆用雅；升歌用颂者，管亦用颂。

乡饮酒礼：“工歌鹿鸣、四牡、皇皇者华。笙入，乐南陔、白华、华黍。”

燕礼：“工歌鹿鸣、四牡、皇皇者华。笙入，奏南陔、白华、华黍。”

燕礼“记”：“升歌鹿鸣，下管新宫。”注：“新宫，小雅逸篇也。”

大射仪：“乃歌鹿鸣三终。乃管新宫三终。”

文王世子：“登歌清庙，下管象。”

明堂位：“升歌清庙，下管象。”

祭统：“升歌清庙，下而管象。”

仲尼燕居：“升歌清庙”，“下管象，武、夏籥序兴。”

案毛诗周颂序：“维清，奏象舞也。”“下管象”，当谓管维清之诗。升歌清庙，下管维清，皆颂也。仲尼燕居云：“下管象，武、夏籥序兴。”郑读“下管象、武”为句，然下云：“升歌清庙，示德也。下而管象，示事也。”则当读“下管象”为句，“武、夏籥序兴”为句。武，大武。夏籥，大夏也。吕氏春秋古乐篇：“禹命皋陶作为夏籥九成，以昭其功。”

是夏籥即大夏。夏者，夏翟羽。郑氏周礼天官序官"夏采"注。诗邶风："左手执籥，右手秉翟。"谓此舞也。明堂位："升歌清庙，下管象。朱干玉戚，冕而舞大武。皮弁素积，裼而舞大夏。"祭统："升歌清庙，下而管象。朱干玉戚以舞大武，八佾以舞大夏。"文王世子："登歌清庙，下管象。舞大武。"皆歌清庙者管象，舞大武、大夏之证。则仲尼燕居之"武"不当属上读，明矣。

凡有管则有舞。舞之诗，诸侯勺，天子大武、大夏也。

燕礼"记"、文王世子、明堂位、祭统、仲尼燕居。均见上。

案：礼经（传）〔"记"〕[一〇]上言"下管"者，下必言舞，而不言间歌、合乐。其言间歌、合乐者，皆不言舞。是二者可以相代。又案：天子、诸侯祭祀、宾客之礼皆有舞，则以用舞者为重，用间歌、合乐者为轻矣。

凡金奏之乐用钟鼓。

周礼钟师："掌金奏。以金鼓奏九夏。"

天子、诸侯全用之，大夫、士鼓而已。

乡饮酒礼注："周礼钟师：'以金鼓奏九夏。'是奏陔夏则有钟鼓矣。钟鼓者，天子、诸侯备用之。大夫、士鼓而已。盖建于阼阶之西，南鼓。"

乡射礼注："陔夏者，天子、诸侯以钟鼓。大夫、士鼓而已。"

歌用瑟及搏拊。

书益稷："搏拊、琴瑟以咏。"

乡饮酒礼、乡射礼、燕礼："工四人二瑟。"

大射仪："工六人四瑟。"

乐记："清庙之瑟，朱弦而疏越，一倡而三叹，有遗音者矣。"

荀子礼论："清庙之歌，一倡而三叹也。悬一（磬）〔钟〕而尚拊搏〔之膈〕[一一]，朱弦而通越，一也。"

尚书大传："古者，帝王升歌清庙之乐，大琴练弦达越，大瑟朱弦达越。以韦为鼓，谓之搏拊。"

案：礼经、记升歌有瑟无琴，亦无搏拊。大传所言，殆异代礼。

笙与管皆如其名。舞则大武用干戚，大夏用羽籥。

明堂位、祭统、仲尼燕居。均见上。

案：公羊昭二十四年传："朱干玉戚以舞大夏，八佾以舞大武。"以明堂位、祭统证之，"夏"、"武"二字互误。

此其大略也。

附：天子、诸侯、大夫、士用乐表

| | 金奏 | 升歌 | 管 | 笙 | 间歌 | | 合乐 | 舞 | 金奏 |
					歌	笙			
大夫、士乡饮酒礼	无	鹿鸣、四牡、皇皇者华	无	南陔、白华、华黍	鱼丽、南有嘉鱼、南山有台	由庚、崇丘、由仪	周南关雎、葛覃、卷耳、召南鹊巢、采蘩、采蘋	无	陔夏
大夫、士乡射礼	无	无	无	无	无	无	周南关雎、葛覃、卷耳，召南鹊巢、采蘩、采蘋	无	陔夏

	金奏	升歌	管	笙	间歌		合乐	舞	金奏
					歌	笙			
诸侯燕礼之甲（据燕礼经）	无	鹿鸣、四牡、皇皇者华	无	南陔、白华、华黍	鱼丽、南有嘉鱼、南山有台	由庚、崇丘、由仪	周南关雎、葛覃、卷耳,召南鹊巢、采蘩、采苹	无	陔夏
诸侯燕礼之乙（据燕礼"记"）	肆夏、肆夏	鹿鸣	（新宫）	（笙入三成）			（乡乐）	勺	陔夏
诸侯大射仪	肆夏、肆夏	鹿鸣三终	新宫三终						陔夏、鼇夏
两君相见		文王之三					鹿鸣之三		
		清庙	象					武、夏籥	
鲁禘		清庙	象					大武、大夏	
天子大射	王夏、肆夏	清庙	象					弓矢舞	肆夏、王夏
天子大飨	王夏、肆夏	清庙	象						肆夏、王夏

续表

| | 金奏 | 升歌 | 管 | 笙 | 间歌 | | 合乐 | 舞 | 金奏 |
					歌	笙			
天子视学养老	王夏、肆夏	清庙	象					大武	肆夏、王夏
天子大祭祀	王夏、肆夏、昭夏	清庙	象					大武、大夏	肆夏、王夏

表内加（　）者不必备有。加 □ 者经、传无明文，以意推之。

周大武乐章考

乐记："夫武，始而北出，再成而灭商，三成而南，四成而南国是疆，五成而分周公左、召公右，六成复缀以崇。"是武之舞，凡六成，其诗当有六篇也。据毛诗序于武曰："奏大武也。"于酌曰："告成大武也。"则六篇得其二。春秋左氏宣十二年传，楚庄王曰："武王克商，作武。其卒章曰：'耆定尔功。'其三曰：'铺时绎思，我徂惟求定。'其六曰：'绥万（年）〔邦〕[一二]，屡丰年。'"是以赉为武之三成，以桓为武之六成。则六篇得其四，其诗皆在周颂。其余二篇，自古无说。案祭统云："舞莫重于武宿夜。"是尚有宿夜一篇。郑注："宿夜[一三]，武曲名也。"疏引皇氏云："师说书传云：'武王伐纣，至于商郊，停止宿夜。士卒皆欢乐歌舞以待旦，因名焉。武宿夜，其乐亡也。'熊氏云：'此即大武之乐也。'"案："宿"，古"夙"字。说文解字夕部："夙，早敬也。""佰"，古文"夙"，从人、囟。"佰"，亦古文"夙"，从人、西。"宿"从此。又宀部："宿，止也。从宀，佰声。佰，古文'夙'。"丰姞敦云："丰姞懿用夙夜享孝于皏公于室叔朋友。"

"夙"正作𠙺。是武宿夜即"武夙夜"。其诗中当有"夙夜"二字，因以名篇。如时迈有"肆于时夏"语，因称肆夏矣。皇侃所称"师说"非也。大武六篇，其四篇皆在周颂，则此篇亦当于颂中求之。今考周颂三十一篇，其有"夙夜"字者凡四。昊天有成命曰："夙夜基命宥密。"我将曰："我其夙夜，畏天之威。"振鹭曰："庶几夙夜，以永终誉。"闵予小子曰："维予小子，夙夜敬止。"而我将为祀文王于明堂之诗，振鹭为二王之后助祭之诗，闵予小子为嗣王朝庙之诗。质以经文，序说不误。惟昊天有成命序云："郊祀天地也。"然郊祀天地之诗，不应咏歌文、武之德。又郊以后稷配天，尤与文、武无涉。盖作序者见此诗有"昊天"字而望文言之。若武夙夜而在今周颂中，则舍此篇莫属矣。诗有"成王不敢康"语。周语及贾子新书载叔向说此诗，以成王为武王之子、文王之孙。然书酒诰云："成王畏相。"又云："惟助成王德显。"是"成王"乃殷周间成语。笺云"文王、武王成此王功"，殆是也。如此，则大武之诗已得五篇。其余一篇，疑当为般。何则？酌、桓、赉、般四篇，次在颂末，又皆取诗之义以名篇。前三篇既为武诗，则后一篇亦宜然。此武诗六篇之可考者也。至其次弟，则毛诗与楚乐歌不同。楚以赉为弟三，桓为弟六。毛则六篇分居三处。其次则夙夜弟一，武弟二，酌弟三，桓弟四，赉弟五，般弟六。此殆古之次弟。案祭统云："献之属莫重于裸，声莫重于升歌，舞莫重于武宿夜。"考裸者献之始，升歌者乐之始，则武宿夜自当为舞之始。是夙夜当居弟一之证也。其余五篇次弟，亦与乐记所纪舞次相合。武云"胜殷遏刘"，而记云"再成而灭商"，是武为弟二成之证也。武为弟二成，则"告成大武"之酌自当为弟三成。至桓云"绥万邦"，又云"于以四方"，则与四成"疆南国"之事相合。赉之义为封功臣，则与五成"分周公左、召公右"之事相合。般云"于皇时周，陟其高山"，则与六成"复缀以崇"之事相合。是毛诗次弟与乐记同，蔡邕独断所载周颂诸篇次弟一如毛诗。或疑是鲁诗。然恐亦据毛也。恐是周初旧弟，胜于楚乐歌之次弟远矣。又此六篇语意一贯，皆以文、武受命为言。其首篇云"昊天有成命，二后受之"，又云"夙夜基命宥密"。其二篇云"嗣武受之"，三篇云"我龙受之"，皆谓受此成命也。其四篇云"天命匪懈"。其五篇云"文王既勤止，我膺受之"。勤，谓勤大命，单生钟与毛公鼎皆云"劳勤大命"。膺受，谓膺受大命也。逸周书克殷解、毛公鼎、益公敦皆云"膺受大命"。六篇云"袁时之对"。"袁时"即"不时"，亦即"丕时"。大雅云："帝命不时。"书君奭云："在让后人于丕时。"袁、不、丕声相近。"袁时之对"犹言帝命之对。如文王、下武言"配命"矣。五篇、六篇之末皆云"时周之命"，又与首篇相应。又弟一篇兼言文、武，弟二篇咏武王，而原本于文王之"克开厥后"。弟三、弟四专言武王，而弟五篇复追言文王之勤命。六篇语意相承，不独为一诗之证，其次序亦较然矣。今以上所论者，列表明之。

	一成	再成	三成	四成	五成	六成
所象之事	北出	灭商		南国是疆	分周公左、召公右	复缀以崇
舞容	总干山立	发扬蹈厉			分夹而进	武乱皆坐
舞诗篇名	武宿夜	武	酌	桓	赉	般
舞诗	昊天有成命，二后受之。成王不敢康，夙夜基命宥密。于缉熙，单厥心，肆其靖之。	于皇武王，无竞维烈，允文文王，克开厥后。嗣武受之，胜殷遏刘，耆定尔功。	于铄王师，遵养时晦。时纯熙矣，是用大介。我龙受之，蹻蹻王之造。载用有（辞）〔嗣〕[一四]，实维尔公允师。	绥万邦，屡丰年。天命匪懈，桓桓武王，保有厥士。于以四方，克定厥家，于昭于天，皇以间之。	文王既勤止，我膺受之。敷时绎思。我徂维求定。时周之命，于绎思。	于皇时周，陟其高山。堕山乔岳，允犹翕河。敷天之下，袁时之对，时周之命。

说勺舞象舞

周一代之大舞曰大武，其小舞曰勺、曰象。内则："十有三年，学乐，诵诗，舞勺。成童舞象。"郑注："先学勺，后学象，文、武之次也。"疏引熊安生云："勺，籥也。言十三之时，学此舞籥之文舞也。"又云："象谓用干戈之小舞也。"是勺与象皆小舞，与大武、太夏之为大舞者不同。然汉人皆以勺、象与大武为一。燕礼"记""若舞则勺"注："勺，颂篇，告成大武之乐歌也。"又明堂位"下管象"注曰："象，谓周颂武也。"是以勺为酌，象为武，皆大武之一成。白虎通礼乐篇："周乐曰大武。象。""象"上夺"武王之乐曰"五字，校以下文自明。周公之乐曰酌。合曰大武。""'周公曰酌'者，言周公辅成王，能斟酌文、武之道而成之也。'武王曰象'者，象太平而作乐，示已太平也。'合曰大武'者，天下始乐周之征伐行武"云云。是亦以勺与象皆大武之一节也。吕氏春秋古乐篇："武王即位，以六师伐殷。六师未至，以锐兵克于牧野。归乃荐俘馘于京大室，乃命周公作为大武。成王立，殷民反，王命周公践伐之。商人服象为虐于东夷，周公遂以师逐之，至于江南。乃为三象，以嘉其德。淮南齐俗训亦云"周乐大武、三象、棘下"。此虽别武与象为二，又以象为周公之乐，与白虎通说正相反。然以三象为继大武而作，又以象为周公南征之事，正与乐记大武"四成而南国是疆，五成而分周公左、召公右"，及"武乱皆坐，周、召之治"相合。疑武之六成本是大舞，周人不必全用之。取其弟二成用之，谓之武。取其弟三成用之，谓之勺。取其四成、五成、六成用之，谓之三象。故白虎通谓酌、象"合曰大武"。而郑君注礼亦以武、象为一也。然谓武亦有象名，则可；谓诗序之象舞与礼下管所奏之象即大武之一节，则不可。诗序："维清，奏象舞也。"以"武，奏大武也"例之，象舞当用维清之诗。而维清之诗，自咏文王之文德，与清庙"维天之命"为类。则礼之"升歌清庙，下管象"者，自当下管维清，不当管武宿夜以下六篇也。且礼言"升歌清庙，下管象"者，皆继以舞大武。管与舞不同时，自不得同用一诗。左传："见舞象箾、南籥者。""见舞大武者。"是大武之外，又自有象舞。且与南籥连言，自系文舞，与武之为武舞有别。维清之所奏，与升歌清庙后之所管、内则之所舞，自当为文舞之象，而非武舞之象也。二者同名异实，后世往往相淆，故略论之。

说周颂

阮文达释颂一篇，其释"颂"之本义至确。然谓三颂各章皆是舞容，则恐不然。周颂三十一篇，惟维清为象舞之诗，昊天有成命、武、酌、桓、赉、般为武舞之诗，其余二十四篇为舞诗与否，均无确证。至清庙为升歌之诗，时迈为金奏之诗，据周礼钟师注引吕叔玉说，则执竞、思文亦金奏之诗。尤可证其非舞曲。毛诗序云："颂者，美盛德之形容，以其成功告于神明者也。"盛德之形容，以貌表之可也，以声表之亦可也。窃谓风、雅、颂之别，当于声求之。颂之所以异于〔风〕、雅（颂）[一五]者，虽不可得而知，今就其著者言之，则颂之声较风、雅为缓也。何以证之？曰风、雅有韵，而颂多无韵也。凡乐诗之所以用韵者，以同部之音间时而作，足以娱人耳也。故其声促者，韵之感人也深；其声缓者，韵之感人也浅。韵之娱耳，其相去不能越十言或十五言。若越十五言以上，则有韵与无韵同。即令二韵相距在十言以内，若以歌二十言之时歌此十言，则有韵亦与无韵同。然则风、雅所以有韵者，其声促也。颂之所以多无韵者，其声缓而失韵之用，故不用韵。此一证也。其所以不分章者亦然。风、雅皆分章，且后章句法多叠前章。其所以相叠者，亦以相同之音间时而作，足以娱人耳也。若声过缓，则虽前后相叠，听之亦与不叠同。颂之所以不分章、不叠句者，当以此。此二证也。颂如清庙之篇，不过八句。不独视鹿鸣、文王长短迥殊，即比关雎、鹊巢亦复简短。此亦当由声缓之故。三证也。燕礼"记"："若以乐纳宾，则宾及庭，奏肆夏。宾拜酒，主人答拜，而乐阕。公拜受爵，而奏肆夏。公卒爵，主人升，受爵以下，而乐阕。"又大射仪自"奏肆夏"以至"乐阕"，中间容宾升、主人拜至、降洗、宾降、主人辞、宾对、主人盥、洗觚、宾辞洗、主人对、主人升、宾拜洗、主人答拜、降盥、宾降、主人辞降、宾对、卒盥、升、主人酌膳、献宾、宾拜、受爵、主人拜送爵、宰胥荐脯醢、庶子设折俎、宾祭脯醢、祭肺、唪肺、祭酒、啐酒、拜、告旨、主人答拜，凡三十四节。为公奏肆夏时亦然。肆夏一诗，不过八句。而自始奏以至乐阕，所容礼文之繁如此，则声缓可知。此四证也。然则颂之所以异于风、雅者，在声而不在容。则其所以"美盛德之形容"者，亦在声而不在容可知。以名颂而皆视为舞诗，未免执一之见矣。

说商颂上

商颂诸诗作于何时，毛、韩说异。毛诗序谓："微子至于戴公，其间礼乐废坏。有正考父者，得商颂十二篇于周之大师，以那为首。"是毛以商颂为商诗也。史记宋世家："襄公之时，修行仁义，欲为盟主。其大夫正考父美之，故追道契、汤、高宗，殷所以兴，作商颂。"集解骃案："韩诗章句亦'美襄公'。"案：集解虽但引薛汉章句，疑是韩婴旧说，史迁从之。杨子法言学行篇："正考父尝（晞）〔睎〕[一六]尹吉甫矣。公子奚斯尝（晞）〔睎〕[一七]正考父矣。"亦以商颂为考父作。皆在薛汉前。后汉曹褒及刻石之文，亦皆从韩说。是韩以商颂为宋诗也。襄公、考父时代不同，韩说固误。然以为考父所作，则固与毛诗同本鲁语，未可以臆定其是非也。鲁语：闵马父谓"正考父校商之名颂十二篇于周大师，以那为首"。考汉以前,初无校书之说。即令"校"字作"校理"解,亦必考父自有一本,然后取周大师之本以校之,不得言"得"。是毛诗序改"校"为"得",已失鲁语之意矣。余疑鲁语"校"字当读为"效"。效者,献也,谓正考父献此十二篇于周大师。韩说本之。若如毛诗序说,则所得之本自有次弟,不得复云"以那为首"也。且以正考父时代考之,亦以献诗之说为长。左氏昭七年传:"及正考父佐戴、武、宣。"世本:"正考父生孔父嘉。"诗商颂正义引。潜夫论氏姓志亦云考孔父之卒在宋殇公十年。自是上推之,则殇公十年,穆公九年,宣公十九年,武公十八年,戴公三十四年;自孔父之卒,上距戴公之立凡九十年。孔父佐穆、殇二公,则其父恐不必逮事戴公。亦令早与政事,亦当在戴公暮年。而戴公之三十年,平王东迁。其时宗周既灭,文物随之。宋在东土,未有亡国之祸,先代礼乐,自当无恙,故献之周太师,以备四代之乐。较之毛诗序说,于事实为近也。然则商颂为考父所献,即为考父所作欤?曰:否。鲁语引那之诗而曰:"先圣王之传恭,犹不敢专,称曰'自古'。古曰'在昔',昔曰'先民'。"可知闵马父以那为先圣王之诗,而非考父自作也。韩诗以为考父所作,盖无所据矣。

说商颂下

然则商颂果为商人之诗与?曰:否。殷武之卒章曰:"陟彼景山,松柏丸丸。"毛、郑于"景山"均无说。鲁颂拟此章,则云:"徂徕之松,新甫之柏。"则古自以"景山"为山名,不当如鄘风定之方中传"大山"之说也。案左氏传:"商汤有景亳之命。"水经注济水篇:"黄沟枝流北径已氏县故城西。又北径景山东。"此山离汤所都之北亳不远,商丘蒙亳以北,惟有此山。商颂所咏,当即是矣。而商自殷庚至于帝乙居殷虚,纣居朝歌,皆在河北。则造高宗寝庙不得远伐河南景山之木。惟宋居商丘,距景山仅百数十里。又周围数百里内别无名山，则伐景山之木以造宗庙，于事为宜。此商颂当为宋诗，不为商诗之一证也。又自其文辞观之，则殷虚卜辞所纪祭礼与制度、文物，于商颂中无一可寻。其所见之人、地名，与殷时之称不类，而反与周时之称相类。所用之成语，并不与周初类，而与宗周中叶以后相类。此尤不可不察也。卜辞称国都曰"商"，不曰"殷"，而颂则"殷"、"商"错出。卜辞称汤曰"大乙"，不曰"汤"，而颂则曰"汤"、曰"烈祖"、曰"武王"。此称名之异也。其语句中亦多与周诗相袭。如那之"猗那"，即桧风匪楚之"阿傩"，小雅隰桑之"阿难"，石鼓文之"亚箬"也。长发之"昭假迟迟"，即云汉之"昭假无赢"，烝民之"昭假于下"也。殷武之"有截其所"，即常武之"截彼淮浦，王师之所"也。又如烈祖之"时靡有争"，与江汉句同。"约轵错衡，八鸾鸧鸧"，与采芑句同。凡所同者，皆宗周中叶以后之诗。而烝民、江汉、常武，序皆以为尹吉甫所作。扬雄谓"正考父（睎）〔睎〕[一八]尹吉甫"，或非无据矣。顾此数者，其为商颂袭风、雅，抑风、雅袭商颂，或二者均不相袭而同用当时之成语，皆不可知。然鲁颂之袭商颂，则灼然事实。夫鲁之于周，亲则同姓，尊则王朝。乃其作颂，不摹周颂而摹商颂，盖以与宋同为列国，同用天子之礼乐。且商颂之作，时代较近，易于摹拟故也。由是言之，则商颂盖宗周中叶宋人所作，以祀其先王。正考父献之于周太师，而太师次之于周颂之后。逮鲁颂既作，又次之于鲁后。若果为商人作，则当如尚书例，在周颂前，不当次鲁颂后矣。然则韩诗以商颂为宋人所作，虽与鲁语闵马父之说不尽合，然由商颂之诗证之，固长于毛说远矣。

汉以后所传周乐考

　　大戴礼记投壶篇："凡雅二十六篇。其八篇可歌，歌鹿鸣、狸首、鹊巢、采蘩、采蘋、伐檀、白驹、驺虞。八篇废，不可歌。七篇商、齐，可歌也。三篇闲歌。史辟、史义、史见、史童、史谤、史宾、拾声、睿挟。"史辟以下八篇，孔氏广森补注以为即"废不可歌"之八篇。案：此二十六篇。今鹊巢、采蘩、采蘋、驺虞在召南，伐檀在魏风，商、齐七篇或在齐风，或在商颂，狸首、史辟诸篇均佚。惟鹿鸣、白驹与闲歌三篇鱼丽、南有嘉鱼、南山有台。在小雅。投壶所纪诗之部居、次第，均与四家诗不同，盖出先秦以后乐家之所传。案：乐记师乙言声歌有颂，有大雅，有小雅，有风，有商、齐。今此二十六篇亦有雅，有风，有商、齐，与鲁太师所传者同。不过春秋之末鲁太师所传者，雅自雅，风自风，商、齐自商、齐，不相杂也。厥后废阙，所存仅二十六篇。其中兼有各类，以其首篇为鹿鸣，遂悉以雅名之。至作投壶时，又亡其八篇，史辟、史义诸篇，声与诗俱亡。乐人口耳相传，篇名不无讹舛，其实未必不在三百篇中也。乃备记其存亡之目，盖在战国以后矣。投壶所存十八篇，至汉犹有存者。琴操云："古琴曲有歌诗五曲：一曰鹿鸣，二曰伐檀，三曰驺虞，四曰鹊巢，五曰白驹。"皆在上十八篇中。宋书乐志云："汉章帝元和二年，宗庙乐食举故事，有鹿鸣、承元气二曲。"又云："汉大乐食举十三曲，一曰鹿鸣。"又云："魏雅乐四曲：一曰鹿鸣，后改曰于赫，咏武帝；二曰驺虞，后改曰巍巍，咏文帝；三曰伐檀，后省除；四曰文王，后改曰洋洋，咏明帝。驺虞、伐檀、文王并左延年改其声。"晋书乐志云："杜夔传旧雅乐四曲：一曰鹿鸣，二曰驺虞，三曰伐檀，四曰文王，皆古声辞。及太和中，左延年改夔驺虞、伐檀、文王三曲，更自作声节，其名虽存而声实异。惟因夔鹿鸣，全不改易。"是汉魏所存周乐四篇，鹿鸣、驺虞、伐檀亦在投壶可歌八篇中，惟文王一篇不知得自何所。汉雅乐有三源。汉书礼乐志："汉兴，乐家有制氏，以雅乐声律世世在大乐官。"服虔曰：制氏"鲁人也"，鲁乐也。又："高祖时，叔孙通因秦乐人制宗庙乐。"此秦乐也。景十三王传："武帝时，河间献王来朝，献雅乐。"此赵乐也。投壶所存十八篇，盖鲁乐家之所传。杜夔为汉雅乐郎，盖又习秦、赵所传雅乐，故文王一篇乃出于十八篇之外也。由前后观之，则投壶所存古乐十八篇，风、雅、商、齐上同师乙之分类，鹿鸣、伐檀、驺虞下同杜夔之所传。其为周、秦之间乐家旧弟无疑。案：古乐家所传诗之次弟，本与诗家不同。左氏传季札观周乐，豳在秦前，魏、唐在秦后。今诗则魏风、唐风在齐风之次，豳在曹风之次。此相异者一也。乡饮酒礼、乡射礼、燕礼：合乐，周南关雎、葛覃、卷耳、召南鹊巢、采蘩、采蘋。周南三篇相次，则召南三篇亦当相次。今诗，采蘩、采蘋之间尚有草虫一篇。此相异者二也。乡饮酒礼、燕礼：笙南陔、白华、华黍；间歌鱼丽，笙由庚；歌南有嘉鱼，笙崇丘；歌南山有台，笙由仪：是乐次当如此。而毛诗旧弟，据六月序，则南陔在杕杜之后、鱼丽之前，与礼经乐次不合。今毛诗则由庚、崇丘、由仪又皆在南山有台后。郑笺所谓"毛公为诂训传，推改'什'首"者是也。此相异者三也。左氏传楚庄王以赉为武之三篇，桓为武之六篇。杜预以为楚乐歌之次弟。而前大武考所定夙夜、武、酌、桓、赉、般，盖周大武之旧弟。而毛诗则夙夜在清庙之什，武在臣工之什之末，酌、桓、赉、般在闵予小子之什之末。此相异者四也。此诗、乐二家，春秋之季已自分途。诗家习其义，出于古之师儒。孔子所云"言诗"、"诵诗"、"学诗"者，皆就其义言之。其流为齐、鲁、韩、毛四家。乐家传其声，出于古之太师氏。子贡所问于师乙者，专以其声言之。其流为制氏诸家。诗家之诗，士大夫皆习之，故诗三百篇至秦汉具存。乐家之诗，惟伶人世守之。故子贡时尚有风、雅、颂、商、齐诸声，而先秦以后仅存二十六篇，又亡其八篇，且均被以"雅"名。汉、魏之际仅存四五篇，王深宁汉书艺文志考谓乐家"雅歌诗四篇"即杜夔所传四篇，是西汉末已只存四篇。后又易其三。讫永嘉之乱，而三代之乐遂全亡矣。二家本自殊途，不能相通。世或有以此绳彼者，均未可谓笃论也。

校勘记

［一］底本及遗书本俱作"金镈"，据礼记改作"钟镈"。

［二］底本及遗书本俱作"郊特牲"，据礼记改。

［三］底本及遗书本俱作"执爵"，据仪礼改为"卒爵"。

［四］底本及遗书本俱作"卒爵"，据仪礼大射仪改作"执爵兴"。

［五］底本及遗书本俱作"郊特牲"，今据礼记改。

［六］"升歌"，遗书本作"歌升"。

［七］"乃"，遗书本作"殆"。

［八］"北面拜送爵"，底本及遗书本同，大射仪无"北面"二字。

［九］"升而歌下而管"，遗书本作"升歌下管"。

［一〇］此处言"下管"者为燕礼"记"及其余礼记各篇，并无引传，故改"传"为"记"，底本及遗书本俱误。

［一一］底本及遗书本俱作"县一磬而尚拊搏"，据荀子礼论增补。

［一二］底本及遗书本俱作"绥万年"，据春秋左传改为"绥万邦"。

［一三］底本及遗书本同，礼记祭统郑注作"武宿夜"。

［一四］底本及遗书本俱作"辞"，据诗经改。

［一五］底本及遗书本俱作"雅颂"，据上下文意增改。

［一六］底本及遗书本俱作"晞"，据四部丛刊本法言改作"睎"。

［一七］底本及遗书本同，据四部丛刊本法言改。

［一八］底本及遗书本同，据四部丛刊本法言改。

生霸死霸考^①

　　说文："霸，月始生魄然也。承大月二日，小月三日。从月，霝声。周书曰：'哉生霸。'"此所引者，乃壁中古文。汉书律历志引古文尚书武成亦作"霸"。其由孔安国写定者，则从今文作"魄"。马融注古文尚书康诰云："魄，朏也。谓月三日始生兆朏，名曰魄。"此皆古文尚书说也。法言五百篇："月未望则载魄于西，既望则终魄于东。"汉书王莽传：太保王舜奏："公以八月载生魄庚子奉使朝，用书。"此平帝元始四年事。据太初术，是年八月己亥朔二日得庚子，则以二日为载生魄。白虎通日月篇："月三日成魄。"本礼乡饮酒义及孝经援神契。此皆今文家说，与

---

① 选自王国维《观堂集林》（卷第一·艺林一）。

许、马古文说同。是汉儒于生霸、死霸无异辞也。汉志载刘歆三统历独为异说，曰："死霸，朔也；生霸，望也。"孟康申之曰："月二日以往，明生魄死，故言死魄。魄，月质也。"歆之说顾命曰："成王三十年四月庚戌朔，十五日甲子哉生霸。"则孟康之言，洵可谓得歆意者矣。伪古文尚书用其说，故于武成篇造"哉生明"一语，以配"哉生魄"。伪孔传用其说，故以"旁死魄"为月二日，以"魄生明死"为在十五日以后，以"哉生魄"为十六日。相承二千年，未有觉其谬者。近德清俞氏樾作生霸死霸考，援许、马诸儒之说以正刘歆，其论笃矣。然于诸日名，除"哉生魄"外，尚用歆说。如以"既死魄"为一日，"旁死魄"为二日，"既生魄"为十五日，"旁生魄"为十六日，"既旁生魄"为十七日，此皆于名义不能符合。余谓说文"霸，月始生魄然也"、"朏，月未盛之明也"，此二字同义，声亦相近。故马融曰："魄，朏也。"霸为月始生，为月未盛之明，则月之一日，霸死久矣。二日若承大月，则霸方生，谓之"旁死霸"可乎？十五日以降，霸生已久，至是始谓之"既生霸"，不已晚乎？且朔与望，古自有"初吉"、"既望"二名。又智鼎铭先言"六月既望"，复云"四月既生霸"。一器之中，不容用两种记日法，则"既生霸"之非望决矣。以"既生霸"之非望，可知"既死霸"之决非朔，而"旁死霸"之非二日。"旁生霸"之非十六日，又可决矣。余览古器物铭，而得古之所以名日者凡四：曰"初吉"，曰"既生霸"，曰"既望"，曰"既死霸"。因悟古者盖分一月之日为四分：一曰"初吉"，谓自一日至七八日也。二曰"既生霸"，谓自八九日以降，至十四五日也。三曰"既望"，谓十五六日以后，至二十二三日。四曰"既死霸"，谓自二十三日以后，至于晦也。八九日以降，月虽未满，而未盛之明则生已久。二十三日以降，月虽未晦，然始生之明固已死矣。盖月受日光之处，虽同此一面，然自地观之，则二十三日以后月无光之处，正八日以前月有光之处。此即后世"上弦"、"下弦"之由分。以始生之明既死，故谓之

"既死霸"。此"生霸"、"死霸"之确解，亦即古代一月四分之术也。若更欲明定其日，于是有"哉生魄"、书康诰及顾命。"旁生霸"、汉书律历志引古文尚书武成，逸周书世俘解均作"既旁生霸"。"既"字疑衍。"旁死霸"古文尚书武成及周书世俘解。诸名。"哉生魄"之为二日或三日，自汉已有定说。旁者，溥也，义进于既。以古文武成差之，如"既生霸"为八日，则"旁生霸"为十日；"既死霸"为二十三日，则"旁死霸"为二十五日。事与义会，此其证矣。凡"初吉"、"既生霸"、"既望"、"既死霸"，各有七日或八日；"哉生魄"、"旁生霸"、"旁死霸"，各有五日若六日，而第一日亦得专其名。书、器于上诸名有作公名用者。如顾命："惟四月哉生魄，王不怿。甲子，王乃洮颒水。""哉生魄"不日，至甲子乃日者，明甲子乃"哉生魄"中之一日，而王之不怿，固前乎甲子也。静敦云："惟六月初吉，王在荠京。丁卯，王命静司射。"兂彝云："惟六月初吉，王在郑。丁亥，王格大室。"邾敦云："惟二年正月初吉，王在周邵宫。丁亥，王格于宣榭。""初吉"皆不日，至丁卯、丁亥乃日者，明丁卯、丁亥皆"初吉"中之一日。至王之在荠、在郑、在周邵宫，固前乎丁卯、丁亥也。更证之他器，则虢季子白盘云"惟王十有二年正月初吉丁亥"，案：宣王十二年正月乙酉朔，丁亥乃月三日。吴尊盖首[一]云"惟二月初吉丁亥"，末云"惟王二祀"，案：宣王二年二月癸未朔，则丁亥乃月四日[二]。师兑敦云"惟三年二月初吉丁亥"，案：幽王三年二月庚辰朔，丁亥乃月之八日。是一日至八日均可谓之"初吉"也。师虎敦云"惟元年六月既望甲戌"，案：宣王元年六月丁巳朔，十八日得甲戌。是十八日可谓之"既望"也。兮伯吉父盘亦称兮田盘。云"唯五年三月既死霸庚寅"，此器有"伯吉父"之名，有伐猃狁之事，当即诗六月之"文武吉甫"所作，必宣王时器。而宣王五年三月乙丑朔，二十六日得庚寅。又如颂鼎、颂敦、颂壶诸器，皆云"惟三年五月既死霸甲戌"，此诸器，自其文字辞命观之，皆厉、宣以降之器。而宣王三年六月乙亥朔，三十日得甲戌。是二十六日、三十日皆得谓之"既死霸"也。此用为公名者也。其用为专名者，如古文武成云："惟一月壬辰旁死霸，若翌日癸巳。"又云："粤若来二月既死霸，粤五日甲子。"又云："惟四月既旁生霸，粤五日庚戌。"召诰云："惟二月既望，越六日乙未。"此皆以"旁死霸"、"既死霸"、"既旁生霸"、"既望"等专属弟一日，然皆不日。惟武成之"旁死霸"独日。顾不云"旁死霸壬辰"，而云"惟一月壬辰旁死霸"者，亦谓"旁死霸"自壬辰始，而非壬辰所得而专有也。故欲精纪其日，则先纪诸名之弟一日，而又云"粤几日某某"以定之，如武成、召诰是也。否则但举"初吉"、"既生霸"诸名，以使人得知是日在是月之弟几分，如顾命及诸古器铭是也。苟由此说以考书、器所纪月日，皆四达而不悖。何以证之？古文武成云："惟一月壬辰旁死霸，若翌日癸巳，武王朝步自周，于征伐纣。"又云："粤若来二月既死霸，粤五日甲子，咸刘商王纣。"又云："惟四月既旁生霸，粤五日庚戌，武王燎于周庙。"由旧说推之，既以一月二日为壬辰，二月五日为甲子，则四月中不得有庚戌。史迁盖不得其说，于是移武王伐纣于十二月，移甲子诛纣于正月。今史记周本纪作"二月甲子昧爽"。徐广曰："'二月'一作'正'。"刘歆不得其说，于是于二月后置闰。然商时置闰皆在岁末，故殷虚卜辞屡云"十三月"。武王伐纣之时，不容遽改闰法。此于制度上不可通者，不独以"既死霸"为朔，"旁死霸"为二日。"既旁生霸"为十七日，为名之不正而已。若用今说，则一月戊辰朔，二十五日壬辰旁死霸，次日得癸巳，此武王伐纣兴师之日也。二月戊戌朔，二十三日庚申既死霸，越五日至二十七日得甲子，是咸刘商王纣之日也。三月丁卯朔，四月丁酉朔，十日丙午既旁生霸，十四日得庚戌，是武王燎于周庙之日也。于是武成诸日月，不待改月置闰而可通。此"旁生霸"为十日，"既死霸"为二十三日，"既旁死霸"为二十五日之证也。或曰：如子说，则戊午为二月二十一日，一月无戊午；而太誓序言"一月戊午，师渡盟津”，然则书序非欤？曰：史迁、刘歆之失，正由牵合武成与太誓序之故。太誓序言戊午在一月，于是不得不以武成之“二月既死霸”为二月朔。二月朔为庚申，则四月无庚戌。于是或改月或置闰以通之。然史迁于太誓，本有二说：周本纪以为武王十一年伐纣时作，齐太公世家以为九年观兵时作。今以前说就武成本文考之，一一符合。不当以系年不定之序乱经，是可决矣。又曶鼎纪事凡三节。弟一节云“惟王元年六月既望乙亥”，下纪王命曶司卜事，曶因作牛鼎之事。次、三两节皆书约剂。次节云“惟王四月既生霸，辰在丁酉”，则记小子𦐇讼事。三节则追纪匡人寇曶禾后偿曶之事。弟三节之首明纪“昔馑岁”，则首、次两节必为一岁中事。今以六月既望乙亥推之，假令既望为十七日，则是月己未朔，五月己丑朔，四月庚申朔，无丁酉，中间当有闰月。此器乃宗周中叶物。周置闰不在岁终，由召诰、洛诰三月十二日为乙卯，十二月有戊辰知之。若武成在武王伐商时，固不得改闰法也。则四月当为庚寅朔，八日得丁酉。此“既生霸”为八日之证也。要之，古书残阙，古器之兼载数干支而又冠以“生霸”、“死霸”诸名者，又仅有曶鼎一器。然据是器，已足破“既生霸”为望、“既死霸”为朔之说。“既生霸”非望，自当在朔、望之间；“既死霸”非朔，自当在望后、朔前。此皆不待证明者。而由是以考古书、古器之存者，又无乎不合。故特著之，后之学者可无惑于刘、孟之瞽说矣。

校勘记

[一]“盖首”，赵万里海宁王静安先生遗书本（后均简称遗书本）无。

[二]“四日”，王国维自批校改作“五日”。据姚名编观堂集林批校表，刊於国学月报第二卷第八、九、十号合刊（王静安先生专号，民国十六年）。以下各卷校勘记所引王氏自批校均出於此，不另注明。

殷周礼制杂编

明堂庙寝通考及后九篇①

明堂庙寝通考

宫室恶乎始乎？易传曰："上古穴居而野处，后世圣人易之以宫室。"穴居者，穿土而居其中；野处则复土于地而居之。诗所谓"陶复陶穴"者是也。说文："窨，地室也。"当是之时，唯有室而已，而堂与房无有也。初为宫室时亦然。故室者，宫室之始也。后世弥文，而扩其外而为堂，扩其旁而为房，或更扩堂之左右而为箱、为夹、为个。

---

① 选自王国维《观堂集林》（卷第三·艺林三），此标题为编者拟。

三者异名同实。然堂后及左右房间之正室，必名之曰"室"，此名之不可易者也。故通言之，则宫谓之"室"，室谓之"宫"；析言之，则所谓"室"者，必指堂后之正室。而堂也，房也，箱也，均不得蒙此名也。说文："室，实也。"以堂非人所常处，而室则无不实也。昼居于是，玉藻："君子之居恒当户。"户，谓室户也。夜息于是，宾客于是。曲礼："将入户，视必下。"又："户外有二屦，言闻则入。"皆谓室户。其在庶人之祭于寝者，则诏祝于是，筵尸于是。其用如斯其重也。后庭、前堂，左右有房；有户、牖以达于堂，有侧户以达于房，有向以启于庭。东北隅谓之"宦"，东南隅谓之"窔"，西南隅谓之"奥"，西北隅谓之"屋漏"。其名如斯其备也。故室者，又宫室之主也。明乎室为宫室之始及宫室之主，而古宫室之制，始可得而言焉。

　　我国家族之制，古矣。一家之中有父子，有兄弟，而父子、兄弟又各有其匹偶焉。即就一男子言，而其贵者有一妻焉，有若干妾焉。一家之人，断非一室所能容，而堂与房，又非可居之地也。故穴居野处时，其情状余不敢知。其既为宫室也，必使一家之人所居之室相距至近，而后情足以相亲焉，功足以相助焉。然欲诸室相接，非四阿之屋不可。四阿者，四栋也。为四栋之屋，使其堂各向东西南北，于外则四堂。后之四室，亦自向东西南北而凑于中庭矣。此置室最近之法，最利于用，而亦足以为观美。明堂、辟雍、宗庙、大小寝之制，皆不外由此而扩大之、缘饰之者也。

　　古制中之聚讼不决者，未有如明堂之甚者也。考工记言"五室"、言"堂"，而不言堂之数。吕氏春秋十二纪、小戴记月令均言一太室、四堂、八个。尚书大传略同。唯改四大庙为正室。大戴记（盛德）〔明堂〕篇[一]则言"九室"。此三者之说，已不相合。今试由上章所言考之，则吕氏春秋之四堂、一太室，实为古制。考工记中"世室"、"五室"、"四旁"、"两夹"、"四阿"、"重屋"等语，均与古宫室之制度合。唯"五室,凡室二筵"之文,则显与自说相抵牾。至大戴"九室"之说,实为秦制。隋书宇文恺传引礼图,并见聂崇义三礼图。恐秦时据考工记"五室"、吕览"四堂"之文,昧古代堂与室之分,而以"室"之名概之,尚书大传以四堂为四正室。是秦汉间人不知堂与室之分之证也。并四与五则为九矣。说明堂、月令者,又云明堂"九室、十二堂",见玉藻、明堂位疏引郑玄驳五经异义,后人误羼入大戴记(盛德)〔明堂〕篇[二]中。则又恐据古之四堂八个、秦之九室而兼数之。所谓歧路之中又有歧者也。自汉以后,或主五室说,或主九室说。主五室者,多主一堂之说,而其位置此五室也各不同:或置诸堂之中央及四正,艺文类聚礼部引古三礼图说。或置诸中央及四隅,郑玄考工记注并玉藻、明堂位疏引郑驳五经异义。或置诸堂、个之后。汪中明堂通释。孔广林明堂亿说与汪略同。[三]其主四隅说者,或谓四室接太室之四角为之,聂崇义三礼图如此,戴震考工记图、张惠言仪礼图从之,而又参以月令之"四堂"、"八个"。或谓四室不与太室相属,而远在堂之四隅。汪中明堂通释所图郑说如此。即同主一说者,其殊固已如此矣。其主九室说者,则或接太室之四角为四室,又接四室之四角为四室;聂氏三礼图谓为秦制,任启运朝庙宫室考从之。或三三相重,房间通街。后魏李冲所造如此。见隋书牛弘及宇文恺传。又主调停说者,则有若贾思伯于太室四角为四室,以一室充二个之用,以当考工记之五室,月令之四堂、八个者矣。魏书贾思伯传。有若焦循于太室之角接以四室,而又两分四室为句股形者八,以充五室及四堂、八个者矣。群经宫室图。有若唐仲友于一堂中画东、西、南、北以为四堂、八个,而置五室于四堂之间者矣。帝王经世图谱。有若阮元以考工记虽言一堂而实有四堂,故为广九筵、修七筵之堂四于外,而于其中央方九筵之地置方二筵之室五,则又合唐氏之说以考工记之度矣。揅经室续集卷一。然太室二筵,褊陋已甚,四隅、四室取义云何?魏李谧、隋牛弘之所诤者不可夺也。又据阮氏之说，则中央之地，修广九筵。今五室所占，纵横仅得六筵，则所余三筵之地如何？于是有若陈澧以三筵之地当五室之壁之厚，而谓壁厚半筵者矣。此外，如白虎通、蔡邕明堂论、牛弘明堂议、李觏明堂定制图等，但务剿说而不能以图明之者，其数尚多。盖斯涂之荆棘久矣。自余说言之，则明堂之制，本有四屋；四堂相背于外，其左右各有个，故亦可谓之十二堂。堂后四室相对于内，中央有太室，是为五室。太室之上，为圆屋以覆之，而出于四屋之上，是为重屋。其中除太室为明堂、宗庙特制外，余皆与寻常宫室无异。其五室、四堂、四旁、两夹、四阿、重屋，皆出于其制度之自然。不然，则虽使巧匠为之，或烦碎而失宜，或宏侈而无当，而其堂与室终不免穷于位置矣。

明堂之制，外有四堂，东、西、南、北，两两相背，每堂又各有左右二个。其名则月令诸书谓之青阳太庙、青阳左个、青阳右个，明堂太庙、明堂左个、明堂右个，总章太庙、总章左个、总章右个，玄堂太庙、玄堂左个、玄堂右个。此四堂之名，除"明堂"外，"青阳"之名仅见于尔雅，"总章"之名一见于尸子，而"玄堂"则无闻焉。其名或出后人之缘饰，然其制则古矣。盖此四堂、八个，实与听朔、布政之事相关。听朔之为古制，亦可由文字上旁证之。于文，"王"居"门"中为"闰"。周礼春官大史："闰月诏王居门终月。"玉藻："闰月则阖门左扉，立于其中。"先郑注周礼云："月令十二月，分在青阳、明堂、总章、玄堂左右之位，惟闰月无所居，居于门。故于文，'王'在'门'谓之'闰'。"说文亦云："告朔之礼，天子居宗庙。闰月，居门中。闰，从王在门中。"周礼、玉藻之说，虽有可存疑之处，然文字之证据不可诬也。要之，明堂为古宫室之通制，未必为听朔、布政而设，而其四堂、八个，适符十二月之数。先王因之而月异其居，以听朔、布政焉。此自然之势也。然则古者听朔之事，可以"闰"字证之，而四堂、八个之制，又可由听朔证之。月令之说，固非全无依据矣。且考工记之记明堂，世所视为与月令绝异者也。记但言堂之修广而不言堂数，故自汉以来多以一堂解之。然其所言"世室"、"五室"、"四旁"、"两夹"、"四阿"、"重屋"，无不可见四堂之制。古者，室在堂后，有室斯有堂。又一堂止有一室，故房有东、西也，夹有东、西也，个有左、右也，而从不闻有二室。今既有五室，则除中央太室外，他室之前必有一堂。有四室，斯有四堂矣。"四旁两夹"亦然。古"夹"、"个"两字，音义皆同。书顾命及考工记之"夹"，即月令之"个"也。考工记此句，自汉以来皆读"四旁两夹窗"为句，孔广森礼学卮言始读"四旁两夹"为句，而以"窗"字属下，读"窗白盛"为句。证以大戴礼之"赤，缀户也；白，缀牖也"，其读确不可易。每堂各有两夹，而四堂分居四旁，此所谓"四旁两夹"也。若"四阿"之释，则或以为四注屋，郑氏考工记"四阿重屋"注。或以"阿"为屋翼，唐仲友帝王经世图谱。或以"阿"为楣。程瑶田释宫小记。然郑氏于考工记匠人"王宫门阿之制五雉"注及士昏礼"当阿"注皆云："阿，栋也。"盖屋当栋处最高，计屋之高，必自其最高处计之。"门阿之制五雉"，谓自屋之最高处至地凡五雉，自不能以屋翼及楣当之矣。郑以明堂止有一堂，一堂不能有四栋，故于"四阿"下解为"四注屋"。然此"四阿"与"王宫门阿"同在匠人一职，不容前后异义，自当从郑君后说。既有四栋，则为四堂无疑。故考工记所言明堂之制为四堂而非一堂，自其本文证之而有余。明堂合四堂而为一，故又有"合宫"之称。尸子曰："黄帝合宫，（殷人）〔有虞氏〕[四]总章，殷人阳馆，周人明堂。"益知四堂之说不可易也。

　　四堂之后，各有一室。古者宫室之制，堂后有室，室与堂同在一屋中。未有舍此不数而别求之于他处者也。则明堂五室中，除太室外，他四室必为四堂后之正室。乃主一堂说者，以为在堂上之四正，或以为在其四隅。其主四堂说者，则以在中庭之四隅。其说诡僻，不合于古宫室之制。且古之宫室，未有有堂而无室者。有之，则惟习射之榭为然。明堂非习射之所，故其五室中之四，必为堂后之正室，与太室而五焉。四堂、四室，制度宜然。不是之求，而以堂上、庭中之四正、四隅当之，可谓舍康庄而行蹊径者矣。

四堂、四室，两两对峙，则其中有广庭焉。庭之形正方，其广袤实与一堂之广相等。左氏传所谓"埋璧于太室之庭"，史记封禅书载申公之言曰："黄帝接万灵明庭。"盖均谓此庭也。此庭之上，有圆屋以覆之，故谓之"太室"。太室者，以居四室之中，又比四室绝大，故得此名。太者，大也。其在月令则谓之"太庙太室"。此"太庙"者，非中央别有一庙，即青阳、明堂、总章、玄堂之四太庙也。太庙之"太"，对左、右个而言。太室之"太"，对四室而言。又谓之"世室"。世，亦大也。古者"太"、"大"同字，"世"、"太"为通用字。故春秋经之"世子"，传作"太子"。论语之"世叔"，左氏传作"太叔"。又如伯父之称"世父"，皆以"大"为义。故书洛诰、礼月令、春秋左氏、谷梁传之"太室"，考工记、明堂位、公羊传并称"世室"。又太室居四堂、四室之中，故他物之在中央者或用以为名。嵩高在五岳之中，故古谓之"太室"，即以明堂"太室"之名名之也。然则"太室"者，以居中央及绝大为名。即此一语之中，而明堂之制已略具矣。

明堂之制既为古代宫室之通制，故宗庙之宫室亦如之。古宗庙之有太室，即足证其制与明堂无异。殷商卜文中两见"太室"，殷虚书契卷一第三十六页，又卷二第三十六页。此殷宗庙中之太室也。周则各庙皆有之。书洛诰："王入太室，裸。"王肃曰："太室，清庙中央之室。"此东都文王庙之太室也。明堂位又言"文世室"、"武世室"。吴彝盖云："王在周成太室。"君夫敦盖云："王在周康宫太室。"冟攸从鼎云:"王在周康宫辟太室。"智鼎云:"王在周穆王太囗。"**此字摩灭,疑是"室"字。**伊敦云:"王格穆太室"。则成王、康王、穆王诸庙皆有太室,不独文、武庙矣。至太室四面各有一庙,亦得于古金文字中证之。克钟云:"王在周康剌宫。""**剌宫"即"烈宫",古金文皆假"剌"为"烈"。**颂鼎颂敦、颂壶、颂盘文同。云:"王在周康卲宫。"**"卲"字从召、从卩。"卩"即古"人"字。**说文作"佋",经、传通用"昭"字。寰盘云:"王在周康穆宫。"望敦云:"王在周康宫新宫。"同在宗周之中,又同为康王之庙,而有昭、穆、烈、新四宫。则虽欲不视为一庙中之四堂,不可得也。康宫如此,他亦宜然。此由太室之制度言之,固当如是。若从先儒所说古宗庙之制,则更无太室之可言矣。

明堂之制,太室之外,四堂各有一室,故为五室。宗庙之制亦然。古者寝、庙之分,盖不甚严。庙之四宫后,王亦寝处焉,则其有室也必矣。请举其证。望敦云:"唯王十有三年六月初吉戊戌,王在周康宫新宫。旦,王格太室。"寰盘云:"唯廿有八年五月既望庚寅,王在周康穆宫。旦,王格太室。"颂鼎云:"唯三年五月既死霸甲戌,王在周康卲宫。旦,王格太室。"此三器之文皆云"旦,王格太室",则上所云"王在某宫"者,必谓未旦以前王所寝处之地也。且此事不独见于古金文,虽经、传亦多言之。左传昭二十二年:"单子逆悼王于庄宫以归,王子还夜取王以如庄宫。"二十三年:"王子朝入于王城","郭罗纳诸庄宫"。案:庄宫,庄王之庙。而传文曰"逆",曰"如",曰"纳",皆示居处之意。礼运:"天子适诸侯,必舍其祖庙。"周语:"襄王使太宰文公及内史兴赐晋文公命。上卿逆于境,晋侯郊劳,馆诸宗庙。"聘礼"记":"卿馆于大夫,大夫馆于士,士馆于工商。"郑注:"馆者必于庙。不于敌者之庙,为太尊也。"以此观之,祖庙可以舍国宾,亦可以自处矣。既为居息之地,自不能无室。又所居不恒在一宫，故每宫皆当有之。四宫四室，并太室为五，与明堂同。而明堂五室，其四当分属于四堂，又可于此得其确证矣。

庙中太室之为四宫中之广廷，又可由古代册命之礼证之。古天子、诸侯之命群臣也，必于庙中。周礼春官司几筵："凡封国、命诸侯，王位设黼依，依前南乡设莞筵，左右玉几。"又大宗伯："王命诸侯，则（摈）〔傧〕[五]。"郑注："王将出命，假祖庙，立依前，南乡。傧者进，当命者延之，命使登。内史由王右以策命之。降，再拜稽首，登，受策以出。"祭统："祭之日，一献。君降，立于阼阶之南，南乡。所命北面。史由君右执策命之。"前者为天子命诸侯之礼，后者为诸侯命诸臣之礼。然古金文所纪册命之礼，颇与此殊。颂鼎云："唯二年五月既死霸甲戌，王在周康卲宫。旦，王格太室，即位。宰弘右颂入门，立中廷。尹氏受王命书。王呼史虢生册命颂。中略。颂拜稽首，受命册，佩以出。反入觐章。"寰盘："唯廿有八年五月既望庚寅，王在周康穆宫。旦，王格太室，即位。宰𩁦右寰入门，立中廷，北乡。史𣸩受王命书，王呼史减册锡寰。"他器文类此者颇多。凡上言"王格太室"者，下均言所命者"立中廷，北乡"。就所谓中廷之地，颇有寻绎者焉。案：礼经中言"庭"，皆谓自堂下至门之庭。其言"中庭"者，则谓此庭南北之中。然则上诸器文系"中廷"于入门后，自当为门内之廷。又云"止中廷，北乡"，则又当为南乡屋之廷也。然有大不可解者。如上诸器所言，臣"立中廷，北乡"，而王即位于太室，则王必于太室之北设黼依、几筵而立焉。假使依考工所记，堂修七筵、广九筵，而正方形之太室，其修当如堂九筵之广，则王位与中廷间有太室之修九筵、堂修七筵，又加以庭修之半，前人谓庭修当堂修之三倍。则王与所命者之间相距在二十六筵以上。即二百二十二尺。即令堂室之修大减于考工所记，亦必在十筵以上。况以室之南北墉与庭北之碑三重隔之，面不得相觌，语不得相闻，决非天子命臣之意也。余谓此"中廷"当谓太室之廷，但器文于所命者入门后略去升堂、入室诸节耳。盖太室之地，在寻常宫室中本为广廷。太室虽上有重屋，然太室屋与四宫屋之间，四旁通明，汉时犹谓之"通天屋"，**隋书牛宏传引蔡邕明堂论**。故可谓之"廷"。而此廷南北之中，亦谓之"中廷"。此中廷，与礼经所谓"中庭"指前廷南北之中者绝异。太室之修九筵，则所命者立于中廷，距王位不过四筵。故史得受命书于王，所命者得佩命册以出，而册命之礼乃得行焉。且古人于太室本有"廷"称。**左传楚共王**"与巴姬密埋璧于太室之廷"，亦指此地。否则，太室居四屋之中，何缘有廷？若指四屋之前廷，则不得系之太室。所谓"太室之廷"，犹班固言承明、金马著作之"廷"云尔。故余断言诸器中之"中廷"，即太室南北之中也。凡此册命之礼，皆与古宫室之制相关，故不得不详辨之也。然则宗庙之制，有太室，有四宫，而每宫又各有一室。四宫五室，与明堂之制无异。且明堂五室之四分属四堂，亦于宗庙中始得其最确之证明。而明堂为古宫室之通制，亦至是而益明矣。

明堂之制，既为古宫室之通制，故宗庙同之。然则路寝如何？郑（弘）〔玄〕[六]于毛诗笺、考工记及玉藻注，均谓"明堂、宗庙、路寝同制"，而于顾命所纪路寝之制不得其解，遂谓成王崩时在西都，文王迁丰、镐，作灵台、辟雍而已，其余犹诸侯制度焉。盖视顾命所纪路寝之制与明堂异也。以余观之，路寝无太室，自与明堂、宗庙异。至于四屋相对，则为一切宫室之通制。顾命所纪，乃康王即位受册之礼，于路寝正屋行之，自无从纪东、西、北三屋。即就正屋言之，但纪西夹而不纪东夹。然则谓无东夹可乎？因所不纪而遂疑其无，此可谓目论者矣。余意，宁从明堂、宗庙、燕寝之制以推定路寝之制亦有东、西、南、北四屋，似较妥也。

至燕寝之四屋相对，则有可言者焉。古之燕寝，有东宫，有西宫，有南宫，有北宫。其南宫之有室谓之"适室"，**士以下无正寝，即以燕**

寝之南宫为正寝。北宫之室谓之"下室"，东、西宫之室则谓之"侧室"。四宫相背于外，四室相对于内，与明堂、宗庙同制。其所异者，唯无太室耳。何以言之？公羊僖二十年传："西宫灾。西宫者，小寝也。小寝则曷谓之西宫？有西宫，则有东宫矣。鲁子曰：'以有西宫，亦知诸侯之有三宫也。'"何休注："礼，夫人居中宫，少在前；右媵居西宫，左媵居东宫，少在后。"然丧服传言大夫、士、庶人之通制，乃有四宫。传曰："昆弟之义无分，故有东宫，有西宫，有南宫，有北宫，异居而同财。"诸侯三宫，每宫当有相对之四屋。至士、庶人四宫，当即此相对之四屋之名。内则所谓"自命士以上，父子皆异宫"，殆谓是也。士丧礼云："死于适室。"又云："朔月若荐新，则不馈于下室。"丧大记："大夫世妇卒于适寝。内子未命则死于下室，迁尸于寝。"此"适室"、"下室"，两两对举，则适室、下室为南、北相对之室矣。适室、下室苟为南、北相对之室，则侧室当为东、西相对之室。内则"妻将生子，及月辰，居侧室"是也。又云："庶人无侧室者，及月辰，夫出居群室。"群室，当谓门塾之室。则或以东、西宫之室为昆弟所居，或以仅有南乡一屋而已。

然则燕寝南、北、东、西四宫，何以知其非各为一宫，而必为相对之四屋乎？曰：以古宫室之有中溜知之也。"中溜"一语，自来注家皆失其解。释名："室中央曰中溜。古者窬穴，后室之溜，当今之栋下直室之中。"郑注月令亦曰："中〔溜〕[七]，犹中室也。古者复穴，是以名室为溜云。"正义引庾蔚之云："复穴皆开其上取明，故雨溜之，是以后因名室为中溜。"郑又云："祀中溜之礼，主设于牖下。"正义以此为郑引逸中溜礼文。正义申之曰："开牖象溜，故设主于牖下也。"余谓复穴两溜，其理难通；开牖象溜，义尤迂曲。其实中溜者，对东、西、南、北四溜言之，而非四屋相对之宫室，不能兼有东、西、南、北四溜及中溜也。案燕礼："设洗，当东溜。"郑注："当东溜者，人君为殿屋也。"正义云："汉时殿屋，四向注水。故引汉以况周。"乡饮酒礼："磬阶间缩溜，北面鼓之。"此南溜也。凡四注屋有东、西、南、北四溜，两下屋有南、北二溜，而皆不能有中溜。今若四屋相对如明堂之制，则无论其为四注屋或两下屋，凡在东者，皆可谓之"东溜"；在西者，均可谓之"西溜"；南、北放此。若夫南屋之"北溜"，北屋之"南溜"，东屋之"西溜"，西屋之"东溜"，将何以名之哉？虽欲不谓之"中溜"，不可得也。其地在宫室之中，为一家之要地，故曰"家主中溜而国主社"。然则此说于古有征乎？曰：有。檀弓曰："掘中溜而浴，毁灶以缀足，殷道也。学者行之。"案士丧礼：浴时，"甸人掘坎于阶间，少西"，"巾、柶、鬠蚤埋于坎"。周人所掘既在阶间，则殷人所掘之"中溜"，必在室外而不在室内矣。说文广部："廇，中庭也。"按：古文但有"廷"字，后世加"广"作"庭"，义则无异。由说文之例，"庭"字当为"廷"下重文。然说文收"廷"字于（彳）〔廴〕部[八]，"庭"字于广部，而释之曰："廷，中朝也。""庭，宫中也。"则许君之疏也。然"廷"、"庭"二字之释，辞虽微异而义则无殊。段氏说文注乃谓："无屋曰廷，有屋曰庭。"并援郑君"中溜犹中室"之言，乱许君"廇，中庭"之古义。不知许君释"庭"为宫中，正指无屋之处。证之本书："闱，宫中之门也"，"壼，宫中道也"，皆指无屋之处言。若在屋下，则有户无门，又恶得有道乎？故"廷，中朝也"，"庭，宫中也"，其义一也。然则许君所云"廇，中庭也"，亦指中央无屋之处，与上文所言中溜之地位合，固非余之创说矣。故"中庭"者，对东、西、南、北四屋之前庭言之；"中溜"者，对东、西、南、北四溜言之。中庭之四旁，以中溜为之界，故曰"廇，中庭也"。然非发见古宫室之通制，亦无以定中溜之地位。而由中溜之地位，又足以证四屋相对之为古宫室之通制矣。

明　堂　圖

	房 玄堂左个	室 玄堂太廟	房 玄堂右个	
房 總章右个				房 青陽左个
室 總章太廟		太室		室 青陽太廟
房 總章左个				房 青陽右个
	房 明堂右个	室 明堂太廟	房 明堂左个	

宗　廟　圖

太室

（宗廟圖：中央為「太室」，四面各有堂、房、室、左个、右个等）

上（北）：房右个　室　房左个／室　房　堂

下（南）：房右个　室堂　房左个

左（西）：堂左个　房室　堂右个

右（東）：房左个　室　堂左个／房右个　堂右个

大寝圖

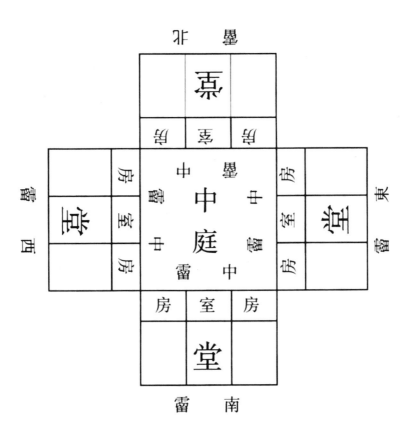

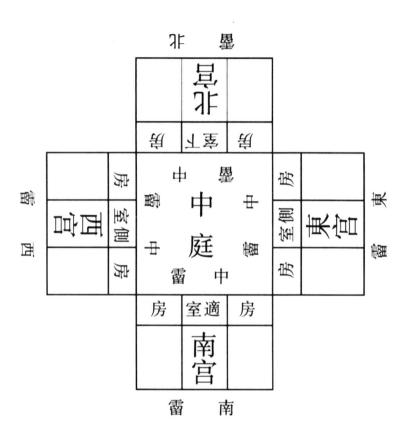

燕 寝 圖

说　斝

　　说文解字：“斝，从叩从斗，冂象形，与爵同意。”罗参事振玉殷虚书契考释云：“案斝从叩，不见与爵同意之状。从冂亦不能象斝形。卜辞‘斝’字作𣂁，上象柱，下象足，似爵而腹加硕，甚得斝状。知许书从冂作者，乃由𣂁而讹。卜辞从𠬞，象手持之。许书所从之‘斗’，殆又由此转讹者也。又古彝文有𣂃字，与此正同，但省𠬞耳。其形亦象二柱、三足、一耳，而无流与尾，与传世古斝形状吻合，可为卜辞𣂁字之证。又古‘散’字作𣂑，与𣂃字形颇相近，故后人误认‘斝’为‘散’。韩诗说诸饮器有散无斝，今传世古酒器有斝无散；大于角者，惟斝而已。诸经中‘散’字，疑皆‘斝’字之讹”云云。余案：参事说是也。潍阳端忠敏方所藏古斯禁上备列诸酒器，其饮器中有爵一、觚一、觯二、角一、斝一，与特牲馈食礼之“实二爵、二觚、四觯、一角、一散”，数虽不同，而器则相若。其证一也。礼言饮器之大者，皆“散”“角”或“斝”“角”连文。礼器：“礼有以小为贵者：宗庙之祭，尊者献以爵，卑者献以散；尊者举觯，卑者举角。”明堂位：“加以璧散、璧角。”而郊特牲则云：“举斝角，诏妥尸。”皆与“角”连文。言“散”则不言“斝”，言“斝”则不言“散”，明二者同物。其证二也。斝为爵之大者，故名曰“斝”。斝者，假也，大也。古人不独以为饮器，又以为灌尊。周礼司尊彝：“秋尝、冬蒸，裸用斝彝、黄彝。”余见日本住友男爵家所藏一斝，其器至大，殆与壶、尊之大者所受略同，盖即古之灌尊。则“斝彝”者，其器即以斝为之。郑君“彝画禾稼”之说，决不然矣。明堂位：“灌尊，夏后氏以鸡夷，殷以斝，周以黄目。”左氏昭十七年传：“若我用瓒斝、玉瓒。”案：“瓒”当作“灌”。“灌斝”即灌尊。斝所以盛鬯，瓒所用以灌也。是古之灌尊，亦以斝为之。而周礼鬯人职则云：“凡疈事用散。"散"既为饮器,又为灌尊,明系"斝"字之讹。其证三也。诗邶风:"赫如渥赭,公言锡爵。"毛传云:"祭有畀辉、胞、翟、阍者,惠下之道,见惠不过一散。"经言"爵",而传言"散"。虽以礼诂诗为毛传通例,然疑经文"爵"字本作"斝",转讹为"散"。后人因"散"字不得其韵,故改为"爵"。实则"散"乃"斝"之讹字。赭、斝为韵,不与上文籥、翟为韵。其证四也。礼有"散爵",乃杂爵之意。燕礼与大射仪,公与诸臣异尊:公尊谓之"膳尊",诸臣之尊谓之"散"。酌于公尊,谓之"酌膳";酌于诸臣之尊,谓之"酌散"。公爵谓之"膳爵",诸臣之爵谓之"散爵"。是"散"者对"膳"言之。祭统"以散爵献士",亦对献卿之"玉爵"、献大夫之"瑶爵"言之。散爵,犹言杂爵也。是"散"本非器名。其证五也。比而书之,知小学上之所得,有证之古制而悉合者,盖如斯也。

说　觥

凡传世古礼器之名,皆宋人所定也。曰钟、曰鼎、曰鬲、曰甗、曰敦、曰簠、曰簋、曰尊、曰壶、曰盉、曰盘、曰匜、曰盦,皆古器自载其名,而宋人因以名之者也;曰爵、曰觚、曰觯、曰角、曰斝,古器铭辞中均无明文,宋人但以大小之差定之,然至今日仍无以易其说。知宋代古器之学,其说虽疏,其识则不可及也。若国朝人所命名,则颇有可议者。如阮文达元所藏器有子燮兕觥,其器今在吴县潘氏,不可得见。据文达所记,则云:"器制似爵而高大,盖作犠首形,有两角。"文达名之曰"兕觥"。又为之说曰:"毛诗卷耳'我姑酌彼兕觥'传云:'角爵也。'毛说盖以'兕觥'为似角之爵。其制无双柱,无流,同于角;有三足,同于爵。诂训甚明,非谓以兕角为之也"云云。案:阮释毛传非是。[九]然由其所说,足知此器无双柱而有三足,又比爵为高大,与宋以来所名为"角"者无一不合。惟盖作牛首形，与他角盖异。余谓此亦角也。其盖作牛首者，亦犹浭阳端氏所藏飞燕角，其盖作燕张两翅形。皆古人随意象物，未足为"兕觥"之明证也。潍县陈氏有妇闿兕觥。未见原器及全形拓本，其制或与阮氏器同。然则传世古器中无"兕觥"乎？曰：有。兕觥之为物，自宋以来冒他器之名，而国朝以后又以他器冒"兕觥"之名。故知真兕觥者寡矣。案：自宋以来，所谓"匜"者有二种：其一，器浅而巨，有足而无盖，其流狭而长；其一，器稍小而深，或有足，惟<u>博古图</u>之文姬匜有之，他器则否。或无足，而皆有盖，其无盖者，乃出土时失之。其流侈而短，盖皆作牛首形。估人谓之"虎头匜"，实则牛首也。博古图十四匜中之启匜、凤匜、三夔匜、父癸匜、文姬匜、遍地雷纹匜、凤夔匜七器，<u>西清古鉴</u>三十匜中之司寇匜、祖匜、伯和匜、女匜、山匜、般匜、利匜、举匜、二牺匜、饕餮匜十一器，及端氏所藏诸女匜、贲弘匜、甫人匜三器，皆属此种。余如<u>积古斋</u>著录之父辛匜、父癸匜盖，<u>筠清馆</u>著录之奉册匜、父辛匜、册父乙匜，<u>攈古录</u>著录之亚匜盖、𩵋匜、文父丁匜、诸女匜，并予所见拓本中之析子孙父乙匜、父戊匜、作父乙匜，虽未见原器，然观其铭文，属乙类无疑。中有二匜盖，尤其证也。余以为此非匜也。何以明之？甲类之匜，其铭皆云"某作宝匜"，或云"作旅匜"，或云"作媵匜"，皆有"匜"字。而乙类三十余器中，绝无"匜"字。惟端氏之甫人匜铭云"甫人父作旅匜，其万人用"。然其铭后刻，乃摹吴县曹氏之甫人匜为之者。曹匜有图，乃甲类，非乙类也。此一证也。匜乃燕器，非以施之鬼神。而乙类之器，其铭多云"作父某宝尊彝"。如父辛匜乃与吴县曹氏、诸城刘氏之父辛尊同文，诸女匜亦与浭阳端氏之诸女方爵同文，皆祭器之证。其为孝享之器，而非沃盥之器可知。此二证也。古者，盥水盛于盘，洗匜惟于沃盥时一用之，无须有盖，而乙类皆有之。此三证也。然则既非匜矣，果何物乎？曰：所谓"兕觥"者是已。何以明之？曰：此乙类二十余器中，其有盖者居五分之四。其盖端皆作牛首，绝无他形，非如阮氏"兕觥"仅有一器也。其证一。诗小雅、周颂皆云："兕觥其觩。"毛于"觩"字无训，郑惟云"觩然陈设"而已。案："觩"，说文作"觓"，当与"枓木"今诗作"樛木"。之"枓"音义相同。觓者，曲也。从"丩"得声之字，如"句"、"苟"、"纠"等，皆有"曲"意。今诗作"觩"，又假借作"捄"。以诗证之，则大东云"有捄棘匕"，又云"有捄天毕"，良耜云"有捄其角"，泮水云"角弓其觩"。凡匕与角与弓，其形无不曲者。毕之首有歧，亦作曲形。则兕觥形制亦可知矣。今乙类匜器与盖，皆前昂而后低，当流之处，必高于当柄处若干。此由使饮酒时酒不外溢而设。故器、盖二者均觩然有曲意，与小雅、周颂合。其证二。诗疏引五经异义述毛说并礼图皆云"觥大七升"，是于饮器中为最大。今乙类匜比受五升，韩诗说。若六升说文引或说。之斝尤大，其为觥无疑。斝者，假也；觥者，光也，充也，廓也，皆大之意。其证三。觥有至大者，所容与尊、壶同。诗卷耳"我姑酌彼兕觥"，与上章"我姑酌彼金罍"文例正同。金罍为尊，则兕觥亦尊也。七月"称彼兕觥"则为饮器。盖觥兼盛酒与饮酒二用，与斝同也。立此六证，乙类匜之为兕觥甚明。然此说虽定于余，亦自宋人发之。宋无名氏续考古图有"兕觥"二，其器皆属匜之乙类。此书伪器错出，定名亦多误，独名乙类匜为"兕觥"，乃至当不可易。今特为疏通证明之。然则古礼器之名，虽谓之全定自宋人，无不可也。

说　盂

　　盂见于宋人书中为最早。欧阳公集古录已著录一器。其铭曰："伯玉毂子作宝盂。"然古未尝知有是器，亦未尝有是名也。说文："盂，调味也。"不云器名。自宋以后知其为器名，然皆依傍许氏之说，以为调味之器也。余观湨阳端氏所藏殷时斯禁上列诸酒器，有尊二、卣二，皆盛酒之器，古之所谓"尊"也。有爵一、觚一、觯二、角一、斝一，皆饮酒之器，古之所谓"爵"也。有勺二，则自尊挹酒于爵者也。诸酒器外，惟有一盉，不杂他器。使盉为调味之器，则宜与鼎、鬲同列。今厕于酒器中，是何说也？余谓盉者，盖和水于酒之器，所以节酒之厚薄者也。古之设尊也，必有玄酒，故用两壶。其无玄酒而但用酒若醴者，谓之"侧尊"，乃礼之简且古者。惟冠礼父之醴子，昏礼赞之醴妇酳媵，及聘礼礼宾等用之。其余嘉礼、宾礼、吉礼，其尊也，无不有玄酒。此玄酒者，岂真虚设而但贵其质乎哉？盖古者，宾主献酢无不卒爵，又爵之大者，恒至数升。其必饮者，礼也；其能饮或不能饮者，量也。先王不欲礼之不成，又不欲人以成礼为苦，故为之玄酒以节之。其用玄酒奈何？曰：和之于酒而已矣。昏礼记"妇入寝门，赞者彻尊幂，酌玄酒，三属于尊"，此和之于尊者也。周礼春官司尊彝：凡六尊、六彝之酌，"郁齐献酌，醴齐缩酌，盎齐涚酌，凡酒修酌"。郑注："凡酒谓三酒也。'修'读如'涤濯'之'涤'。涤酌，以水和而洗之。今齐人命浩酒曰'涤'。"是修酌用水也。郊特牲云："明水涚齐，贵新也。"是涚酌亦用水也。此皆和之于酌时者也。和水于尊者，挹彼注兹而已。至于酌酒时以水和而洗之，于尊则已巨，于爵则已细。此盉者，盖即用以和水之器。自其形制言之，其有梁或鋬者，所以持而荡涤之也。其有盖及细长之喙者，所以使荡涤时酒不泛溢也。其有喙者，所以注酒于爵。然则盉之为用，在受尊中之酒与玄酒而和之，而注之于爵。故端氏铜禁所列诸酒器中有是物。若以为调味之器，则失之远矣。

说　彝

尊、彝皆礼器之总名也。古人作器，皆云"作宝尊彝"，或云"作宝尊"，或云"作宝彝"。然"尊"有大共名之"尊"，礼器全部。有小共名之"尊"，壶、卣、罍等总称。又有专名之"尊"。盛酒器之侈口者。"彝"则为共名，而非专名。吕与叔考古图虽列"彝"目，其中诸器，有无足方鼎，有甗，有尊，有卣，有博古图以降所谓"彝"。则吕氏亦未尝以"彝"为一专名也。博古图始以似敦而小者为"彝"，谓为古代盛明水及郁鬯之器，即以周礼司尊彝之"六彝"当之。嗣后，金文家及图录家均从其说。曩窃疑诸家所谓"彝"之形制，与尊、壶、卣等绝不类，当为盛黍稷之器，而非盛酒之器，苦不得其证。后见潍县陈氏所藏陈侯彝，铭曰："用作孝武桓公祭器鐘。即'敦'字异文。"浭阳端氏所藏珥彝，陶斋吉金录作"□彝"。其铭曰："珥作厥敦两，其万年用乡宾。"上虞罗氏所藏一彝，其铭曰："白作宝敦。"其器皆世之所谓"彝"，而其铭皆作"敦"。可知凡"彝"皆敦也。第世所谓"彝"以商器为多，而敦则大半周器。盖商敦恒小，周敦恒大，世以其大小不同，加以异名耳。此说亦非余始发之。陈氏簠齐藏器目有"敦"无"彝"。其所藏陈侯彝，著录家名之为"彝"，而陈目作"敦"。吴县潘文勤攀古楼彝器款识中有伯矩彝等四器，然其家拓本流传者，亦有"敦"无"彝"。伯矩彝四器拓本上皆有"敦"字朱记。盖簠斋晚年已确知"彝"之为敦，故毅然去"彝"目，文勤闻其说而从之。然陈、潘皆无说。故特记之，以正博古图以来千载之误耳。

说俎上

传世古器，乐器如钟、磬，煮器如鼎、鬲、甗，脯醢器如豆，黍稷器如敦与簠、簋，酒器如尊、壶、卣、罍、勺、爵、觚、觯、角、斝、盉，洗器如盘、匜，兵器如戈、戟、矛、剑，世皆有之。惟俎用木为之，岁久腐朽，是以形制无传焉。案说文："俎，礼俎也。从半肉在且上。"诗鲁颂："笾豆大房。"毛传云："大房，半体之俎也。"郑笺则云："大房，玉饰俎也。其制：足间有横，下有跗，似乎堂后有房。"少牢馈食礼："肠三胃三，长皆及俎拒。"郑注："'拒'读为'介距'之'距'。俎距，胫中当横节也。"明堂位："俎，有虞氏以梡，夏后氏以嶡，殷以椇，周以房俎。"郑注："梡，断木为四足而已。嶡之言蹙也，谓中足为横距之象，周礼谓之距。椇之言枳椇也，谓曲桡之也。房，谓足下跗也，上下两间，有似于堂房。"总郑君诗、礼三注，则俎之为物，下有四足，足间有木以相距，所谓"横"说文："横，阑木也。"也。横或中足，或在足胫，其足当横以下谓之"跗"，同"柎"。说文："柎，阑足也。"亦谓之"房"。与毛说大异，然有不可通者。周语："禘郊之事，则有全烝；王公立饫，则有房烝；亲戚飨宴，则有肴烝。"韦注："全烝，全其牲体而升之。房，大俎也，谓半解其体升之房也。肴烝，升体解节折之俎也。"则"房烝"者对"全烝"言之，盖升半体之俎，当有两房，半体各置其一，合两房而牲体全，故谓之"房俎"。毛公云："大房，半体之俎。"许君云："俎从半肉在且上。"意正如此也。既有两房，则中必有以隔之者。少牢馈食礼之"俎拒"，即谓此隔之之物。盖肠胃皆升于俎，其长短当以俎之大小为节，不容取俎足以为节也。更[一〇]由文字上证之，则"俎"字篆文作"俎"，象半肉在且旁。而殷虚卜文及貉子卣则作🐚，作🐚。具见两房、一拒、两肉之形。[一一]由是言之，则"有虞氏之梡"，梡者，完也；"殷以椇"，椇者，具也；皆全烝之俎。周用半体之俎，以其似宫室之有左、右房，故谓之"房俎"。若足跗，则不具房形。郑君"堂房"之说，殊为迂远矣。

说俎下

　　方言、广雅皆云："俎，几也。"此盖古训。说文："俎，从半肉在且上。"又"且，荐也。从几，足有二横。一，其下地也。𠀚，古文以为且，又以为几字。"此十一字出小徐本，大徐无。则篆文"俎"从且，且从几，古文又"且"、"几"同字。盖古时，俎、几形制略同，故以一字象之。此说有征乎？曰：有。许书篆文"几"字与古文𠘧字皆作从正面视形。然金文作𚕥、𚕦，或𚕧、二形，皆作从侧面视形。案：殷礼器铭屡有𚕨语，其异文或作𚕩，祖丁卣。或作𚕪，父癸爵。或作𚕫，齐妇鬲。殷虚书契卷七第二页亦有此字。自宋以来，均释为"析子孙"三字。余谓此乃一字，象大人抱子置诸几间之形。子者，尸也。曲礼曰："君子抱孙不抱子。"此言孙可以为王父尸，子不可为父尸。曾子问："孔子曰：'祭成，丧者必有尸，尸必以孙。孙幼，则使人抱之。'"是古之为尸者，其年恒幼，故作大人抱子之形。其上或两旁之非，则周礼所谓"左右玉几"也。周礼司几筵："凡大朝觐、大飨射，凡封国、命诸侯，王位〔设黼依〕[一二]，左右玉几。祀先王、昨席，亦如之。"不言祭祀席。然下言诸侯祭祀席"右雕几"；昨席"左彤几"。则天子祭祀席，左右玉几可知。冢宰职："享先王"，"赞玉几、玉爵"。注："玉几，所以依神。天子左右玉几。"书顾命牖间、西序、东序、西夹神席皆有几，则"左右几"者，天子尸之几也。其但作𚕦者，诸侯以下尸右几也。几在尸左右，故以𚕥、𚕦二形象之。依几之尸，象其正面，则左右之几，不得不象其侧面矣。此𚕥、𚕦二形象几之证也。其又象俎者何？曰：古𚕨字象匕肉于鼎之形。古者，鼎中之肉皆载于俎。又匕载之时，匕在鼎左，俎在鼎右。今"𚕨"字之左从匕，则其右之𚕦象俎明矣。俎作𚕦形者，象其西缩有司彻。也。据礼经，俎或西肆，或西缩，而独象其西缩者，从文字结构之便也。此又古以𚕦并象俎之证也。𚕦字变纵为横，则为丌字。说文："丌，下基也。荐物之丌，象形，读若箕同。"其所以与𚕥、𚕦异形者，荐物之时，加诸其上而已。作丌形而义已见，又文字之结构亦当如是，其与𚕥、𚕦固非有二字、有二义也。说文所载古文𠘧字，亦丌字"丌"亦古文，金文中"其""典"等均从之。之变。自丌行而𚕥、𚕦

废，遂以 ⽚ 为"片"字，⽚ 为"爿"字，义别而音亦大变，遂忘其朔矣。由是言之，则俎、几二物，始象以 ⽚，继象以 Ⅱ，其同形可知。但"俎"或加阑而界为二，"几"乃无之。余则无不同也。秦、汉之俎，与几全同，故直名"几"为"俎"。史记项羽本纪："为高俎，置太公其上。"如淳曰："高俎，几之上。"又名切肉之器为"俎"。项羽本纪："如今人方为刀俎，我为鱼肉。"今传世汉画象所图切肉之器，正作 ⫪ 形。汉之俎、几形制如此，则三代俎、几之形盖可知矣。要之，古文 ⿴ 字与篆文"且"字，象自上观下之形；⽚、⽚ 乃自其侧观之；⫪ 与"几"自其正面观之。合此三形，俎之形制略具矣。

说环玦

尔雅释器："肉倍好谓之璧，好倍肉谓之瑗，肉、好若一谓之环。"环与璧、瑗之异，但以肉之大小别之，意其制度殆与璧同。顾余读春秋左氏传："宣子有环，其一在郑商。"知环非一玉所成。岁在己未，见上虞罗氏所藏古玉一，共三片，每片上侈下敛，合三而成规。片之两边各有一孔，古盖以物系之。余谓此即古之环也。环者，完也，对玦而言。阙其一则为玦。玦者，缺也。古者城缺其南方谓之"缺"。环缺其一，故谓之"玦"矣。以此读左氏，乃得其解。后世日趋简易，环与玦皆以一玉为之，遂失其制。而又知古环之非一玉，于是有连环。庄子天下篇："连环可解也。"齐策："秦始皇遗君王后玉连环，曰：'齐多知，而解此环者不？'君王后引椎椎破之，谢秦使曰：'谨以解矣。'"不知古之环制，如罗氏所藏者，固无不可解也。

说珏朋

　　殷时，玉与贝皆货币也。商书盘庚曰："兹予有乱政同位，具乃贝、玉。"于文，"宝"字从玉、从贝，缶声。殷虚卜辞有⬚字殷虚书契前编卷六第三十一页。及⬚字，同上后编卷下第十八页。皆从宀、从玉、从贝，而阙其声，盖商时玉之用与贝同也。贝、玉之大者，车渠之大以为宗器，圭璧之属以为瑞信，皆不以为货币。其用为货币及服御者，皆小玉、小贝，而有物焉以系之。所系之贝、玉，于玉则谓之"珏"，于贝则谓之"朋"，然二者于古实为一字。"珏"字，殷虚卜辞作丰，后编卷上第二十六页。作半，前编卷六第六十五页。或作半半。后编卷下第二十及第四十三页。金文亦作丰。乙亥敦云："玉十丰。"皆古"珏"字也。说文："玉，象三画之连。丨，其贯也。"丰意正同。其作半、作半半者，Y、川皆象其系，如"束"字上、下从Y、人也。古系贝之法，与系玉同，故谓之"朋"。其字，卜辞作半半，前编卷一第三十页。作⬚，卷五第十页。金文作半半，遽伯寰敦。作拜，窎鼎。作半半，庚黑卣。作拜。且子鼎。又公中彝之"贝五朋"作半，抚叔敦盖之"贝十朋"作拜，戊午爵乃作⬚，甚似"珏"字。而"朋友"之"朋"，卜辞作⬚，前编卷四第三十页。金文或作⬚，杜伯簋。或作⬚。丰姞敦。或从半半，或从"珏"，知"珏"、"朋"本是一字。此可由字形证之者也。更以字音证之。"珏"自来读古岳反。说文亦以"瑴"字为"珏"之重文，是当从瑴声。然窃意"珏"与"瑴"义同音异。古"珏"字当与"瑵"同读。说文："瑵，读与'服'同。"诗与土丧礼作"服"。古文作⬚。古"服"、"菔"同音。"珏"亦同之，故"瑵"字以之为声。古者玉亦以"備"计，即"珏"之假借。齐侯壶云："璧二備。"即"二珏"也。古音"服"、"備"二字皆在之部，"朋"字在蒸部，之、蒸二部阴阳对转，故音变为"朋"。音既屡变，形亦小殊。后世遂以"珏"专属之玉，以"朋"专属之贝，而不知其本一字也。又旧说"二玉为珏，五贝为朋"。**诗小雅菁菁者莪笺**。然以"珏"、"𢆶"诸字形观之，则一珏之玉、一朋之贝，至少当有六枚。余意古制贝、玉皆五枚为一系，合二系为一珏，若一朋。**释器**："玉十谓之区。""区"、"彀"双声，且同在侯部，知"区"即"彀"矣。知"区"之即"彀"，则知"区"之即为"珏"矣。贝制虽不可考，然古文"朋"字确象二系。康成云："五贝为朋。"五贝不能分为二系，盖缘古者五贝一系，二系一朋；后失其传，遂误以为五贝一朋耳。观"珏"、"𢆶"二字，若止一系三枚，不具五者。古者三以上之数，亦以"三"象之，如手指之列五，而字作彐。许君所谓"指之列不过三"也。余目验古贝，其长不过寸许。必如余说，五贝一系，二系一朋，乃成制度。古文字之学足以考证古制者如此。

女字说

曲礼曰："女子许嫁，笄而字。"是古女子有字。然古书所以称女子者，名与？字与？今不可得而知也。**说文解字**女部于"嬿"至"�姒"十三字皆注曰"女字"，其中除"嫛""媊"、"姶"三字外，皆于经典无征。其所说者，古制与，抑汉制与？亦不可得而知也。余读彝器文字，而得周之女字十有六[一三]焉。苏冶妊鼎曰："苏冶妊作（为）〔虢〕[一四]改鱼母剩鼎。""鼎"字原夺，以他器例之，当有此字。"改"者，苏国之姓。"改"，器作"妀"，从己，不从巳。古文己姓之"己"作"妀"，"妃匹"字作"妃"，区别甚严。**郑语**曰："己姓，昆吾、苏、顾、温、董。"旧释为"妃"，非是。"鱼母"，其字也。陈侯鼎曰："陈侯作□妫囧母滕鼎。"[一五]"妫"者，陈姓；"囧母"[一六]，其字也。又王作鬲曰：

"王作姬□母尊鬲。"戏伯鬲曰:"戏白作姬大母尊鬲。"应侯敦曰:"应侯作姬邉母尊敦。"铸公簠曰:"铸公作孟妊车母媵簠。"伯侯父盘曰:"白侯父媵叔□此字从女,亦女姓。羮母盥鍪。"干氏叔子盘曰:"干氏叔子作中姬客母媵盘。"陈子匜曰:"陈子作庴孟妫敄母剰匜。"[一七]凡此九器,皆母氏为其女作器,而称之曰"某母"者也。齐侯匜曰:"齐侯作虢孟姬良母宝匜。"此夫氏为其妇作器,而称之曰"某母"者也[一八]。京姜鬲曰:"京姜庚母作尊鬲。"姬螱母鬲曰:"姬螱母作尊鬲。"姬莽母鬲曰:"姬莽母作尊鬲。"郳妇鬲曰:"郳妇此字从女,亦女姓。□母铸其羞鬲。"南旁敦曰:"娍即诗"美孟弋矣"之"弋",亦女姓。狸母作南旁宝敦。"仲姞匜曰:"中姞义母作旅匜。"此皆女子自作器,或为他人作器,而自称曰"某母"者也。余谓此皆女字。女子之字曰"某母",犹男子之字曰"某父"。案士冠礼"记":男子之字,"曰伯某甫。仲、叔、季,惟其所当。"注云:"甫者,男子之美称。"说文"甫"字注亦云:"男子美称也。"然经典男子之字多作"某父",彝器则皆作"父",无作"甫"者,知"父"为本字也。男子字曰"某父",女子曰"某母",盖男子之美称莫过于"父",女子之美称莫过于"母"。男女既冠笄,有为父母之道,故以"某父"、"某母"字之也。汉人以"某甫"之"甫"为且字,颜氏家训并讥北人读"某父"之"父"与"父母"之"父"无别,胥失之矣。

校勘记

[一] 底本及遗书本俱作"盛德",据文渊阁四库全书本大戴礼记改为"明堂"。

[二] 底本及遗书本同,今据四库全书本大戴礼记改。

[三] 遗书本作"汪中明堂通释与孔广森明堂臆说略同"。

[四] 底本及遗书本俱作"殷人",据中华书局一九九一年版汪继培辑尸子卷下改。

[五] 底本及遗书本俱作"摈"，据十三经注疏本周礼注疏改作"傧"。

[六] "郑弘"，王国维后自作正误，作"郑玄"，遗书本从之。

[七] "中"，王国维后自增"溜"字，遗书本同。

[八] "彳"，据说文及遗书本作"又"。

[九] 王国维于此段文字上自加眉批，遗书本将其补入后文"未足为兕觥之明证也"下小字注中，在"潍县陈氏"之前，并于文末加一"又"字，如下：擘经室四集七赋得周兕觥诗注云："觥高七寸，下器皆如爵，上有盖，盖作牺首。"其诗云："兕觥高似爵，有盖制特强。盖流作牺首，斛然额角长。盖叶亦如叶，相合诚相当。左右各有缺，双柱居其旁。"则又有流有柱，与积古斋款识跋中所记互异。去岁见贝子溥伦延鸿阁所藏父丙角，盖亦作牺首形，有流无柱。端氏飞燕角则并无流。不知阮氏器究何如也。

[一〇] "少牢馈食礼"以下至"由文字"以上，王国维自批校改为（遗书本同）：案公食大夫礼："肠、胃、肤皆横诸俎，垂之。"既垂于俎外，则郑注"俎足"之说是也。

[一一] "两房、一拒、两肉之形"，王国维后自删"一拒"二字，并于"之形"以下增下列文字：而其中之横画，即所以隔之之物也。遗书本同。

[一二] "设黼依"，据周礼注疏及遗书本补。周礼注疏其间尚有"依前南乡，设莞筵纷纯，加缫席画纯，加次席黼纯"等文字。

[一三] "六"，王国维自批校改为"七"，遗书本同。

[一四] "作虢"，底本原作"作为"，据王国维自批校及遗书本改。

[一五] "鼎"字以下，王国维自增补下列文字：陈侯匜曰："敳子作孟妫教母媵匜。"遗书本同。

[一六] "囵母"下，王国维自增补"教母"二字，遗书本同。

[一七] "陈子匜"至"凡此九器"以上十四字，遗书本无。

[一八] "者也"以下，王国维后自增入下列文字：辛仲姬鼎曰："辛中姬皇母作尊鼎。"遗书本同。

释　史^①

　　说文解字："史，记事者也。从又持中。中，正也。"其字，古文、篆文并作𠁾，从中。秦泰山刻石"御史大夫"之"史"，说文大、小徐二本皆如此作。案：古文"中正"之字作𠁾、𠁾、𠁾、𠁾、𠁾、𠁾诸形，"伯仲"之"仲"作中，无作中者。唯篆文始作中。且"中正"，无形之物德，非可手持。然则"史"所从之"中"，果何物乎？吴氏大澂曰："史象手执简形。"然中与简形殊不类。江氏永周礼疑义举要云："凡官府簿书谓之'中'。故诸官言'治中'、'受中'，小司寇'断庶民狱讼之中'，皆谓簿书，犹今之案卷也。此'中'字之本义。故掌文书

————————
　　① 选自王国维《观堂集林》（卷第六·艺林六）。

者，谓之‘史’。其字从又、从中。‘又’者，右手，以手持簿书也。‘吏’字、‘事’字皆有‘中’字。天有‘司中星’，后世有‘治中’之官，皆取此义。”江氏以“中”为簿书，较吴氏以“中”为简者得之。简为一简，簿书则需众简。顾簿书何以云“中”，亦不能得其说。案：周礼大史职："凡射事，饰中，舍算。"大射仪：司射"命释获者设中"，"大史释获。小臣师执中，先首，坐设之；东面，退。大史实八算于中，横委其余于中西"。又："释获者坐取中之八算，改实八算，兴，执而俟。乃射。若中，则释获者每一个释一算，上射于右，下射于左。若有余算，则反委之。又取中之八算，改实八算于中。兴，执而俟"云云。此即大史职所云"饰中，舍算"之事。是"中"者，盛算之器也。中之制度，乡射"记"云："鹿中：髹，前足跪，凿背容八算。释获者奉之，先首。"又云："君，国中射，则皮树中；于郊，则闾中；于竟，则虎中。大夫，兕中；士，鹿中。"是周时中制皆作兽形，有首有足，凿背容八算，亦与中字形不类。余疑中作兽形者，乃周末弥文之制。其初当如中形，而于中之上横凿孔以立算，达于下横；其中央一直，乃所以持之，且可建之于他器者也。考古者简与算为一物。古之简策，最长者二尺四寸，其次二分取一为一尺二寸，其次三分取一为八寸，其次四分取一为六寸。详见余简牍检署考。算之制，亦有一尺二寸与六寸二种。射时所释之算长尺二寸，投壶算长尺有二寸。乡射"记"："箭算八十。长尺有握，握素。"注："箭，篠也。算，筭也。握，本所持处也。素，谓刊之也。刊本一肤。"贾疏："云‘长尺’，复云‘有握’，则‘握’在一尺之外。则此算尺四寸矣。云‘刊本一肤’者，公羊传僖三十一年：‘肤寸而合。’何休云：‘侧手为肤’。又投壶：‘室中五扶。’注云：‘铺四指曰扶。案：文选应休琏与从弟君苗君胄书注引尚书大传曰："扶寸而合，不崇朝而雨天下。"郑玄曰："四指为扶。"是"扶"、"肤"一字。一指案寸。’皆谓布四指，一指一寸，四指则四寸。引之者证‘握’、‘肤’为一，谓刊四寸也。"所纪筹之长短，与投壶不同。疑乡射"记"以周八寸尺言，故为尺四寸；投壶以周十寸尺言，故为尺有二寸。犹盐铁论言"二尺四寸之律"，而史记酷吏传言"三尺法"，汉书朱博传言"三尺律令"，皆由于八寸尺与十寸尺之不同，其实一也。计历数之算，则长六寸。汉书律历志："筹法用竹，径一分，长六寸。"说文解字："筹，长六寸，计历数者。"尺二寸与六寸，皆与简策同制。故古"筹"、"策"二字，往往互用。既夕礼："主人之史请读赗，执筹，从柩东。"注："古文'筹'皆作'策'。"老子："善计者不用筹策。"意谓不用筹筹也。史记五帝本纪："迎日推策。"集解引晋灼曰："策，数也。迎，数之也。"案："策"无"数"义，惟说文解字云："算，数也。"则晋灼时本当作"迎日推筹"，又假"筹"为"算"也。汉荡阴令张迁碑："八月，策民。"案：后汉书皇后纪："汉法，常以八月算人。"是"八月策民"即"八月算民"，亦以"策"为"算"。是古筹、策同物之证也。射时舍筹，既为史事，而他事用筹者，亦史之所掌。周礼冯相氏、保章氏皆大史属官。月令："乃命大史守典奉法，司天、日、月、星辰之行。"是计历数者，史之事也。又古者筮多用策以代蓍。易系辞传言"乾之策，坤之策"，士冠礼："筮人执策。"又周秦诸书多言"龟策"，罕言"蓍龟"，"策"、"筹"实一字。而古者卜筮亦史掌之。少牢馈食礼："筮者为史。"左氏传亦有"筮史"。是筮亦史事。筹与简策本是一物，又皆为史之所执，则盛筹之中，盖亦用以盛简。简之多者，自当编之为篇。若数在十简左右者，盛之于中，其用较便。逸周书尝麦解："宰乃承王中，升自客阶，作策，执策，从中。宰坐，尊中于大正之前。"是中、策二物相将，其为盛策之器无疑。故当时簿书亦谓之"中"。周礼天府："凡官府、乡、州及都鄙之治中，受而藏之。"小司寇："以三刺断庶民狱讼之中。"又："登中于天府。"乡士、遂士、方士："狱讼成，士师受中。"楚语："左执鬼中。"盖均谓此物也。然则"史"字"从又持中"，义为持书之人，与"尹"之从又持丨象笔形。者同意矣。

然则，谓中为盛策之器，"史"之义不取诸持筭而取诸持策，亦有说乎？曰：有。持筭为史事者，正由持策为史事故也。古者，书、策皆史掌之。书金縢："史乃册祝。"洛诰："王命作册逸祝册。"又："作册逸诰。"顾命："大史秉书，由宾阶隮，御王册命。"周礼大史："掌建邦之六典，掌法，掌则。凡邦国都鄙及万民之有约剂者，藏之，以贰六官，六官之所登。大祭祀，戒及宿之日，与群执事读礼书而协事。祭之日，执书以次位常。大会同、朝觐，以书协礼事。及将币之日，执书以诏王。大师，抱天时，与大师同车。大迁国，抱法以前。大丧，执法以莅劝防。遣之日，读诔。"小史："掌邦国之志，奠系世，辨昭穆。若有事，则诏王之忌讳。大祭，读礼法，史以书辨[一]昭穆之俎簋。卿大夫之丧，赐谥，读诔。"内史："掌王之八枋之法，以诏王治。执国法及国令之贰，以考政事，以逆会计。凡命诸侯及（公）〔孤〕卿大夫，则册命[二]之。凡四方之事书，内史读之。王制禄，则赞为之，以方出之。内史掌书王命，遂贰之。"外史："掌书外令，掌四方之志，掌三皇五帝之书，掌达书名于四方。若以书使于四方，则书其令。"御史："掌赞书。"女史："掌书内令。"聘礼："夕币，史读书展币。"又："誓于其竟，史读书。"觐礼："诸公奉箧服，加命书于其上，升自西阶，东面。大史是右，侯氏升，西面立。大史述命。"注："读王命书也。"既夕礼："主人之史请读赗。"又："公史自西方东面，读遣卒命。"曲礼："史载笔。"王制："大史典礼，执简记，奉讳恶。"玉藻："动则左史书之，言则右史书之。"祭统："史由君右执策命之。"毛诗静女传："古者，后、夫人必有女史彤管之法。史不记过，其罪杀之。"又周六官之属，掌文书者，亦皆谓之史。则史之职，专以藏书、读书、作书为事。其字所从之"中"，自当为盛策之器。此得由其职掌证之者也。

史为掌书之官，自古为要职。殷商以前，其官之尊卑虽不可知，然大小官名及职事之名多由史出，则史之位尊地要可知矣。说文解字：
"事，职也。从史，屮省声。"又："吏，治人者也。从一、从史，史亦
声。"然殷人卜辞皆以"史"为"事"，是尚无"事"字。周初之器，如
毛公鼎、番生敦二器；"卿事"作"事"，"大史"作"史"，始别为二
字。然毛公鼎之"事"作𤔲，小子师敦之"卿事"作𤔲，师𡩵敦之"啬
事"作𤔲，从屮，上有斿，又持之，亦"史"之繁文。或省作𤔲，皆所
以微与"史"之本字相别。其实犹是一字也。古之官名，多由史出。殷
周间王室执政之官，经传作"卿士"，书牧誓："是以为大夫卿士。"洪
范："谋及卿士。"又："卿士惟月。"顾命："卿士、邦君。"诗商颂：
"降予卿士。"是殷周间已有"卿士"之称。而毛公鼎、小子师敦、番生
敦作"卿事"，殷虚卜辞作"卿史"，殷虚书契前编卷二第二十三页，又
卷四第二十一页。是卿士本名"史"也。又：天子、诸侯之执政通称
"御事"，书牧誓："我友邦冢君、御事。"大诰："大诰猷尔多邦越尔御
事。"又："肆余告我友邦君越尹氏、庶士、御事。"酒诰："厥诰毖庶邦
庶士越少正、御事。"又："我西土棐徂邦君、御事、小子。"梓材："王
其效邦君越御事。"召诰："诰告庶殷越自乃御事。"又："王先服殷御
事，比介于我有周御事。"洛诰："予旦以多子越御事。"文侯之命："即
我御事罔或耆寿，畯在厥服。"多以邦君、御事并称，盖谓诸侯之执政者
也。而殷虚卜辞则称"御史"，殷虚书契前编卷四第二十八页。是"御
事"亦名"史"也。又古之六卿，书甘誓谓之"六事"。司徒、司马、
司空，诗小雅谓之"三事"，又谓之"三有事"，春秋左氏传谓之"三
吏"。此皆大官之称"事"若"吏"即称"史"者也。书酒诰："有正、
有事。"又："兹乃允惟王正事之臣。"立政："立政、立事。""正"与
"事"对文。长官谓之"正"，若"政"；庶官谓之"事"。此庶官之称
"事"即称"史"者也。"史"之本义为持书之人，引申而为大官及庶官
之称，又引申而为职事之称。其后三者，各需专字，于是"史"、"吏"、

"事"三字于小篆中截然有别：持书者谓之"史"，治人者谓之"吏"，职事谓之"事"。此盖出于秦汉之际，而诗、书之文尚不甚区别，由上文所征引者知之矣。

殷以前，史之尊卑虽不可考，然卿事、御事均以"史"名，则史官之秩亦略可知。曲礼："天子建天官，先六大，曰大宰、大宗、大史、大祝、大士、大卜，典司六典。"注："此盖殷时制也。大史与大宰同掌天官，固当在卿位矣。左氏传桓十七年："天子有日官，诸侯有日御。日官居卿以底日。"以日官为卿，或亦殷制。周则据春官序官，大史，下大夫二人，上士四人；小史，中士八人，下士十有六人；内史，中大夫一人，下大夫二人，上士四人，中士八人，下士十有六人；外史，上士四人，中士八人，下士十有六人。御史，中士八人，下士十有六人。其中，官以大史为长，郑注："大史，史官之长。"或疑书酒诰称"大史友"、"内史友"，大戴礼记盛德篇云"大史、内史，左右手也"，似大史、内史各自为寮，不相统属；且内史官在大史上，尤不得为大史之属。然毛公鼎云："御事寮、大史寮。"番生敦云："御事、大史寮。"不言内史。盖析言之，则大史、内史为二寮；合言之，则为大史一寮。又周官长、贰不问官之尊卑。如乡老以公、乡大夫以卿而为大司徒之属，世妇以卿而为大宗伯之属，皆是。则内史为大史之属亦不嫌也。秩以内史为尊。内史之官虽在卿下，然其职之机要，除冢宰外，实为他卿所不及。自诗、书、彝器观之，内史实执政之一人。其职与后汉以后之尚书令，唐、宋之中书舍人、翰林学士，明之大学士相当，盖枢要之任也。此官，周初谓之"作册"，其长谓之"尹氏"。"尹"字从又持丨，象笔形。说文所载"尹"之古文作𦘠。虽传写讹舛，未可尽信，然其下犹为"聿"形，可互证也。持中为"史"，持笔为"尹"，作册之名亦与此意相会。试详证之。书洛诰："王命作册逸祝册。"又："作册逸告。""作册"二字，伪孔传以"王为册书"释之。顾命："命作册度。"传亦以"命史为册书法度”释之。孙氏诒让周礼正义始云：“尹逸，盖为内史。以其所掌职事言之，谓之‘作册’。”古籀拾遗宂（卣）〔敦〕[三]跋略同。始以“作册”为内史之异名。余以古书及古器证之，孙说是也。案书毕命序：“康王命作册毕分居里，成周（东）郊[四]，作毕命。”史记周本纪作“康王命作册毕公”。盖不知“作册”为官名，“毕”为人名，而以毕公当之。为伪古文毕命之所本。汉书律历志引逸毕命丰刑曰：“王命作册丰刑。”逸周书尝麦解亦有“作策”。此皆作册一官之见于古书者。其见于古器者，则癸亥父己鼎云：“王赏作册丰贝。”畏卣云：“王姜命作册畏安夷。”伯吴尊盖云：“宰脒右作册吴入门。”皆以“作册”二字冠于人名上，与书同例。而吴尊盖之“作册吴”，虎敦、牧敦皆作“内史吴”。是“作册”即内史之明证也。亦称“作册内史”。师舲敦：“王呼作册内史册命师舲。”尤盂：“王在周，命作册内史锡尤卤□□。”亦称“作命内史”，刺鼎“王呼作命内史册命刺”是也。内史之长曰“内史尹”，亦曰“作册尹”。师兑敦：“王呼内史尹册命师兑。”师晨鼎：“王呼作册尹册命师晨。”尤敦：“王受作册尹者，假为“书”[五]字。俾册命尤。”是也。亦单称“尹氏”。诗大雅：“王谓尹氏，命程伯休父。”颂鼎、寰盘：“尹氏受王命书。”克鼎：“王呼尹氏册命克。”师𢼸敦：“王呼尹氏册命师𢼸。”是也。或称“命尹”，古“命”、“令”同字。“命尹”即“令尹”。楚正卿“令尹”之名盖出于此。伊敦“王呼命尹邦册命伊”是也。作册、尹氏皆周礼内史之职，而尹氏为其长。其职在书王命与制禄命官，与大师同秉国政。故诗小雅曰：“赫赫师、尹，民具尔瞻。”又曰：“赫赫师、尹，不平谓何。”又曰：“尹氏、大师，维周之氏，秉国之钧。”诗人不欲斥王，故呼二执政者而告之。师与尹乃二官，与洪范之“师尹惟日”、鲁语“百官之政事师尹”同，非谓一人，而“师”其官、“尹”其氏也。书大诰：“肆予告我友邦君越尹氏、庶士御事。”多方：“诰尔四国、多方越尔殷侯、尹民。”“民”当为“氏”字之误也。尹氏在邦君、殷侯之次，乃侯国之正卿。殷周之间已有此语。说诗者乃以诗之"尹氏"为大师之氏，以春秋之"尹氏"当之，不亦过乎！且春秋之"尹氏"亦世掌其官，因以为氏耳。然则"尹氏"之号，本于内史，书之"庶尹"、"百尹"，盖推内史之名以名之，与"卿事"、"御事"之推史之名以名之者同。然则前古官名多从史出，可以觇古时史之地位矣。

校勘记

[一]"辨"，周礼小史作"叙"。

[二]"公卿"，当作"孤卿"，据周礼内史改。周礼内史"册命"作"策命"。

[三]"卣"，底本及遗书本同，王国维自批校改为"敦"。

[四]尚书毕命序作"成周郊"，无"东"，据删。

[五]"书"，遗书本作"诸"。

释　礼①

　　说文示部云："礼，履也。所以事神致福也。从示、从豊，豊亦声。"
又豊部："豊，行礼之器也。从豆，象形。"案：殷虚卜辞有豊字，其文
曰："癸未卜，贞，醴豊。"殷虚书契后编卷下第八页。古"玨"、"珏"
同字，卜辞"珏"字作玨、玨、玨三体，则豊即"豊"矣。又有豈字，
书契前编卷六第三十九页。及豈字。后编卷下第二十九页。豈、豈又一
字。卜辞曲字，后编卷下第四页。或作曲，铁云藏龟第一百四十三页。
其证也。此二字，即小篆"豊"字所从之"曲"。古凵、凵一字，卜辞
"出"或作凷，或作凷，知"曲"可作豈、豈矣。"豊"又其繁文。此诸

---

　　①　选自王国维《观堂集林》（卷第六·艺林六）。

字皆象二玉在器之形。古者行礼以玉，故说文曰"豊，行礼之器"，其说古矣。惟许君不知玨字即"珏"字，故但以从豆、象形解之。实则"豊"从"珏"在"凵"中、从豆，乃会意字，而非象形字也。盛玉以奉神人之器谓之"曲"若"豊"。推之而奉神人之酒醴，亦谓之"醴"。又推之而奉神人之事通谓之"礼"。其初当皆用"曲"若"豊"二字，卜辞之"醴豊"，"醴"字从"酒"，则"豊"当假为"酒醴"字。其分化为"醴"、"礼"二字，盖稍后矣。

释　币①

释币上

古者币帛，盖有制度。凡建国立市，则内宰佐王后定之。

周礼内宰："凡建国，佐后立市，设其次，置其叙，正其肆，陈其货贿，出其度、量、淳、制。"注："故书'淳'为'敦'，杜子春读'敦'为'纯'。纯谓幅广也，制谓匹长。玄谓纯制，天子巡守礼所谓'制

---

① 本書初稿名布帛通考，一九一四年改題釋幣，刊於羅振玉所編國學叢刊第二、三卷。王氏生前曾有增補，後收入羅、趙兩家所編遺書。今據趙氏遺書本點校。

〔币〕[一]丈八尺，纯四歌'与?"

质人壹之，

周礼质人："掌稽市之书契，同其度量，壹其淳制。"

使之无迁。

左传襄二十八年：晏子曰："且夫富，如布帛之有幅焉。为之制度，使无迁也。"

广曰纯，

见上。

曰幅。

说文解字巾部："幅，布帛广也。"

长曰制，

见上。

曰匹。

说文匚部："匹，四丈也。"

匹有两端，中分其匹，自两端卷而合之，匹一如两，故又谓之两。

周礼媒氏："凡嫁子取妻，入币纯帛，毋过五两。"注："五两，十端也。必言两者，欲得其配合之名。"

杂记："纳币一束，束五两，两五寻。"注："十个为束，贵成数两，两合其卷，是为五两。"

左传闵二年："重锦三十两。"杜注："以二丈双行，故名两。三十两，三十匹也。"

又，昭二十六年："申丰从女贾，以币锦二两，缚一如瑱。"注："二丈为一端，二端为一两。二两，二匹也。"

案：古物以"两"计者，如车，如屦。车有两轮，屦有两只，故皆谓之"两"。币之称"两"，亦以其自两端卷合，视一如两，非真截一匹为两段也。郑君所谓"两合其卷"，杜氏所谓"以二丈双行"，皆其卷法。

一两之币，或广二尺二寸，长四丈。

杂记："纳币一束，束五两，两五寻。"注："八尺曰寻。五两，两五寻[二]，则每卷二丈，合之则四十尺。今谓之匹，犹匹偶之云与？"

汉书食货志："太公为周立九府圜法：布帛广二尺二寸为幅，长四丈为匹。"

说文："匹，四丈也。从八。八揲一匹，八亦声。"

案：布帛广二尺二寸为幅，长四丈为匹。班固以为太公所定之制。此于周秦古籍虽无明文，然郑君注礼，凡射侯与衰裳之布，皆以幅二尺二寸，旁削二寸计，往往吻合。布既如此，帛亦宜然。至长四丈之说，则杂记已言之。此书所记多古事，犹当出七十子后学之手，则视其所记者为周制，当无大误。自汉以后，用此制者几二千年，虽小有出入，不害其为大同也。唯淮南天文训曰："古之为度量轻重，生乎天道。黄钟之律修九寸，物以三生，三九二十七，故幅广二十七寸。**高诱注："古者幅比皆然也。"**音以八相生，故人修八尺，寻自倍，故八尺而为寻。有形则有声，音之数五，以五乘八，五八四十尺，故四丈而为匹。"则又以二尺七寸为幅，此幅广之异说也。说苑修文篇：赗，"天子束帛五匹，玄三纁二，各五十尺；诸侯玄三纁二，各三十尺；大夫玄一纁二，各三十尺；元士玄一纁一，各二丈；下士采、缦各一匹；庶人布帛各一匹"。是四丈之外，又有五十尺、三十尺匹法。又"元士玄、纁各二丈，下士采、缦各一匹"，不应下士之赗反倍于元士，恐说苑意又以下士之一匹为二丈；此匹长之异说也。案：淮南之说近于附会，说苑所纪大夫、士赗匹数，又显与礼经不合，则其所纪丈尺，殆不足据也。

或广三尺二寸，长三丈六尺，是为制币。制币一端，当一衣之制。一匹，则一衣一裳之制，或一深衣之制也。

天子巡守礼："制币，丈八尺，纯四��。"**周礼内宰注引。**

朝贡礼："纯四�，制丈八尺。"**聘礼注引。**

聘礼："释币于祢","制玄纁束"。

既夕礼："赠用制币玄纁束。"注:"丈八尺曰制,二制合之。束,十制五合。"

案：巡守礼、朝贡礼"四靮"之"四",郑康成改为"三"。郑志："赵商问云:'天子巡守礼"制丈八尺,纯四靮"何?'答云:'巡守礼"制丈八尺",靮八寸,四靮三尺二寸,又太广。四当为三,三八二十四,二尺四寸,幅广也。古三、四积画,是以三误为四也。'"周礼内宰疏引。案：三误为四,古书颇有此例。如觐礼"四享皆束帛加璧",郑亦据周礼大行人改四为三,以四为积画之误。制币"纯四靮",与寻常布帛之幅二尺二寸者,广狭大殊,故改四为三。然此字当改与否,须求诸"制"字之义,未可以臆见定也。案："制"者,"製"之本字。说文刀部："（製）〔制〕[三],裁也。从刀,从未。未,物成有滋味,可裁断。"又衣部："製,裁也。从衣从制。"二字同训,故古书多通用。诗豳风："制彼裳衣。"士昏礼记："皮帛必可制。"考工记函人："凡为甲,必先为容,然后制革。"王制："六十岁制,七十时制,八十月制,九十日修。唯绞、紟、衾、冒,死而后制。"韩非子难二："管仲善制割,宾胥无善削缝,隰朋善纯缘,衣成,君举而服之。"皆以"制"为裁衣之名。由此义引申,则布帛之长短中一衣者,亦谓之制。韩非子外储说右：田成氏"终岁,布帛取二制焉,余以衣士"。淮南天文训："匹者,中人之度,故一匹而为制。""制币"之"制",义当如此。然则其幅之果为四靮或三靮,惟可由古代衣服所需帛之多少定之。今依巡守礼、朝贡礼之尺寸,则以一匹之币为一衣一裳而适尽。若为深衣、长衣、中衣,则中人之度,所余亦不过二三尺。苟人长周尺九尺以上,则亦适尽耳。由是始知制币之名所由来,并知郑君之改"四靮"为"三靮",全为无据之说也。

古代冕服所用帛,与弁服、朝服所用布,其丈尺经无明文,唯衰裳之制,则丧服记详之。吉服与凶服材质虽异,尺寸略同,今由丧服推定之，则凡端衣之制：

衣二尺有二寸，衣带下尺，衽二尺有五寸，袂属幅二尺有二寸，祛尺二寸。

今先以幅广二尺二寸之币裁之，则如甲六图。

衣二尺二寸，倍之四尺四寸，而中屈之，如是者凡二幅，如甲图三裁之，共用八尺八寸。郑氏丧服注："衣上加阔中八寸，倍之为十六寸。"然"阔中"乃阔去中央当项处，无须加布。郑说恐非。

袂属幅二尺二寸，祛尺二寸，各倍之，如是者二，如甲四图裁之，计用七尺八寸。

两衽以长三尺五寸之帛斜裁之。贾氏丧服疏："取布三尺五寸，广一幅。留上一尺为正。""一尺之下，从一畔旁入六寸，乃向下斜，向下一畔一尺五寸。去下畔亦六寸，横断之，留下一尺为正。如是则用布三尺五寸，得两条衽。"如甲图五。

带下尺，衣前后各二，计用二尺，如甲图六。

由是计之，则衣用八尺八寸，袂用七尺八寸，衽用三尺五寸，带下尺用二尺，共用二丈二尺一寸。 一端二丈，不足二尺一寸。

若以幅三尺二寸之币裁之，则如乙四图。

法：用幅三尺二寸之币，上留正幅五尺四寸，从右畔旁入一尺六寸，乃向下斜入一尺五寸，去左畔六寸处横断之。留下正幅五尺四寸，复自左畔六寸断处横入一尺，乃向上斜入一尺五寸，留右畔六寸，得一斜方形，弃之不用。共用币一丈二尺三寸，是为衣及衽，如乙图三。

自领至祛，共四尺四寸。除衣广三尺二寸外，则袂上尚需尺二寸，可如乙图四裁之。加衣后带下尺，共用三尺四寸。并前共用一丈五尺七寸。制币一端长丈八尺，尚余二尺三寸。此以一端制一衣，稍有所余，似不甚合"制"字之义。然以制币一两，製一衣一裳，则其币适尽，无赢不足。

裳若用幅二尺二寸之币为之，则前三幅，后四幅，每幅长四尺五寸，玉藻："三分带下，绅居二焉。"绅三尺，故带下当得四尺五寸。郑注考工记亦云："人带以下四尺五寸。"共用三丈零五寸。今以幅三尺二寸者为之，则以一幅当幅半，当用四幅及三分幅之二。一幅四尺五寸，四幅丈八尺，适尽制币一端。而前一端之币，除衣及衽用一丈二尺三寸外，尚余五尺七寸。今取裳之三分幅之二于此，而以其余为两袂及衣后、带下，则其币适尽，如丙图。

案：裳制，郑云"前三幅"、"后四幅"，此据幅二尺二寸之币言。然吉服之裳，皆襞积无数，其幅缝殆不可见，非如深衣无襞积，以幅为文，幅数须有一定也。七幅之说，疑郑君以深衣下齐之广推定之，故用制币则用四幅又三分幅之二足矣。又，郑云"裳后四幅"，比前多一幅。此一幅当掩于内，今用制币，则后用二幅又三分幅之二。其三分幅之二，亦当掩于内，自外观之，前后各二幅明矣。

裳以幅二尺二寸者为之，则用七幅，如丁图一。

以幅三尺二寸者为之，则用四幅又三分幅之二，如丁图二。

以上所陈上衣下裳，乃端衣之制。服之者虽有长短，然衣裳不连，调节自易。若深衣、长衣、中衣之连衣裳者，以制币为之，则中人之度，以一匹制一衣，所余者得三尺二寸，与其幅作正方形。若人长九尺，则适尽无余。然苟用幅二尺二寸者为之，则须用四丈八尺九寸。一匹四丈，尚不足八尺九寸。今先述深衣之长短而图之。

衣二尺二寸，袂中二尺二寸，皆据丧服记推之。袪尺二寸，裳四尺五寸，腰中七尺二寸，皆据玉藻。下齐一丈四尺四寸。据玉藻及深衣。今试以幅二尺二寸者裁之，如戊六图。

案：深衣连衣裳，又无襞积，故带下前后分为十二幅，以存裳形。玉藻孔疏云："幅广二尺二寸，一幅破为二，四边各去一寸，余有一尺八寸。每幅交解之，阔头广尺二寸，狭头广六寸。宽头向上，狭头向下[四]"云云。然实际用此法裁之，殆不可能。故今据江氏永说，其裁法如左：

衣二尺二寸，倍之四尺四寸而中屈之，如是者二幅，共用八尺八寸，如戊图二。袂以一幅斜裁之，如戊图三，共用七尺八寸。

裳以一幅剖为二幅，每幅广尺一寸，削幅二寸，则广九寸。每幅长四尺五寸，如是者四，四幅共用一丈八尺，如戊图四。

衽以一幅交解为二，斜幅每幅长四尺五寸，如是者二，二幅共用九尺，如戊图五。外襟及右衽，内曲裾裁之，如戊图六，共用五尺七寸。计共用四丈八尺九寸。

今若以幅三尺二寸者裁之，则如己五图。

衣二尺二寸，倍之四尺四寸，如是者二，共用八尺八寸，如己图二。

裳用一大幅，长四尺五寸，剖为三幅，每幅广一尺零六分，余去幅缝得广九寸。如是者二，共得裳正幅六，共用九尺，如己图三。

裳正服有六，尚不足二。今以一长幅截为二幅，各长四尺五寸。又剖为正幅二，交解幅四，则并己图三得裳前后正幅八，衽前后四，共用九尺，如己图四。

袂与外襟、曲裾，如己图五裁之，共用六尺。

通上共用币三十二尺八寸。一匹三十六尺，余三尺二寸。其幅亦三尺二寸，故适成一正方形。

若长衣、中衣，则当用更简易之法。其裳不必裁为十有二幅，可以二幅连衣通裁之。其所用布帛尺寸，亦略同于前。凡此皆以中人计，故各余三尺许，盖为身长者不能不留余地故也。

由是观之，则古币帛幅二尺二寸，或三尺二寸，均由衣服之制出。中人之度，张臂八尺，故幅二尺二寸者，四幅相属，两畔各余四寸，除去缝杀，亦足以覆手矣。幅三尺二寸者，两幅相属，则适为衣与两衽之广，较之用二尺二寸幅者，其制更为简便。而衣与衽共一整幅，又足以为美观焉。此皆由其幅法出者也。若如郑君说"制币之幅，二尺四寸"，则以之为端衣，两（衽）〔袂〕[五]之幅须各去四寸，两衽之幅须各去二寸；以为深衣，则两袂与裳十二幅之所去者称是，其不适于衣服之用甚矣。况乎一端之币不足为一衣，一匹之币不足以为一衣一裳或一深衣，名之曰制币，殊乖其实。苟合诸图而观之，可知改"四衻"为"三衻"之无一当也。

十端曰束。束，五两也。

士冠礼注："束，帛十端也。"

聘礼注："凡物十曰束。"

（士丧礼）〔既夕礼〕[六]注："束，十制五合。"

杂记："纳币一束，束五两。"注："十个为束。"

案：古者，凡物十则束之。如束脩，十脡脯也；束帛，十端帛也。唯束矢之束，则或以为五十矢，**毛诗传**。或以为百矢，**周礼大司寇注**。或以为十二矢，**齐语韦昭注**。疑矢笴细长，故一束之数特多。至束帛之为十端五两，则杂记具有明文，更不俟他证也。

五两之币，玄三纁二，间而束之。玄三以法天，纁二以法地。

杂记："鲁人之赠也，三玄二纁。"

说苑修文篇："天子束帛五匹，玄三纁二。"

白虎通嫁娶篇："纳征，玄纁、束帛、离皮。玄三以法天，纁二以法地。"

聘礼注："玄纁之率，玄居三，纁居二。"

案：纁色与黄相近。说文"纁，浅绛也"；郑注周易"黄而兼赤为纁，故亦谓之玄黄"；孟子引逸书"篚厥玄黄"；诗豳风"载玄载黄"是也。一束之内，玄纁相间，故谓之龙帛。周大鼎："文睽宾敏，龙帛束。"又："大宾睽觊，龙帛束。"[①] 龙，杂色也。一匹中不能有二色，明谓玄纁二色相间也。

---

① 据郭沫若**两周金文辞大系图录考释**七四、八七图版，此铭文出自十二年大簋盖铭，而非大鼎。王国维释文与铭文有出入。"龙"，今通常释為章，通"璋"。

庶人则用缁焉。

周礼媒氏："纯帛无过五两。"注："'纯'实'缁'字，古'缁'以才为声。纳币用缁，妇人阴也"，"士大夫乃以玄纁"。

凡有事于神人而用币，则用一束。其在吉礼，则常祀、中祀以上。

周礼（冢）〔大〕[七]宰：祀五帝，"赞玉币爵之事。注：玉币，所以礼神。祀大神示，亦如之；享先王，亦如之"。

又，小宰："凡祭祀，赞玉币爵之事。"

又，大宗伯："以玉作六器，以礼天地四方。以苍璧礼天，以黄琮礼地，以青圭礼东方，以赤璋礼南方，以白琥礼西方，以玄璜礼北方。皆有牲币，各放其器之色。"注："币以从爵，若人饮酒有酬币。"

又，肆师："立大祀，用玉帛牲牷；立次祀，用牲币；立小祀，用牲。"

礼器："大庙之内敬矣，君亲牵牲，大夫赞币而从。"

案：肆师职，天子次祀以上用币，则大祀之天地、宗庙，次祀之日月、星辰、社稷、五祀、五岳，皆有币帛。其祭祀之数，则郊特牲疏引皇侃云："天有六天，岁有六祭。六当作八。冬至圜丘，一也；夏正郊天，二也；五时迎气，五也；通前为七也。九月大飨，八也。"崔灵恩"以雩为常祭，九也"。其用币之数，则圜丘以帝喾配，郊以后稷配，五时迎气以五人帝配，各用币二，共用币十四。大飨并祀五天帝、五人帝，以文武配，用币十二。大雩并祀五天帝，亦当有配帝，用币十。凡祭天之币，三十有六。地之祭，岁有二，曲礼疏。亦当有配，其币四。宗庙时祭，岁有四。袷禘之岁，废一时之祭，仍为四。祭天子七庙，四七二十八，当用币二十有八。社之祭，岁有三，郊特牲疏。稷亦如之，亦皆有配，其币十二。日月、星辰、五祀、五岳，岁各一祭，其币十三。然则天子一岁常祀，用币为束帛者九十，为帛四百五十四。此中圜丘与郊，是一是二，五时迎气，果有祭否，均非定说。今姑从先儒之说计之。至诸侯宗庙之祭，岁亦以四计，则五庙为币二十。社稷岁三祭，为币六，共用帛一百三十四。大夫、士宗庙常祀，据特牲、少牢皆不用币，唯有行则释币于祢及五祀焉。

及有事而告祭。

周礼大祝："大师，宜于社，造于祖，设军社，类上帝。""大会同，造于庙，宜于社。过大山川，则用事焉；反行，舍奠。"

王制："天子将出，类乎上帝。宜乎社，造乎祢。诸侯将出，宜乎社，造乎祢。"

曾子问："诸侯适天子，必告于祖，奠于祢。命祝史告于社稷、宗庙、山川。""凡告用牲币，反亦如之。诸侯相见，必告于祢。朝服而出视朝，乃命祝史告于五庙、所过山川。""反必亲告于祖祢。乃命祝史，告至于前所告者。"

觐礼："（诸）[八]侯氏裨冕，释币于祢。"注："将觐质明时也。"

聘礼：受命之明日，"宾朝服，释币于祢"，"制玄纁束"。"又释币于行。上介释币亦如之。"归，"释币于门"。

周礼大祝："建邦国，先告后土，用牲币。"

曾子问："君薨而世子生"，告几筵，用束帛。

诸侯迁朝礼：祝声三，曰："孝嗣侯某，敢以嘉币告于皇考。"

有灾而祷祠，

左传庄二十五年："夏六月辛未朔，日有食之。鼓，用牲于社，非常也。唯正月之朔，慝未作，日有食之，于是乎用币于社，伐鼓于朝。""凡天灾，有币无牲。"

又：（宣）〔成〕[九]五年："山崩川竭"，"祝币，史辞，以礼焉"。

舍奠于学，

王制："天子出征，反，释奠于学。"注："释菜奠币，礼先师也。"

文王世子："凡学，春，官释奠于先师，秋、冬亦如之。凡始立学者，必释奠于先圣先师，及行事，必以币。"

又："始立学者，既兴器用币，然后释菜。"

卜筮于鬼神皆用之。

周礼小宗伯："若国大贞，则奉玉帛以诏号。"

又，占人："凡卜筮，既事，则系（带）〔币〕[一○]以比其命。"

凶礼则丧纪以赗，

既夕礼："公赗，玄纁束、马两。"

檀弓："伯高之丧，孔氏之使者未至，冉子摄束帛乘马而将之。孔子曰：'异哉！徒使我不诚于伯高。'"

公羊传隐元年："丧事有赗。赗者盖以马，以乘马、束帛。"

以赙，

少仪："赙马与其币，不入庙门。"

以赠。

既夕礼："至于邦门，公使宰夫赠玄纁束。"

又："赠用制币玄纁束。"案：此谓主家自赠死者之币。

杂记："鲁人之赠也，三玄二纁，广尺，长终幅。"注："言失之也。"（士丧礼下篇）〔既夕礼〕[一一]曰："赠用制币玄纁束。"

案：鲁人赠币，三玄二纁，广尺，长终幅。盖束帛之具体而微者，用帛才五尺耳。此贫不能备礼者之所为也。至续汉书礼仪志所载帝后赠币亦玄三纁二，长尺二寸，广终幅。则以天子之尊而袭士之不能备礼者，盖误用杂记之文，故郑君于注中明言其失礼也。

凶荒以赒委。

周礼小宰："丧荒，受其含襚币玉之事。"注："凶荒有币玉，宾客所赒委之礼。"

其在宾礼，则天子以待宾客，

周礼（冢）〔大〕[一二]宰："以九式均节财用"，"六曰币帛之式"。注："币帛，所以赠劳宾客者。"

诸侯以朝觐，

书召诰："太保乃以庶邦冢君出取币，乃复入，锡周公，曰：'拜手稽首，旅王若公。'"

书康王之诰："王出，在应门之内。太保率西方诸侯入应门左，毕公率东方诸侯入应门右，皆布乘黄朱。宾称奉圭兼币，曰：'一二臣卫，敢执壤奠。'皆再拜稽首。"

觐礼："至于郊，王使人皮弁用璧劳"，"侯氏用束帛、乘马傧使者"。

又："天子赐舍"，"傧之束帛、乘马"。

又："四享皆束帛加璧，庭实唯国所有。"注："四当为三。"

又："天子赐侯氏以车服。""傧使者，诸公赐服者束帛、四马。傧大史，亦如之。"

左传哀七年："禹合诸侯于涂山，执玉帛者万国。"

案：诸侯朝天子之礼，今唯觐礼存，甚为简略。郑目录云："朝宗礼备，觐遇礼省。"然觐礼之文所以简略者，亦由当时朝宗礼文中既备言之，故特著其异于彼者而已。今欲补其阙略，则又当有三享王后，并问六卿、大夫等事。案：诸侯相朝聘犹享夫人，安有朝天子而不享王后者？则三享之外，又当有王后三享矣。又据周礼掌客职，待上公侯伯之礼，"卿皆见以羔"。卿既往见，则诸侯之来朝者，必先问六卿矣。故左传隐七年"戎朝于周，发币于公卿，凡伯弗宾"，周语"叔向聘于周，发币于大夫"，则诸侯及其大夫朝聘于天子，其于公卿皆有币，且主人亦有傧币矣。又据聘礼"宾朝服问卿"，"上介朝服，三介问下大夫"，缘主国下大夫与宾异爵，故使上介往。若王之公卿出封，与公侯同爵。大夫出封，与子男同爵。诸侯来朝者，与大夫异爵。故不必亲往，然亦当使上介往问。此数者，觐礼虽无文，意朝宗礼当有之。由是朝觐用币，亦可得而计焉。天子与后皆三享，用束帛六。又率七介，亲问六卿，用问币六，七介与六卿各有面币，六七四十二，当用面币四十有二。又使上介率五介问大夫。天子之大夫，据周礼，中大夫三十有四人，下大夫八十人，冬官尚不与焉。人数既多，币固不能尽及，然与六官之贰，与太史、内史、行人之属与宾客接者，自必为币之所当及。故以二十人计，则问币二十。上介与其五介，皆有面币，其数共一百二十。加以三劳、三问、赐舍、赐车服、归饔饩，王后归礼及归上介饔饩与礼，皆有侯币，约数之，凡十有三。则诸侯一朝所用之币，约需二百余束，盖千匹以上矣。凡此皆以聘礼差之者也。

大夫以聘。

聘礼："宾至于近郊"，"君使卿朝服，用束帛劳"，"宾用束锦侯劳者"。

又："夫人使下大夫劳以二竹簋方，侯之如初。"

又："宾裼，奉束帛加璧享。"

又："聘于夫人用璋，享用琮。"

案：玉惟圭璋特达，余皆有币。小行人："合六币"，"琮以锦"。则享君束帛加璧，享夫人或束锦加琮。然聘礼公币皆用束帛，惟私币乃用束锦，则享夫人当亦束帛加琮也。

又：礼宾"用束帛"。

又："宾觌，奉束锦，总乘马。"

又："上介奉束锦，士介四人皆奉玉锦束，（读）〔请〕[一三]觌。"

又："君使卿韦弁归饔饩"，"奉束帛"，侯以束锦、马乘。

又："上介饔饩"，"下大夫韦弁，用束帛致之"，"侯之两马、束锦"。

又："宾朝服问卿"，"庭实设四皮，宾奉束帛入"。

又："宾面如觌币。宾奉币，庭实从。"

又："上介〔特〕[一四]面币如觌。"

又："众介面，如觌币。"

又："下大夫尝使至者，币及之。"

又："上介朝服，三介问下大夫，下大夫如卿受币之礼，其面如宾面于卿之礼。"

又："夫人使下大夫韦弁归礼"，"以束帛致之"，"傧之乘马、束锦"。

又：归上介礼，"傧之两马、束锦"。

案：此有傧币，则亦当以束帛致之。

又："公于宾，一食再飨。上介，一食一飨。若不亲食，使大夫各以其爵〔朝服〕[一五]致之以侑币"，"致飨以酬币"。

又："大夫于宾，一食一飨[一六]。上介若食若飨，若不亲飨，则公作大夫致之以酬币，致食以侑币。"

又：君使卿，"贿用束纺"，"礼玉、束帛、乘皮"。

又："遂行舍于郊。（君）〔公〕[一七]使卿赠，如觌币。使下大夫赠上介，亦如之。使士赠众介，如其觌币。"

又："大夫亲赠，如其面币。赠上介，亦如之。使人赠众介，如其面币。"

又："宾于馆〔堂〕[一八]楹间，释四皮束帛。"

案：聘国所用币，以上所陈者计之，其为束帛者十有一：享币，一也；享夫人币，二也；问卿，卿三人，五也；上介问大夫，大夫五人，连前十也；释于馆楹间，十一也。其为束锦者五十：傧郊劳，一也；傧夫人劳，二也；傧致饔饩宾一、上介一。四也；傧夫人归礼，宾一、上介一。六也；宾介私觌宾一、介五。十二也；私面于三卿，宾、介共十八。三十也；上介及三介私面于下大夫五人，共二十；连前为五十也。共用币六十一束，为币三百有五匹。若主国所用币，则为束纺者一，贿是也。为束帛者十二：郊劳，一也；礼宾，二也；致饔饩，宾一、上介一。四也；夫人致礼，宾一、上介一。六也；飨酬币，宾二、上介一。九也；食侑币，宾与上介各一。十一也；礼聘君币，十二也。为束锦者五十有八：三卿于宾，酬币三，侑币三；于上介，酬币若侑币三；五大夫于上介，酬币若侑币五；君于宾介，赠币六；三卿于宾介，赠币一十有八；五大夫于上介及其三介，赠币二十。共为币七十一束，三百有五十四。又，贾疏计宾之私币，尚有五大夫飨食之酬币、侑币。然经虽浑言"大夫于宾，一飨一食[一九]"，此大夫当指宾币之所及者，即三卿与下大夫之尝使至者而已。若下大夫之未尝使至者，宾不亲问，而使上介率三介问之，自无飨食宾之理，故不能有酬币、侑币也。至上介及众介私币，贾氏所计又失之少。经言"上介朝服，三介问下大夫，下大夫如卿受币之礼，其面如宾面于卿之礼"，则上介与其三介于下大夫均有面币，有面币则五大夫亦必有赠币以报之。经浑言大夫赠上介、众介，则下大夫亦当在内矣。以上文所计，与贾疏不合，故附著之。

诸侯以下，以侯使者，

见上。

以私相赠遗。

孟子引逸书："绥厥士女，篚厥玄黄。"

又："孟子居邹，季任为任处守，以币交，受之而不报。居于平陆，储子为相，以币交，受之而不报。"

韩诗外传："孔子遭齐程本子于郯之间，倾盖而语终日，有间，顾子路曰：'取束帛十匹说苑尊贤篇作"束帛一"，是也。以赠先生。'"

诸侯之嫡子及诸公之孤以为贽，

书舜典："五玉、三帛、二生、一死贽。"伪孔传："三帛，诸侯执纁，公之孤执玄，附庸之君执黄。"

周礼典命："凡诸侯之适子"，"未誓，则以皮帛继子男。公之孤四命，以皮帛视小国之君"。

两国有言亦用之。

聘礼："若过邦，至于竟，使次介假道，束帛将命于朝。"

又："若有故，则卒聘，束帛加书将命。""客将归，使大夫以其束帛反命于馆。"

左传哀七年：鲁入邾，"邾茅夷鸿以束帛、乘韦，自请救于吴"。

其在嘉礼，则昏礼以纳征。

周礼媒氏："凡嫁子取妻，入币纯帛，无过五两。"

士昏礼："纳征，玄纁束帛俪皮。"

杂记："纳币一束，束五两，两五（等）〔寻〕[二〇]。"

飧以酬宾，

士冠礼："乃（宾醴）〔醴宾〕[二一]以壹献之礼，主人酬宾，束帛、俪皮。"

士昏礼："舅飧送者以一献之礼，酬以束（帛）〔锦〕[二二]；姑飧妇人送者，酬以束锦。"

聘礼见上。

内则："宰醴负子，赐之束帛。"

左传庄十八年："虢公、晋侯朝王。王飧醴，命之宥。"又，僖二十五年："晋侯朝王，王飧醴，命之侑。"又，二十八年："王飧醴，命晋侯侑。"注："既飧，又命晋侯助以束帛，以将厚意。"

又，昭元年："秦后子享晋侯，造舟于河，十里舍车，自雍及绛。归取酬币，终事八反。"

食以侑食。

公食大夫礼："公受宰夫束帛以侑。"

又："大夫相食"，"侑币束锦也"。

礼之所行，莫不有币。凡用币，制币为上，常币为下；

案：上引天子巡守礼、朝贡礼与聘礼、既夕礼，凡用于天子及鬼神者，皆以制币。

束帛为上，锦为下。

案：上引聘礼及公食大夫礼，凡公币皆用束帛，私币皆用束锦。

此其大略也。

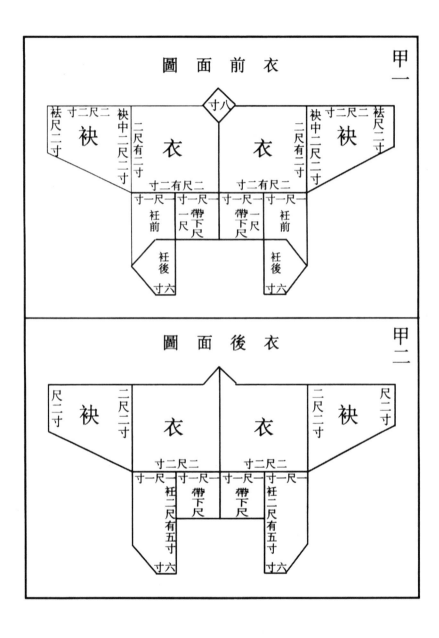

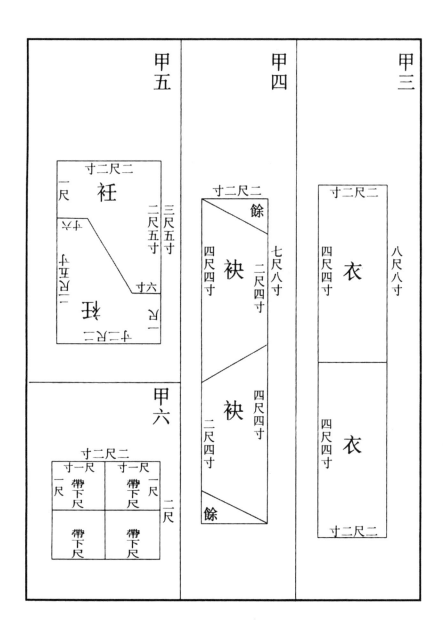

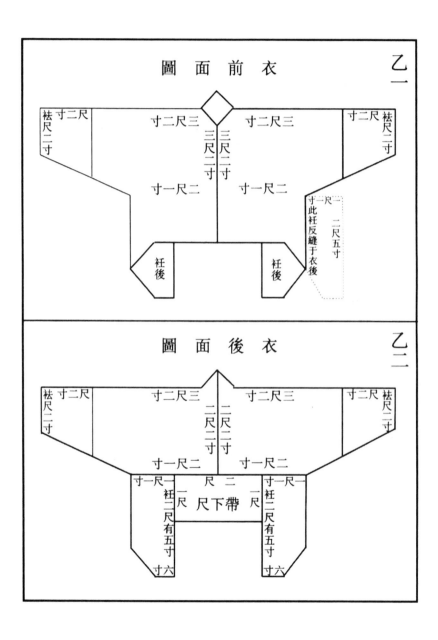

200　/殷辂与周冕

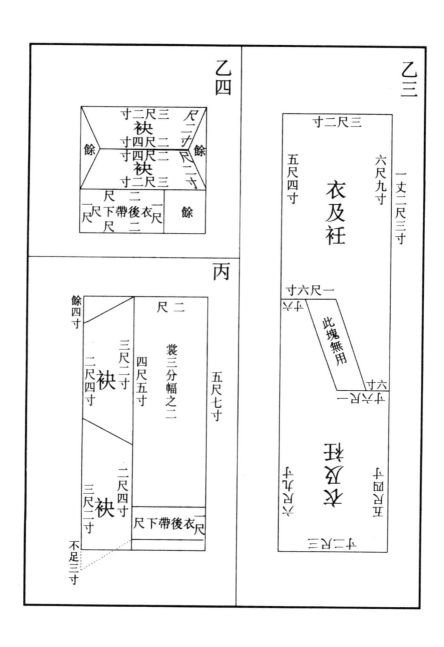

丁一

四尺五寸

裳後	裳後	裳前	裳前	裳前	裳後	裳後
二尺	二尺	二尺	二尺	二尺	二尺	二尺

丁二

四尺五寸

此幅掩于内 裳後	裳後	裳前	裳前	裳後
二尺	三尺	三尺	三尺	三尺

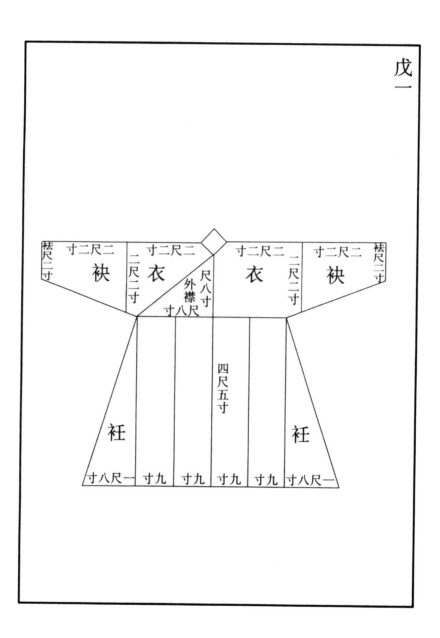

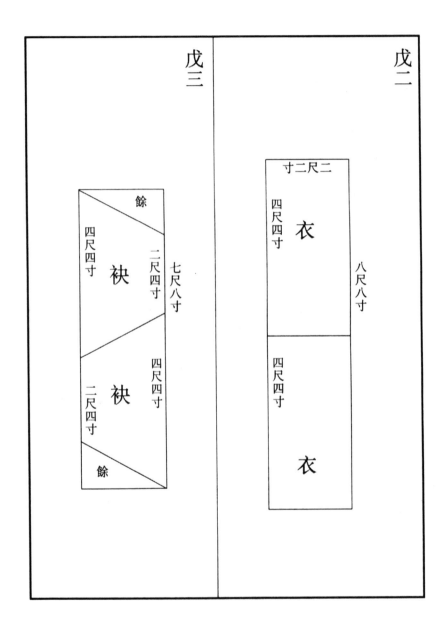

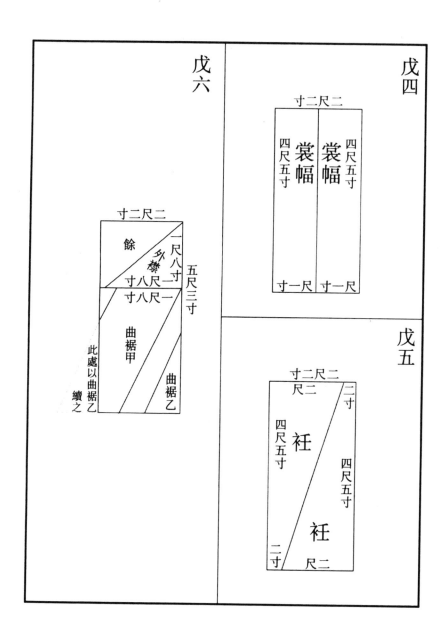

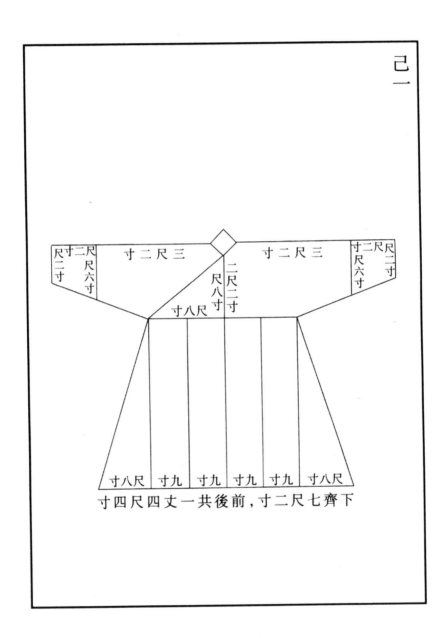

己三

己二

寸二尺三

四尺五寸

九尺

裳正幅　裳正幅　裳正幅

寸九　　寸九　　寸九

四尺五寸

裳正幅　裳正幅　裳正幅

寸九　　寸九　　寸九

寸二尺三

四尺四寸

衣

八尺八寸

四尺四寸

衣

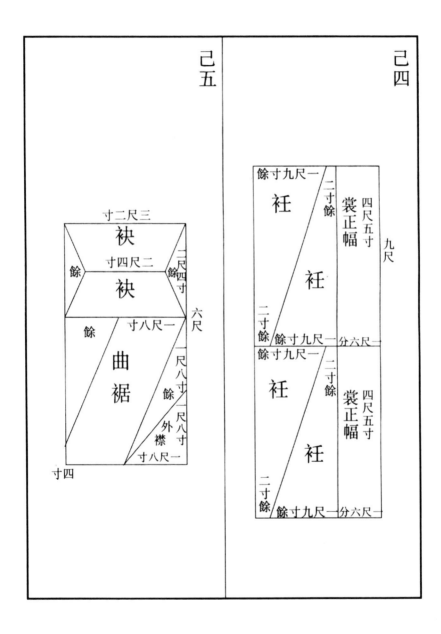

校勘记

［一］据中华书局一九八〇年版十三经注疏本周礼注疏卷七补。

［二］"五两，两五寻"，十三经注疏本礼记正义卷四十三作"五两五寻"。

［三］据中华书局一九六三年版说文解字刀部改。

［四］"宽头向上，狭头向下"，十三经注疏本礼记正义卷二十九作"宽头向下，狭头向上"。

［五］据国学丛刊本改。

［六］据十三经注疏本仪礼注疏卷四十改。

［七］据十三经注疏本周礼注疏卷二改。

［八］据十三经注疏本仪礼注疏卷二十六删。

［九］据十三经注疏本春秋左传正义改。

［一〇］据十三经注疏本周礼注疏卷二十四改。

［一一］据十三经注疏本仪礼注疏卷四十改。

［一二］据十三经注疏本周礼注疏卷二改。

［一三］据十三经注疏本仪礼注疏卷二十一改。

［一四］据十三经注疏本仪礼注疏卷二十二补。

［一五］据十三经注疏本仪礼注疏卷二十二补。

［一六］原作"一食一飧"，据十三经注疏本仪礼注疏卷二十二改。

［一七］"君"，十三经注疏本仪礼注疏卷二十三作"公"。

［一八］"馆"，十三经注疏本仪礼注疏卷二十三作"馆堂"。

［一九］据十三经注疏本仪礼注疏卷二十二补。

［二〇］据十三经注疏本礼记正义卷四十三改。

［二一］据十三经注疏本仪礼注疏卷二改。

［二二］据十三经注疏本仪礼注疏卷五改。

释币下 历代布帛修广价值考

汉时布帛皆广二尺二寸为幅，长四丈为匹。

说文："匹，四丈也。从八〔匚〕[一]，八揲一匹。八亦声。"

案：古文匹不从八，此许君以汉制说小篆也。

乡射记注："今官布幅广二尺二寸。"

流沙坠简二器物类："任城国亢父缣一匹，幅广二尺二寸，长四丈，重廿五两，直钱六百一十八。"

自汉赋南蛮，始用賨布。

说文贝部："賨，南蛮赋也。"

风俗通："盘瓠之后，输布一匹二丈，是为賨布。"

通典：汉武陵郡"大人输布一匹，小口二丈，是为賨布"。

魏晋以后，中原户调亦皆用绢。

晋书食货志："魏武初平袁氏，以定邺都，令收田租亩粟四升，户绢二匹而绵二斤，余皆不得擅兴。"

又：晋武平吴之后，"制户调之式：〔丁男之〕[二]户岁输绢三匹，绵三斤，女及次丁男为户者半输"。

无绢之处，以缣或布代之。

初学记引晋令："其赵郡、中山、常山国输缣当绢者，及余处（当）〔常〕[三]输疏布当绵、绢者，疏布一匹当绢一匹，绢一匹当绵三斤。"

案：此条见初学记卷二十七，今传世明安国刊本如是。然明刊初学记自卷二十五以后讹脱殊甚，此条"疏布一匹"以下二句不可通。疑当作"疏布六丈当绢一匹，一匹当绵三斤"。上句有魏书食货志可证，下句则据本文自明，惜不得宋本一证之。

绢曰匹，布曰端。布六丈而当匹绢，故绢以四丈为一匹，布以六丈为一端。

魏书食货志：“旧制，民间所织绢、布，皆幅二尺二寸，长四十尺为一匹，六十尺为一端，令任服用。后乃渐至滥恶，不依尺度。高祖延兴三年秋七月，更立严制，令一准前式。”

案：初学记引此条作：“皆幅二尺二寸，长四十尺为一端。”“四十尺”下明明脱“为一匹，六十尺”六字。通典所引与魏书同，唯孙子算经乃云：“五十尺为一端，四十尺为一匹。”此书本出汉晋间，乃所言与唐制同，疑李淳风注释时以唐人通习此经，虑人以古制为今制，故改之欤。

唐则布五丈而当匹绢，故以四丈为匹，五丈为端。

大唐六典户部郎中、员外郎职：“课户每丁租粟二石，其调随乡土所产，绫、绢、絁各二丈，布加五分之一。”注：“若当户不成匹端屯綟者，皆随近合成。”

又，金部郎中、员外郎职：“凡缣帛之类，必定其长短广狭之制、端匹屯綟之差。”注：“罗、锦、绫、段、纱、縠、絁、紬之属，以四丈为匹，布则五丈为端。”

魏晋以降，征调之吏恒多取于民，或增尺法，

隋书律历志：“晋后尺，〔实〕[四]比晋前尺一尺六分二厘。”

又，宋氏尺，比晋前尺一尺六分四厘。

又，梁朝俗间尺，比晋前尺一尺七分一厘。

又，后魏前尺，比晋前尺一尺二寸七厘。

又，后魏中尺，比晋前尺一尺二寸一分一厘。

又，后魏后尺，比晋前尺一尺二寸八分一厘。后周市尺、开皇官尺亦同。

又，后周铁尺，调律用。比晋前尺一尺六分四厘。

又，后周市尺，即铁尺，一尺二寸，当晋前尺一尺二寸七分六厘八。

又，开皇官尺同上。

大唐六典金部郎中、员外郎职："凡度以北方秬黍中者，一黍之广为分，十分为寸，十寸为尺，一尺二寸为大尺，十尺为丈。""凡积秬黍为度、量、权、衡者，调钟律、测晷景、合汤药及冠冕之制则用之。内外官司，悉用大者。"

案：尺度之制，由短而长，殆为定例。而其增率之速，莫剧于西晋、后魏之间。三百年间，几增十分之三。前此则周尺、汉尺、晋尺，虽不必全相符合，隋志之说。然其增率不得逾数分。求其原因，实由魏晋以后，以绢布为调。官吏惧其短耗，又欲多取于民，故其增加之率至大且速。今试证之。魏书高（帝）〔祖〕[五]纪：太和十九年，"诏改长尺、大斗"。然杨津传云：延昌末，津为华州刺史，"先是，受调绢匹，度尺特长，在事因缘，共相进退，百姓苦之。津乃令依公尺度"。案：自太和末至延昌，不及二十年，而其弊如故，则前后可知矣。又，张普惠传：神龟中，"天下民调，幅度长广。尚书计奏，复征绵麻。"普惠上疏曰："伏闻尚书奏复绵麻之调，遵先皇之轨，夙宵惟度，忻战交集。何者？闻复高祖旧典，所以忻（成功）〔惟新〕[六]；俱可复而不复，所以战违法。仰维高祖废大斗，去长尺，改重秤，所以爱万姓，从薄赋。知军国需绵麻之用，故云幅度之间，亿兆应有绵麻之利，故绢上税绵八两，布上税麻十五斤。万姓得废大斗，去长尺，改重秤，荷轻赋之饶，不适于绵麻而已。故歌舞以供其（职）〔赋〕，奔走以役其勤。中略。自兹以降，渐渐长阔，百姓嗟怨，闻于朝野。伏维皇太后未临朝之前，陛下居谅（闾）〔暗〕之日，宰辅不寻其本，知天下之怨绵麻，不察〔其〕幅广、度长、秤重、斗大，革其所弊，存其可存，而特放绵麻之调，以悦天下之心，此所谓悦之不以道，愚臣之所以未悦者也。尚书既知国少绵麻，不惟法度之阙字。易，民言之可畏，便欲去天下之大信，弃已行之成诏，追前之非，遂后之失，奏求复还绵麻，以充国用。""愚臣窃以为于理未尽。

何者？今宫人请调度，造衣服，必度忖称量。绢布，匹有（丈尺）〔尺丈〕之盈，一犹不计其广；丝绵，斤兼百铢之剩，未闻依律罪州郡。若一匹之滥，一斤之恶，则鞭户主，连三长，此所（谓）〔以〕教民以贪者也。今百官请俸，人乐长阔，并欲厚重，无复准极。得长阔厚重者，便云其州郡能调，绢布精阔且长，横发美誉，〔以乱视听〕；不闻嫌长恶广，求计还官者。此百（官）〔司〕之所以仰负圣明也。今若必复绵麻者，谓宜先令四海知其所由，明立严禁，复本幅度，新绵麻之典，依太和之税。其在库绢布并及丝绵，不依典制者，请遣一尚书与太府卿、左右藏令，依今官度、官秤，〔计其斤两〕广长，折给请俸之人。总常俸之数，千俸所出，以布当作巿。绵麻，亦应（共）〔其〕一岁之用。使天下知二圣之心，爱民惜法如此，则高祖之轨中兴于神龟，明明慈信昭布于无穷，则孰不幸甚"云云。此疏言当时增尺之理极详，故备录之。唐尺与前代诸尺比例，史虽不言，然当与隋尺相等。说见余<u>唐尺考</u>。惟传世之宋三司布帛尺，则比唐尺较短，颇与前例相异。然宋时绢布已以四十二尺为一匹，故尺法虽短，而绢布修广已过于唐，苟合匹法与尺法参观之，可知斯说之不谬也。

或增匹法，

<u>北史卢同传</u>：同熙平间"累迁尚书左丞。时相州刺史奚康生征百姓岁调，皆长七八十尺，以邀奉[七]公之誉，部内患之。同于岁禄，官给长绢。乃举案康生度外征调。书奏，诏科康生罪。"

<u>魏书食货志</u>：孝静时，"诸州调绢不依旧式，齐献武王以其害民，兴平三年冬，请班海内，悉以四十尺为度。天下利焉"。

<u>北史崔暹传</u>："天保八年，迁尚书右仆射。时调绢以七丈为匹，暹言之，乃依旧焉。"

按：<u>太平御览</u>八百十七引<u>北齐书</u>作"时调绢以七尺为丈"，语不可通。且<u>北齐书</u>无此语，<u>册府元龟</u>亦作"以七尺为丈"，皆误。

通典："开元八年二月，制曰：'顷者以庸调无凭，好恶须准，故遣作样，以颁诸州。令其好不得过精，恶不得至滥，任土作贡，防源斯在。诸州送物，作巧生端。苟欲副于斤两，遂则加其丈尺，有至五丈为匹者，理甚不然。阔尺八寸，长四丈，同文共轨，其事久行。若求两而加尺，甚暮四而朝三。宜令有司简阅，有逾于比年常例、丈尺过多者奏闻。'"

案：唐绢阔尺八寸，即铁尺之二尺一寸六分，比诸汉时已广一寸三分有奇，而匹长比汉时长二尺五寸有奇。此有唐盛时之制，视后魏、北齐之法外征调者异矣。

容斋三笔："周显德三年。敕，旧制织造绌绅、绢布、绫罗、锦绮、纱縠等，幅阔二尺起，来年后并须及二尺五分。宜令诸道府州，来年所纳官绢，每匹须及一十二两，其绌绅须要夹密停匀，不定斤两。其纳官绅绢，依旧长四十二尺。今之税绢，长短阔狭、斤两〔轻重〕[八]颇本于此。"

宋史食货志："自周显德中，（受）〔令〕[九]公私织造并须幅广二尺五分，民间所输（布）〔绢〕匹重十二两，疏薄短狭、涂粉入药者禁之。河北诸军州重十两，各长四十二尺。宋仍其旧。"

程大昌演繁露："古帝王必（用）〔同〕[一〇]度量，后世所传商尺、周汉尺不相参同，盖世异而制殊，无足怪。今虽国有定度，俗不一制。曰官尺者与浙尺同，仅比淮尺十八，而京尺又多淮尺十二。公私随事致用。予尝怪之，盖见唐制而知其来久矣。**中略**。唐帛每四丈为一匹，盖用大尺准之，盖秬尺四十八尺也。秬尺长短不知当今何尺。然今官帛亦以四丈为匹，而官帛乃今官尺四十八尺。准以淮尺，正其四丈也。国朝事多本唐制，岂今之官尺[一一]即用唐秬尺为定耶？不然，何为官府通用省尺，而缯帛特用淮尺也？"

案：宋帛修广，上所引宋史食货志与演繁露说不同。一以为长四丈二尺，一以为长四丈。然程说无征，疑宋志是也。今传世宋三司布帛尺摹本，较唐大尺颇短。然以匹法之所加者，偿之有余。尺制稍短，殆以此也。

　　大抵不离乎汉制者近是。金、元以后，废绢布之征，故其修广靡定。

　　元典章工部："至元二十三年三月初九日，中书奏过，先钦奉圣旨，缎匹长五托半之上，依官尺，阔一尺六寸。"

　　又："大德十一年正月十六日，江浙行省准中书省咨：户部议得系官缎匹例，织造幅阔一尺六寸[一二]，长五托之上。中略。除已劄付御史台行下各道按察使体覆外，行下各路多出文榜，严加禁约。织造缎匹布绢之家，选拣堪中丝绵，须要清水夹密织造，每匹各长二丈四尺四寸，并无药丝绵，方许货卖。中略。"

　　又："元贞元年十二月二十七日，承奉中书省劄付蒙古文译，照得诸路局院造纳缎匹，内诸王百官长八托缎匹，各幅阔一尺四寸五分[一三]，常课长六托，每幅阔一尺四寸。照勘得既是上位用八托、六托缎匹，每幅阔一尺四寸五分，诸人所用不得同御用缎匹，理应降等。今既诸局院见造常课每匹长二丈四尺，幅阔一尺四寸，亦据诸人服用之物，所据街市缎匹、纱罗、绫绢拟合一体，依照在先定例。"

　　元丁巨算法：匹法有四十二尺、二十八尺、二十四尺三种。

　　元刊无名氏算术：匹法有四十八尺、四十二尺、三十八尺三种。

　　元无名氏默思集：算法四丈为一匹，原注：一匹或四丈二尺，或三丈五尺。五丈为一端。原注：一端或五丈二尺。

　　又：大绫阔二尺一寸，小绫阔一尺六寸，各长五丈二尺。

　　又：布长三十五尺。

　　又：彩缎长四十二尺。

　　而历代侈靡逾制者不计焉。

　　金楼子：宋高祖时，"广州所部二千石有献入筒细布，一端八丈。"

　　唐会要："代宗大历中，诏独窠文沙四尺幅等并宜禁断。"

墨庄漫录:"梓州织八丈阔幅绢,前世织工所不能为也。"

至其价,则汉以前大率布三而当绢一;

管子乘马篇:"黄金一镒,百乘一宿之尽也。无金则用其绢,季绢三十三,注:三等,其下者曰季。制当一镒。无绢则用其布,经暴布百两当一镒。"

汉则布二而当绢一;

汉书王莽传:"莽下吏禄制度,曰:'予遭阳九之厄,百六之会,国用不足,民人[一四]骚动,自公卿以下,一月之禄十缦布二匹,或帛一匹。'"

南北朝之际,则布三而当绢二;唐则布五而当绢四。

见上。

以钱计之,则自周末以至汉魏,帛一匹率不逾千钱。

管子:季绢三十三则当一镒,布二两则当一镒[一五]。

案:镒,古作溢。(士丧礼)〔丧服〕[一六]记:"歠粥,朝一溢米,夕一溢米。"郑注:"二十两为镒。"春秋以后以溢计金,故字又作镒。赵岐孟子为巨室章注、韦昭晋语注、高诱秦策注、孟康汉书食货志注,皆云"二十两为镒"。唯赵岐注孟子陈臻章以二十四两为镒,与巨室章注不同。史记燕召公世家正义引孟康说亦同。以诸家注决之,则"四"字殆衍也。汉以一斤为一金,秦以前则以一镒为一金。则欲知当时价绢必自金价求之矣。考管子轻重篇云:"粟价平四十,则金价四千。粟价釜四十,则钟四百也。十钟四千也,二十钟者为八千也。金价四千,则二金中八千也。然则一农之事,终岁耕百亩。百亩之收,不过二十钟。一农之事,乃中二金之财耳"云云。如使管子所云金价为一镒之价,则绢一匹直钱百二十五,布一匹直四十一而已。如所云者为一斤之价,轻重篇又云:"得成金万二千余斤。"则著此书时,又似以斤计金矣。则匹绢亦不过百五十,匹布五十耳。管子一书虽非春秋时作,当出于秦汉间人之手,略足以见当时之绢、布价也。

太平御览布帛部引汉书曰："张敞为京兆尹，长安游徼受赃布，罪名已定。其母年八十，守遗腹子。诣敞，自陈愿乞一生之命。敞多其母守节而出，教更量所受布，狭幅、短度、中疏，亏二尺，贾直五百，由此得不死。"

案：此条今不见汉书，疑御览引他书而误题耳。且其断狱，亦与汉律不合。据汉律，赃罪一匹无死法。且汉时以金计赃，不以绢布。汉书匡衡传：司隶校尉王骏劾奏"衡监临盗所主守直十金以上"，"上可其奏，勿治，丞相免为庶人"。又薛宣传：宣为左冯翊。始高陵令杨湛贪猾不逊，宣"乃手自牒书，条其奸臧，封与湛曰：'吏民条言君如牒，或议以为疑于主守盗。冯翊敬重令，又念十金法重，不忍相暴章。故密以手书相晓，欲君自图进退。'湛即时解印绶付吏，为记谢宣，终无怨言"。又陈万年传注引如淳曰："律，主守而盗直十金，弃市。"据此，则汉律臧十金以上乃科死罪。汉时一金，其值一万。敞吏所受臧布以狭幅短度，疏亏二尺，乃直五百，则无所亏者，一匹之直亦仅直五百二十有六。贾直既少，数又奇零，决不能以此为入死罪之限。又王子侯表：承乡侯德天"坐恐猲国人，受财臧五百以上，免"。高惠功臣侯表[一七]：赤泉侯杨毋害"坐诈绐人臧六百，免"。景武昭宣元成功臣（侯）[一八]表：梁期侯任当千"坐卖马一匹价钱十五万，过平，臧五百以上，免"。"五百以上"，与敞吏所犯同。当千免侯之外，更无余罪，则敞吏之罪，亦断无死法。唯晋书刑法志纪魏文帝时，廷尉狱吏范洪受囚绢二丈，附轻罪论之，论洪弃（世）〔市〕[一九]。此乃枉法之罪，故处以重典。汉制恐不如是也。又案魏书高祖纪：太和八年六月诏曰："录行之后，赃满一匹者死。"则以匹绢论死罪，乃后魏以后之制。然则此条不独汉书所无，又失当时事实。疑北魏后人所附会，而北齐修修文殿御览时误采之。至宋人修太平御览，以其言汉代事，遂题为"汉书"耳。殊不足以此定汉时之布价也。

范子：“计然〔曰〕^[二〇]：‘白素出三辅，匹八百。’”太平御览布帛类引其言，“三辅”盖汉时语也。

风俗通：“丞相薛宣决曰：‘缣直数百钱，何足纷纷？’”

流沙坠简二器物类：“任城国亢父缣一匹，直钱六百一十八。”

按：盐铁论散不足篇云“纨素之价倍缣”，则缣当得素价之半。范子云“白素匹八百”，则缣价不过四百。至任城亢父缣云“一匹直六百一十八”，则素价当在千钱以上。盖二书所纪时代不同。范子有“三辅”字，当为前汉时事。“任城国”则章帝元和元年始建，乃后汉事也。绢之中，纨素为上，缣次之，绢又次之。晋令：“缣一匹当绢六丈。”则绢贱于缣者又三分之一。据前汉素价，绢一匹当直二百六十余；据后汉缣价，绢一匹当直四百余矣。

至晋氏丧乱，征发严急，乃有直千钱以上者，然率不过数百。

晋书王导传：“时帑藏空竭，库惟有（练）〔練〕^[二一]数千端，鬻之不售，而国用不给。导患之，乃与朝贤俱制（练）〔練〕布单衣。于是士人翕然服之，（练）〔練〕遂踊贵。乃令主者出卖，端至一金。”

晋书石勒载记：“勒欲令公私行钱，而人情不乐。乃出公绢市钱，限中绢〔匹〕^[二二]一千二百，下绢八百。然百姓私买中绢四千，下绢二千。巧利者贱买私钱，贵卖于官，坐死者（数十）〔十数〕人，而钱终不行。”

宋书沈怀文传：“斋库上绢，年调巨万匹，绵亦称此。期限严峻，民间买绢一匹，至二三千，绵一两亦三四百。”

齐书武帝纪：永明（二）〔四〕^[二三]年，诏“杨、南徐二州今年户租，三分二取见布，一分取钱。来岁以后，远近诸州输钱处，并减布直，匹准四百，依旧折半，以为永制。”又王敬则传：“竟陵王子良启：‘顷钱贵物贱，殆欲兼倍’，‘机杼勤苦，匹裁三百’。‘昔晋氏初迁，江左草创，绢布所直，十倍于今，赋调多少，因时增减。永初中，官布一匹，直钱一千，而民间所输，听为九百。渐及元嘉，物贾转贱，私货则束直六千，官受则匹准五百，所以每欲优民，必为降落。今入官好布，匹堪百余，（今）〔其〕[二四]四民所送，犹依旧例。昔为（损）〔刻〕上，今为刻下，氓庶空俭，岂不由之。”

魏书食货志："天安、皇兴间，岁频大旱，绢匹千钱。"又："永安二年秋，诏更改铸钱，文曰'永安五铢'。官欲贵钱，乃出藏绢，分遣人于二市（买）〔卖〕[二五]之，绢匹止钱二百，而私市者犹三百。"

北史房谟传："魏朝以河南诸州，乡俗绢滥，退绢一匹，征钱三百，人庶苦之。乃表请钱绢两受，任人所乐，朝廷从之。"

有唐之盛，绢价尤廉。

唐书食货志："贞观初，绢一匹易米一斗。至四年，斗米四五钱。"

旧唐书马周传：贞观十一年，周上书曰："往者贞观之初，率土荒俭，一匹绢才得斗米，而天下帖然。百姓知陛下甚爱怜之，故人人自安，曾无谤讟。自五六年来，频岁丰稔，一匹绢得粟十余石，而百姓以为不爱怜之，咸有怨言。"

通典："开元十三年，封泰山，斗米至十三文。青、齐斗谷至五文。自后天下无贵物，两京斗米不至二十文，面三十二文，绢二百一十文。"

唐书食货志："天宝三载，绢一匹钱三[二六]百。"

大唐六典刑部郎中、员外郎职："凡计赃者，以绢平之。"注："准律，以当处中绢估平之。开元十六年，敕'其以赃定罪者，并以五百五十为定估'。其征收平赃，并如律。"

唐会要："开元十六年五月二[二七]日，御史中丞李林甫奏：'天下定赃估，互有高下，如山南绢贱，河南绢贵。贱处计赃，不至三百，即入死刑，贵处至七百以上，方至死罪。即轻重不侔，刑典安寄？请天下定赃估，绢每匹计五百五十为限。'敕依，其应征赃入公私，依常式。"

案：唐律名例篇："诸平赃者，据犯处当时物价及上绢估。"六典注引律，则云"以中绢估"。盖以上绢估者，初唐之事；而以中绢估者，开元时事也。唐时"强盗赃"自一匹以上，其罪绞。则林甫奏所云"山南三百即入死刑，河南七百以上方至死罪"者，皆指当时中绢一匹之价也。

及天宝之乱，而价增于旧者几至十倍。

杜甫忆昔诗："岂闻匹绢直万钱。"

案：此诗作于永泰、至德间。匹绢万钱，虽诗人夸大之词，然亦当及数千矣。陆贽翰苑集请两税以布帛为额不计钱数疏："往者初定两税之时，百姓纳绢一匹，折钱三千二三百文。大率万钱为绢三匹，价（计）〔既〕[二八]稍贵，数则不多。及乎颁给军粮，计数而不计价，此所谓税入少而国用不充者也。近者百姓纳绢一匹，折钱一千五六百文，价既转贱，数则渐加。向之蚕织不殊，而所输尚欲过倍，此所谓供税多而人力不给者也。"

唐书食货志："贞元四年后，初定两税。货重钱轻，乃计钱而输绫绢。既而物价愈（贵）〔下〕[二九]，所纳愈多，绢一匹为钱三千二百，其后一匹为钱一千六百，输一者过二，虽赋不增旧，而民愈困矣。"

容斋续笔引太常博士许载吴唐拾遗录："吴顺义中，绢每匹（布）〔市〕[三〇]价五百文，紬六百文，绵每两十五文。宋齐邱请绢每匹抬为一贯〔七百〕，紬为二贯四百，绵为四十文，皆足钱，以折税。徐知诰从之。"

至宋元而复平。

宋史食货志："先是，咸平初，广南〔西〕[三一]路转运使陈尧叟言：'准诏课植桑枣，岭外唯产苎麻，许令折数，仍听织布赴官场博市，匹为钱百五十至二百。'"至景祐初，"三司请以布偿刍直，登、莱端布为钱千三百六十，沂布千七[三二]百，仁宗以取直过厚，命差减其数"。

释文莹玉壶清话："祥符初，王勉知颍州。岁大饥，出府钱十万缗，贷[三三]于民。约曰：'来年蚕熟，每贯输一缣。'谓之'和买'，自尔为例。”

范镇东斋纪事：“薛简肃公时，布一匹三百文，依其价，春给以钱而秋令纳布，民初甚善之。今布千钱，增其价才至四百。其后转运使务多其数，富者至数百匹，贫者亦不下二三十匹，而贫富俱不聊矣。”

又：“张尚书咏在蜀时，米斛三十六文，绢匹三百文。公计兵食外，尽令输绢。米之余者，许城中贫民买之，岁凡若干。贫民颇不乐。公曰：‘他日当知矣。’今斛米三百，绢匹三贯，富人纳贵绢，而贫人食贱米，皆以当时价，于官无所损益，而贫富乃均矣。”

容斋三笔十四：“熙宁七年，遣三司干当公事李杞经画买茶，以蒲宗闵同领其事。蜀之茶园不殖五谷，惟宜种茶，赋税一例折输，钱三百折绢一匹，三百二十折绸一匹，十钱折绵一两，二钱折草一围，凡税额总三十万。杞创设官场，岁增息为四十万。”

案：今所传透帘细草，不著撰人姓名。书中绢匹皆以四十二尺为匹法，当是宋人之书。所计绢价，自九百至千二三文不等，此书当作于仁、英二宗之世。至神宗以后，绢价骤贵，如东斋纪事所记者是已。苏轼筼筜谷偃竹画记亦云：“文与可寄诗云：‘拟将一段鹅溪绢，扫取寒梢万尺长。’予谓与可竹长万尺，当用绢二百五十匹。知公倦于笔砚，欲得此绢而已。与可亦云：‘二百五十匹，吾将买田而归老焉。’”与可蜀人，与范景仁同时。以景仁所记蜀中绢价计之，二百五十匹当直七百五十千，可以买田归老矣。宋时绢价，史无明文。据上所引书，可得其大略，盖远贵于唐之盛时矣。

元典章：至元三十一年六月初九日圣旨一件：“一匹纱，十两丝；一匹罗，一斤丝。”

又：“至元二十三年九月，江西行省近为织造缎匹。内纻丝六托，每用正丝四十两，得生净丝三十六两；八托用正丝五十三两，得生净丝四十七两七钱。”

案：元典章大德五年三月十日，江西行省定价，"类丝每斤中统（纱）〔钞〕[三四]四两八钱"。又案元史食货志："至元二十四年，改造至元钞，每一贯当中统钞五贯，又银一两当至元钞二贯。"则中统钞一两，**元钞一两与一贯相等**。于至元钞行后仅当白银一钱。类丝每斤中统钞四两八钱，即现银四钱八分。净丝之价，不过倍之。然则罗一匹用丝一斤，需银一两左右，加以织工，至多不及二千钱。罗价例贵于绢，则元时绢价又廉于宋时。然元时货币仅有纸钞，如上所谓，实由于银贵而不由于绢贱。此又不得与他代同论也。

此自汉迄元，布帛丈尺价值之大略也。至其种类之繁，则任氏大椿之释缯详之矣。

校勘记

[一] 据中华书局一九六三年版说文解字匚部补。

[二] 据晋书卷二十六食货志补。

[三] 据初学记卷二十九绢第九改。

[四] 据隋书卷十六律历志补。

[五] 据魏书卷七下高祖纪改。

[六] 据魏书卷七十八张普惠传改，下文补改同此。

[七] "奉"，北史卷三十卢同传作"忧"。

[八] 据上海古籍出版社一九七八年版容斋随笔下三笔卷第十补。

[九] 据宋史卷一百七十五食货志改，下同。

[一〇] 据嘉靖钞宋本俞氏儒学警悟第三册卷十六演繁露卷六改。

[一一] "官尺"，儒学警悟本演繁露卷六作"省尺"。

[一二] "一尺六寸"，中国书店一九九〇年海王邨古籍丛刊本元典章卷五十八作"一尺四寸"。

[一三] "一尺四寸五分"，元典章卷五十八作"一尺四寸"。

[一四] "民人"，底本作"人民"，据汉书卷九十九中王莽传改。

［一五］ "布二两则当一镒"，依王氏前引文，当作"布百两则当一镒"。

［一六］ 据十三经注疏本仪礼注疏改。

［一七］ "高惠功臣侯表"，汉书卷十六作"高惠高后文功臣表"。

［一八］ 据汉书卷十七景武昭宣元成功臣表删。

［一九］ 据晋书卷三十刑法志改。

［二〇］ 据中华书局一九六〇年版太平御览卷八一布帛部一四补。

［二一］ 据晋书卷六十五王导传改。下文两处同。

［二二］ 据晋书卷一百五石勒载记下补。

［二三］ 据南齐书卷三武帝纪改。

［二四］ 据南齐书卷二十六王敬则传改。下同。

［二五］ 据魏书卷一百一十食货志改。

［二六］ "三"，新唐书卷五十一作"二"。

［二七］ "二"，中华书局一九五五年版唐会要卷四十定赃估作"三"。

［二八］ 据光绪壬辰夏五柏经正堂雕记翰苑集卷二十三及王氏下文改。

［二九］ 据新唐书卷五十二食货志改。

［三〇］ 据容斋随笔上续笔卷十六改。下文所补同。

［三一］ 据宋史卷一百七十五食货志补。

［三二］ "七"，宋史卷一百七十五作"一"。

［三三］ "贷"，古书流通处景印本知不足斋丛书第六集玉壶清话卷八无此字。

［三四］ 据元典章卷五十八工部一改。

随 笔①

一

今北方人家，门前必有升车之石，或累砖为之，而覆之以石。此古天子之制，诸侯以下所不得僭也。其名则古谓之乘石，周礼夏官隶仆云："王行则洗乘石。"郑司农云："乘石，〔王〕[一]所登上车之石也。诗云：'有扁斯石，履之卑兮。'"（郑）[二]毛传云："扁扁，乘石貌。"郑笺云：

　　① 从王国维札记中选择有关条目收入，《东山杂记》第一，二，三，四，五，六，七，十一，二十，二十一，二十二，六十九条，《二牖轩随录》第十九，二十条。

"王后出入之礼与王同，其行，登车以履石。申后始时亦然，今也黜而卑贱。"然则乘石唯王与后有之，故尸子云："周公旦践东宫，履乘石，假为天子。"任彦升百辟劝进今上笺云："履乘石而周公不以为疑。"明三公以下不得有此物也。今则士庶人家亦多有之。又车上恒设小杌，以便升降时设之。或用短梯，此亦古人用之。士昏礼记云："妇乘以几，从者二人，坐持几相对。"贾疏云："此几谓将上车时乘之而登，若王后则履石，大夫诸侯亦应有物履之。今人犹用台，是石几之类也。"然则周人用几，乃类今之小杌。唐人用台，殆如今之短梯也。

<h2 style="text-align:center">二</h2>

古之宫室三分庭一，在北设碑，所以识日景，引阴阳，宗庙则丽牲焉。据礼经所记，则自天子以下至士，寝庙中皆有之，庠序亦然。今中外官署大堂亦间有此物，亦约三分庭一在北，但无碑之称，又不居中而偏左，然用以识日景则一也。周碑制度未闻，今汉碑存者，其上大抵有穿，此亦周之遗制。祭义："君牵牲，丽于碑。"则其穿盖用以系牲。空时县棺之木，亦谓之丰碑。盖以木上有穿，以通绳索，其形似碑，故谓之碑。汉碑之用，虽与周异，然其制则犹周制也。今衙署所用识日景之物，则全失其制，殆如佛寺之七如来幢矣。

古者天子诸侯，皆三朝三门。先郑司农以为天子五门：皋、库、雉、应、路。汉唐诸儒皆从其说。其实天子仅有皋、应、路三门，而无雉门、库门，戴东原正之是也。今北京朝门，亦与古合。禁城以内，午门、太和门、乾清门为三门；并天安门、端门计之，亦可谓之五门。其朝，则遇献俘诸大典，天子御午门楼，殆当古之外朝，太和殿当古之治朝，乾清宫当古之内朝。又郑康成周礼注谓今司徒府有天子以下大会殿，亦古之外朝。续汉书百官志注中详言其事。旧内阁大堂中设宝座，与汉之天子以下大会殿设于司徒府同。然但为天子与阁部大臣议政之所，与周、汉之外朝异矣。

今之宫殿，正殿皆九间，盖自汉已然。周制堂上仅有室户一，房户二，共三户。汉时则有九户。张平子西京赋："正殿路寝，用朝群辟。大厦耽耽，九户开辟。"盖汉制已为九间之殿。其前通九间为一所，谓大厦是也。其后画为九室，每室一户；或虽通为一，而每间施一户，故有九户。文选景福殿赋注引洛阳宫殿簿：魏许昌承光殿七间。魏时许昌离宫正殿犹用七间，则洛阳正殿自当用九间矣。

古宫室之有东西南北四溜者，谓之四注屋。其但有南北二溜者，谓之两下屋，见考工记郑注。又乡饮酒、乡射礼皆云设洗当东荣，皆古士大夫礼。至燕礼云设洗当东荣，为人君礼。郑注："当东溜者，人君为殿屋也。"贾疏："汉时殿屋四向流水，故举汉以况周，言东（屋）〔溜〕[三]明亦有西溜。士大夫言东荣，两下屋故也。"则周时诸侯以上为四注屋，大夫以下为两下屋。汉殿皆用四注屋制，故人臣所居亦有殿称，以其同为四注屋故也。今唯宫殿寺观廨宇或为四注屋，人家罕用之，盖自周时已然矣。

三

古者室有户牖，堂则无之，故或用簾以蔽风口。说文曰："簾，堂簾也。""簾"字从廉，以廉得名。乡饮酒礼所谓"堂廉"，谓堂与堂下间有廉棱也，簾垂于此，故有簾名。此以竹为之，其用布者谓之幦，当亦从堂廉得名。说文云："幦，帷也。"土丧礼所谓"帷堂"是也。汉时始于阶间施栏槛，汉书朱云传："御史将云下，云攀殿槛，槛折。"师古曰："槛，轩前栏。"明非门户之槛。今之大殿，皆有长窗以当门户，盖自魏晋以后始矣。

四

古者天子门侧，设两观而阙其中，故谓之"阙"。鲁亦有之，礼器所谓"天子诸侯台门"是也。今之门楼则设于门上，不在两侧，不知始于何时。余见汉画石像拓本画汉函谷关形，关有两观，其下皆有门，共两门。韩文公诗"日照潼关四扇开"，是唐时犹然。此实古之两观与今之门楼中间之制度也。

五

汉武梁祠画象所画柱，其上皆有圆木三层，相叠而上，愈上愈大，以承栋梁，此即所谓"欂栌"也。说文云："欂栌，柱上枅也。"释名云："栌在柱端，如都卢负屋之重也。"都卢，矮人之称，则栌之短可知。又王延寿灵光殿赋"层栌礌垝以岌峨"，画象柱上之物有三层，其为欂栌无疑。今时罕用之。

六

南方人家敬事灶神，谓之东厨司命，此实合古代五祀中之司命与灶为一也。古者司命之祀有二：周礼大宗伯"以槱燎祀司中、司命"，盖即史记天官书文昌六星，"四曰司命"，此乃天神，楚辞所谓"大司命"是也。祭法七祀、五祀，皆司命居首，郑注曰："此小神，居人间司察小过，作谴告者。"又云："司命主督察三命。"此与户、灶诸神俱为小神，楚辞所谓"少司命"是也。据祭法，"庶士〔庶〕[四]人立一祀，或立户，或立灶"，无祀司命之法。唯士丧礼记之，疾病祷于五祀，则有事时一用事而已。至汉则不然，说文："祚，以豚祠司命也。"引汉律云："祠祚〔司〕[五]命。"风俗通则云："今民间祀司命，刻木长尺二寸为人像，行者〔檐〕[六]篋中，居者别作小屋，齐地大尊重之，汝南余郡亦多有，皆祠以豚，率以春秋之月。"可见汉时司命之祀极盛，与今日祀灶无异也。不知何时始与灶合而为一神。（按俗传太上感应篇，此书之作当在唐宋间，而其中已云"司命，灶君之神"。）[七]东京梦华录亦云："十二月二十四日，帖灶马于灶上，以酒糟涂抹灶门，谓之醉司命。"则北宋时确已谓灶神为司命，然原其混合之始，当在汉晋之交。抱朴子内篇：灶之神每月晦辄上天言人罪状，大者夺纪，纪，三百日也；小者夺算，算，三（十）[八]日也。此已与郑君礼注"督察三命"之说相似。郑注又言："今时祠司命、行神、山神，门、户、灶在旁。"则汉时已并五祀而一之，积久相忘，遂反配为主耳。

古之灶神，淮南子以为炎帝；戴圣及贾逵、许慎皆以为祝融；郑康成据礼器文，以为灶者，老妇之祭，其注礼器云"老妇先炊者也"。以礼意求之，郑说为近。然臧文仲"燔柴于奥"，郑君云："时人以为祭火神乃燔柴。"则周时已有以祀神者，至后世祀司命，盖已三变。观李少君以祠灶、谷（等）〔道〕[九]、却老方见武帝，则汉初方士或已为此说矣。

古者盟誓，虽遍告天地四方及人鬼，然有专主盟誓之神。周礼司盟职所谓"北面诏明神"是也。左传襄十一年亳之盟载书曰："或间兹命，司慎司盟，群神群祀，先王先公。七姓十二国之祖，盟神殛之。""司慎司盟"，说文囧部引作"司慎司命"，"盟"、"命"二字，古音同部，或通假用之。归安吴氏所藏齐侯壶铭文中有云"誓于大司命"，然则"司命"即左传之"司盟"，亦即周礼之"明神"也。其象则觐礼之"方明"。方明之象，虽兼天地四方，而实以司命为之主。以其用方木为之，故谓之方；以其主盟誓，故谓之明。后世小[一〇]司命之祀虽盛，而大司命则汉以后民间未闻有之。至于近世，遂合司中、司命、司录三者为文昌之神，而以张恶子其人当之矣。

七

城隍之祀，以城隍为名，义主于土，即古之社神，祭法所谓"诸侯为百姓立社曰国社"也。又城乡土地祠亦然，所谓"大夫以下成群立社曰置社"也。今大江以南，人家宅神亦谓之家堂土地，其神盖当古之中溜，亦社神之类也。礼郊特牲云："家主中溜，而国主社。"则一家之中溜，即与一国一邑之社相当，其神亦为一人。左传：晋蔡史墨言："五行之官，实为五官。实列受氏姓，封为上公，祀为贵神。社稷五祀，是尊是奉。木正曰句芒，火正曰祝融，金正曰蓐收，水正曰元冥，土正曰后土。"又曰"后土为社"。则社与五祀之神即此五官，故贾逵注左传云："句芒祀于户，祝融祀于灶，蓐收祀于门，元冥祀于井，后土祀于中溜。"杜注于"后土"下亦云："土为万物主，故称后焉。其祀句龙焉，在家则祀中溜，在野则为社。"皆言社与中溜为一神。案：中溜谓雨水所滴之处，本以地言，则此说似属可信。今之社公、宅神与冢墓之神均谓之土地，其理一贯。可知今之宅神，实古之中溜，而其神则后土，其名则句龙也。

十一

古人作诗，直纪当时制度风俗，无凌躐，无加减，非苟而已也。如小雅瓠叶一篇咏燕饮食，首章云"酌言尝之"，此泛言也。次章则云"酌言献之"，三章云"酌言酢之"，四章云"酌言酬之"。古人饮酒之礼，主人献宾，宾酢主人，（人）〔主〕[一]人酬宾，献、酢、酬，卒爵而礼成。礼经所纪，无不如是，此诗次序亦同。又行苇及宾之初筵二篇序燕射事次序，与燕礼及大射礼合。楚茨序祭祀事，与特牲馈食、少牢馈食礼略同，惟尊卑有殊，而节目不异。可知古人用语，无一字虚设也。

二十

名有以卑为尊者，如周之执国政者谓之冢宰、太宰。案说文："宰，罪人在屋下执事者。"是"宰"本至贱之称。自春秋以后，则执国政者或谓之相，或谓之相国，或谓之丞相，或浑言之，谓之宰相。然"相"之本义，谓瞽者之相，亦贱者也。汉中叶后，政在尚书、中书，后代因之，至唐即以尚书令、仆射、侍中、中书令为宰相之官。然此数官，皆汉之卑官也。明以后，宰相称大学士，然其初亦只五品官。此皆先卑而后尊者也。有以尊为卑者，如称秀才为相公，医生为大夫、为郎中，掌礼为大夫，典鬻为朝奉，薙发匠为待诏皆是。然比之五代、宋初呼小儿为太保，走卒为太尉者，则又不足怪矣。

二十一

古者大夫之妻称内子，犹天子之妻称后、诸侯称夫人，乃他人尊之之称，非大夫自称其妻也。盖子者，男子之美称；内子，则女子之美称。今则上下通有此称，并为夫称妻之辞，与古异大矣。

二十二

古者"夫"非美称，诗云"狂夫"，春秋左氏传云"役夫"、"畔夫"，论语云"鄙夫"，孟子云"顽夫"、"懦夫"、"薄夫"。其单称

"夫"者，如诗之"夫也不良"，左传之"去之夫，其口众我寡"，公羊传"夫何敢？是将为乱乎？夫何敢"，檀弓之"夫夫也，为习于礼者"，皆轻蔑之辞。盖古者臣虏谓之夫，盂鼎云："锡女邦司三百人，鬲自驭至于庶人六百有五十有九夫。锡乃司王臣十有二百人，鬲千有五十夫。"①吴清卿中丞释"鬲"为"献"。大诰"民献有十夫"，文例正同。吴说是也。然则邦司王臣称人，献及庶人称夫，显有区别。盖献者，战胜所俘之民，曲礼"献民虏者操右袂"是也。酒诰"汝劼毖殷献臣"，洛诰"殷献民，乱为四方新辟，作周孚先"，献臣、献民犹殷之遗臣、遗民。周之克殷，虽未必尽俘其众，然谓之为"献"，当为古代遗语，观周公迁殷顽民于雒，分鲁、卫以殷民七族、殷民六族，皆殷之献臣献民也。孔子所谓文献不足者，盖亦谓遗老既尽，无能谈夏殷故事者。郑康成训"献"为"贤"与伪孔传以"献"为"善"，均失其指矣。故盂鼎以"献"别于王臣，谓之曰若干夫。古金文中赐夫者尚多，皆战胜所俘者也。然则大夫、夫人与夫妇之"夫"，盖其后起矣。古文"臣"字象俯伏之形，其始与"献"字同意，故书微子曰"殷其沦丧，我罔为臣仆"，诗小雅亦云"民之无辜，并其臣仆"，左传"男为人臣，女为人妾，故名男曰围，女曰妾"，康成注孝经亦曰"〔臣〕[一二]，男子贱称"，则臣亦谓臣虏。盂鼎所以分别臣与献者，盖臣为旧附之民，献为新俘之民，犹元时之分汉人与南人矣。

六十九

古者殡用棺，葬用椁。椁之制度，经传不详。檀弓言天子"柏椁以

---

① 本书所引金文释文及释义，无论与他著所引有何差异，原则上均不作改动，以存原貌。又按今一般通释，"人鬲"爲西周对俘虏或奴隶之称谓，二字不应点开，然观下文王氏本意，自当断开，以存原貌而贯通上下文义。

端长六尺"，郑注："以端，题凑也，其方盖一尺。"案：檀弓有子言"夫子制于中都，四寸之棺，五寸之椁"，孟子言"古棺七寸，椁称之"。孔子所制，为庶人之礼；孟子所称，大夫之礼。以此差之，则庶人五寸，士六寸，大夫七寸，卿八寸，诸侯九寸，则天子盖一尺矣。故六（寸）〔尺〕[一三]者，以言乎其木之长也。五寸至一尺，以言乎木之方即直径。也。至全椁之大小，则无文以言之。世以棺、椁并言，疑椁之于棺，大小不甚悬殊。或以为椁即大棺，其实不然。按广雅："椁，廓也。"且其字以郭为声，当取义于城郭，椁之于棺，犹郭之于城，其大小之差，率以恒倍计。丧大记曰："棺椁之间，君容柷，大夫容壶，士容瓾"。郑注礼器云："壶容一石，瓾容五斗。"盖用叔孙通汉器制度之文，则大夫、士棺椁间之大小，略可识矣。柷之大小，郭注尔雅云二尺四寸，然周礼春官司几筵云"其柏席用萑黼纯，诸侯纷纯"，郑注谓"柏者，'椁'字磨灭之余。〔椁〕[一四]席，藏中神坐之席也"。按古席，率广三尺三寸三分有奇，故文王世子曰："凡侍坐于大司成者，远近间三席，可以问。"曲礼记讲问之席，则曰"席间函丈"矣。天子、诸侯椁中皆有神坐之席，则棺椁之间至少必得三尺有奇。以所藏明器推之，此亦为最小之度矣。

天子以下，明器不能知其详。唯据士礼言之，则有苞二、羊、豕肉。筲三、黍、稷、麦。瓮三、醯、醢、屑。瓾二、醴、酒。皆有木桁庪之。此外尚有用器、弓矢、耒耜、两敦、两杅、盘匜。役器、甲、胄、干、笮。燕器、杖、笠、翣。乐器、未详。而涂车、刍灵之属尚不与焉。下棺后，藏器于旁，加见藏苞、筲于旁。此中各物，以瓾为最大，自非容瓾不可。大夫以上，明器愈多则棺椁间之差亦随之而大，至檀弓谓"宋襄公葬其（大）夫〔人〕[一五]，醯醢百瓮"，他物亦当称是。左传成二年："宋文公卒，始厚葬，用蜃炭，益车马，始用殉，重器备。"则末世侈靡之事，又非三尺余之地所能藏矣。如此，棺之两旁既得三尺余，而古之棺制亦不得过小。檀弓言天子之棺四重，大棺厚八寸，属六寸，椑四寸，水、兕革各三寸，计二尺四寸。两旁合计四尺八寸，中间容尸之处亦当得三四（寸）〔尺〕[一六]，则棺之径至少当得八尺，并两旁各三尺许计之，当得十四五尺。其纵处亦略如之。此椁之大小之度也。

椁之制，但有四旁而阙其上，以有抗木、抗席及折故也。且古唯天子用隧，棺自羡道入。诸侯以下，皆自上下棺，故唯四围之椁先树于圹中，而折及抗木必加于下棺之后。然四旁之椁，必得折与抗木而始成一物，故抗木等亦椁称，<u>左传成公二年</u>所谓"椁有四阿"是也。诸侯以下，椁上皆平。士下棺后加折，方凿连木为之，缩者三，横者五。抗木则横三缩二，每五枚为一重。士一重，大夫再重，诸侯三，上公四，加其重数而已，其上皆平坦也。唯天子五重，则四注而下，以木之端凑于上而侈其下，如屋形，所谓四阿者也。杜注："四阿，四注椁也。"孔疏曰："<u>士丧礼下篇</u>：抗木缩二横三以负土。则士之椁上平也。今此椁上四注而下，则其上方而尖也。礼，天子椁题凑，诸侯不题凑。不题凑则无四阿。"其说是也。然则<u>檀弓</u>所谓"柏椁以端长六尺"者，当以六尺之木，纵系二层，为四注屋之形。六尺再椁，每旁得一丈二尺，而四隅之木，又当加长焉，然后可以周覆椁上。椁之四旁之大小既有一丈四五尺，以一丈二尺之物，交覆于一丈四五尺之上，此四注屋之斜杀之度也。然则椁之制，天子崇其上，诸侯以下平之，而其视棺之大小，则如郭视城之大小，则可决也。

古椁皆用木，<u>檀弓</u>云"天子柏椁"，<u>丧大记</u>云"君松椁，大夫柏椁，士杂木椁"是也。然天子则以石表之，<u>周礼夏官方相氏</u>："及墓，入圹，以戈击四隅，欧方良。"郑注："圹，穿地中也。方良，罔两也。天子之椁柏，黄肠为里，而表以石焉。国语曰：'木石之怪夔、罔两。'"郑氏此注，以汉制推之，周时果如此殆不可知，然<u>檀弓</u>称宋"桓司马自为石椁，三年而不成"，则周季已有为之者矣。

秦始皇之葬，石椁为游馆。<u>汉书刘向传</u>。汉文帝亦言"以北山石为

椁，用纻絮斫陈漆其间。"**张释之传**。则自秦以后，实用石椁，然其里或
尚以木为之。刘向言始皇墓发掘后，"牧儿亡羊，羊入其凿。牧者持火照
求羊，失火烧其臧椁"。则石椁之下，尚有木椁。汉书所谓"黄肠题凑"
即是也。**续汉书礼仪志**：皇帝登遐，"作油缇帐以覆坑，方石治黄肠题凑
如礼"。**汉书霍光传**："赐梓宫、便房、黄肠题凑各一具。"苏林曰："以
柏木黄心致累棺外，故曰黄肠；木头皆内向，故曰题凑。"如淳曰："**汉
仪注**：天子陵中明中高丈二尺四寸，周二丈，内梓宫，次梗椁，
〔柏〕[一七]黄肠题凑。"则黄肠题凑次最居外，与康成所谓"以柏黄肠为里
而表以石"者，语可互证。殆所用以支石者，观文帝谓石椁时"以纻絮
斫陈漆其间"，则当时治石之工，殆不甚巧，或须以木支持。然**霍光传**云
"黄肠题凑一具"，则又似与梓宫、便房等同置于圹中，非复支圹之物矣。

十九

　　周世韵文，萃于诗中，他经亦屡见之，其见于彝器中者亦颇不乏。
其篇大者，谓为诗之逸篇可也。如历鼎云："历肇对元德，孝友惟刑，作
宝尊彝，其用夙夕将享。""刑"与"享"为韵也。叔夜鼎云："叔夜铸
其（靳）〔馈〕[一八]鼎，以征以行，用侃用享，用（馈）〔薪〕[一九]眉寿无
疆。"用三韵也。史冗簠云："史冗作旅匦，从王征行，用盛稻粱，其子
子孙孙永宝用享。"用四韵也。叔家父簠云："叔家父作仲姬匡，用盛稻
粱，用速先（□）〔嗣〕[二〇]诸兄，用薪眉寿无疆，哲德不忘，子孙之
光。"用六韵也。毛公小鼎云："毛公旅鼎亦唯敦，我用〔飙厚〕[二一]逮我
友，韵。既其用友，韵。亦弘唯孝，韵。肆毋有不籲，韵。是以寿考。
韵。"殳季良父壶云："殳季良父作敬姒尊壶，用盛旨酒，用享孝于兄弟
婚媾诸老，用祈匃眉寿，其万年灵终难老，子子孙孙是永宝。"皆用五
韵。曾伯霥簠云："唯王九月初吉庚午，曾伯霥哲圣元武，元武孔□。克

狄淮夷，印燮繁汤。金道锡行，具既卑方。余择其吉金黄（错）〔铝〕^[二二]，余用自作旅簠。以征以行，用盛稻粱，用孝用享，于我皇祖文考，天赐之福。曾伯霖遐不黄耇万年，眉寿无疆，子子孙孙永保用之，享。"则用八韵。虢季子盘云："唯十有二年，虢季子白作宝盘。丕显子白，庸武于戎工，经维四方。博伐玁狁，于洛之阳。折首五百，执讯五十，是以先行。桓桓子白，献馘于王。王孔嘉子白义，王格周庙宣榭，爰乡。王曰：伯父孔显有光。王锡乘马，是用佐王；锡用弓，彤矢其央；锡用钺，用征蛮方。子子孙孙，万年无疆。"篇中共用十一韵，古诗所未有也。此外文中杂韵语者尚不胜举，兹取其最典雅者著之。

二十

　　山左陈氏所藏毛公鼎，字多至四百九十有七，为近世吉金之冠。此器于宣统庚戌归涗阳端忠敏，时陶斋吉金录已成，未及补入也。此器自潘文勤、吴清卿中丞等均以为足补尚书之阙，然其中文句，多与薛尚功钟鼎彝器款识中之师𫫇敦相复出。如毛公鼎云"肆皇天亡致，临保我有周"，师𫫇敦则云"肆皇帝亡致，临保我有周"；毛公鼎云"以乃族，干敬王身"，师𫫇敦则云"以乃友，干敬王身"；毛公鼎云"愍天疾畏"，师𫫇敦则云"旻天疾畏"。余如"雍我邦大小猷"及"勿以乃辟陷于艱"二语，二器中皆有之。方知三代册命之文，亦多陈陈相因，不独后世制诰然也。

　　周世铸钟，皆用正月丁亥日。汉世铸带钩，皆用丙午日。唐时铸镜，用五月五日。

　　近时所出古器，文字最多者，以毛公鼎为最；至器之最大者，则首数吴县潘氏之盂鼎与合肥刘氏之虢季子白盘。盂鼎直径得三尺许，气象雄伟，一望而可见为三代盛时之器。其鼎初出岐山，后置之西安府学，左文襄督陕甘时，乃遣兵数百人为潘文勤致之于京师。虢季子盘亦出宝鸡县虢川，司容一石余，重四百八十斤，阳湖徐燮钧知郿县时得之，载归江南。粤之乱，匪用为马槽。刘壮肃公铭传克常州，乃携以归皖，今藏其家。又盂鼎同时出土者二器，其一文字更多，闻已充铸钱之用。此器唯海丰吴子苾阁学家有一拓本，已刻入攗古录金文中，其文乃载用周初伐鬼方事，惜已剥蚀，不能通读其全文，甚可惜也。其余大器，唯吴县潘氏之克鼎与武进费氏之颂鼎亦略近之，皆古之所谓牛鼎也。毛公鼎文字虽多，然直径不过尺有半，殆所谓羊鼎豕鼎者欤！此外唯毕秋帆制军所藏智鼎亦系牛鼎，自藉没入内府后，已不知其存亡矣。古器流传于今者，鼎最多，敦次之，爵又次之。爵之数不下二百，然皆商器，其为周器者不及十分之一。至簠、簋则仅有周器，无商器也。敦亦如之，其为商器者，亦不过十之一二而已。

古器文字所在，有一定之处。如钟铭皆在钲间及左右两鼓，或有延及两栾上者。鼎铭皆在器内，自口而下。尊、壶、罍亦如之。敦与簠、簋铭皆在器之中间。爵铭则在鋬内及柱上，其文之稍多者，亦或铸于口内。觚在外底，觯在内底，鬲在口上，盉或同之。皆有一定之制，无有稍出入者。

古器文字，大抵阴文，其花纹则凸起为阳文。其冶铸时，文字必先刻阴文范，乃制阳文范；花纹必先刻阳文范，乃袭阴文范，然后可以镕金于其中。是古代冶铸之工，实本于雕刻之工，观其冶铸之精良，则其雕刻之精良从可知矣。上虞罗氏藏商时雕刻牛骨断片，其精雅与鼎彝花纹无异，此物出彰德府城外，与龟板牛骨文字同时出土，为殷时遗物无疑也。

近世大器，皆出关中，如毛公鼎、智鼎、克鼎、二盂鼎、虢季子盘之类是也。至河南、山东所出者，无甚巨丽之物，唯吴县潘氏所藏之齐铸，乃齐故物，当出青州。又沈儿、王孙遣诸二钟乃徐故物，当出山东、江南间。此三器文字极多，乃不下于关中所出之器。古人云："关东出相，关西出将。"今可云"关东出钟，关西出鼎"矣。

校勘记

［一］据中华书局版十三经注疏本周礼夏官隶仆郑玄注补。

［二］"郑"字，据上下文义及十三经注疏本诗小雅白华毛传原文，当系衍字。

［三］据十三经注疏本仪礼燕礼买公彦疏改。

［四］据十三经注疏本礼记祭法补。

［五］据中国国家图书馆藏王国维手稿（下简称"手稿"）及说文解字示部补。

［六］据手稿及中华书局版风俗通义校注卷八补。

［七］括号内文宁系报载原有，为中国国家图书馆藏剪报修改本（以下简称"剪报本"）涂删去。

［八］据手稿及抱朴子内篇微旨卷六删。

［九］据手稿改。

［一〇］据上下文章，此"小"字当作"少"。

［一一］据手稿改。

［一二］据手稿及十三经注疏本孝经郑玄注补。

［一三］据上下文，此"寸"字当为"尺"之误，指"柏椁以端长六尺"也。

［一四］据十三经注疏本周礼春官司几筵郎玄注补。

［一五］据十三经注疏本礼记檀弓改。

［一六］据上下文，此"寸"字当为"尺"之误。

［一七］据汉书霍光传注文补。

［一八］据王国维遗书两周金石文韵读改。

［一九］据王国雄遗书两周金石文韵读改。

［二〇］据王国雄遗书两周金石文韵读补。

［二一］据王国维遗书两周金石文韵读补。

［二二］据王国维遗书两周金石文韵读改。